BARACK OBAMA
LE PHÉNOMÈNE POLITIQUE

DIDIER NDONGALA MUMBATA

ISBN 978-1-78792-064-4

Book design, layout and production management by Into Print
www.intoprint.net,
+44 (0)1604 832149

CONTENU

INTRODUCTION

AU FIL DE L'HISTOIRE AMÉRICAINE, les femmes et les hommes, qui ont occupé les différents postes de l'élite politique, ne sont pas si différents dans leurs classes d'origine. En effet, ils appartiennent le plus souvent aux classes supérieures de la société américaine. Ainsi, venant du sommet plutôt que du bas de l'échelle de cette société, la plupart d'entre eux n'ont pu accéder à l'éminence politique qu'à partir de circonstances familiales assez prospères. C'étaient des enfants issus des familles généralement aisées et souvent riches. Et dans la mesure où la chance d'atteindre l'éminence politique repose sur le milieu familial, ils ont eu de bien meilleures chances que l'Américain moyen, car leurs familles pouvaient se permettre de leur donner des avantages distincts dans le choix et la poursuite de leurs carrières. Par conséquent, la plupart d'entre eux, même si certains ont été des femmes et des hommes d'État de grande qualité, ne sont arrivés sur la scène politique que grâce aux capacités de leurs proches. Il n'est jamais désavantageux pour une femme ou un homme désireux d'entrer en politique d'avoir une mère ou un père qui est gouverneur d'un État ou sénateur à Washington, même un oncle, une tante, une belle-mère ou un beau-père occupant de telles fonctions peut être très utile.

Le fait que l'origine soit relativement élevée et les chances extrêmement faibles pour les femmes et les hommes de classes inférieures de la société américaine d'atteindre le sommet de la hiérarchie politique restent vrais. C'est pourquoi, étant donné qu'un grand nombre de membres de l'élite politique sont issus de familles capables de leur offrir des avantages distincts, il n'est pas surprenant que la plupart d'entre eux soient diplômés de Harvard, Princeton et Yale, car dans ces familles, l'exigence d'études supérieures dans de grandes écoles est prégnante. Par conséquent, ces enfants, issus des familles de la classe supérieure, ont eu plus de chances que l'Américain moyen d'être élu président. Abraham Lincoln, Harry Truman, Franklin Delano Roosevelt, John Fitzgerald Kennedy, George Walker Bush et beaucoup d'autres étaient tous issus de familles de la classe supérieure et avaient été élus présidents. Et il existe bien sûr des dynasties politiques dans l'élite américaine, les familles Adams et Kennedy n'étant que les plus remarquables et les plus connues.

Mais le 4 novembre 2008, à un moment de péril évident, les Américains ont décidé que Barack Hussein Obama devait être le 44ᵉ président des

États-Unis d'Amérique. Ils ont accordé leur confiance à un homme né d'une mère adolescente blanche idéaliste et d'un étudiant africain charismatique qui, quelques années plus tard, retournerait seul dans son pays natal, le Kenya. Pour la première fois dans l'histoire, l'Amérique a choisi comme président un homme qui a grandi sans argent, qui a réussi à entrer dans de meilleures écoles et qui s'est frayé un chemin à travers le monde impitoyable de la politique de Chicago jusqu'au Sénat des États-Unis et maintenant à la Maison-Blanche dans une période étonnamment courte. Quel accomplissement extraordinaire pour cet Afro-Américain! Cette réussite, comparée à celles des Bush, des Kennedy, des Roosevelt, des Adams ou de bien d'autres princes américains nés ou élevés dans le pouvoir, représente un écart si radical par rapport à la norme qu'elle donne enfin un sens à la promesse enseignée dès le jardin d'enfants américain: "Tout le monde, sans exception, peut devenir président". Lorsque Barack Obama a annoncé sa candidature à la présidence des États-Unis d'Amérique en 2006, personne ne pensait, à ce moment-là, qu'il serait le seul candidat encore debout après le 4 novembre 2008. Les esclaves africains, qui ont fourni la majeure partie de la main-d'oeuvre qui a construit la Maison-Blanche, n'ont jamais imaginé qu'un Afro-Américain posséderait un jour un papier à lettres en relief sur lequel on pouvait lire 1600 Pennsylvania Avenue. Le rêveur lui-même, le Docteur Martin Luther King Jr, n'aurait peut-être pas imaginé que 40 ans après son assassinat, l'Amérique organiserait l'investiture du premier homme d'origine africaine à accéder à la présidence.

Barack Obama appartenait à un parti enclin à la vengeance; il prêchait la réconciliation et, en 2007, lorsqu'on a demandé aux électeurs qui avait le plus de chances de l'emporter, Hillary Clinton l'a écrasé à 71% contre 26%. Il a dû construire une nouvelle église et s'adresser aux personnes qui avaient perdu la foi dans le gouvernement ou qui ne l'avaient jamais eue. Il s'est présenté non pas tant sur la base d'un quelconque credo que sur la conviction que tout était cassé, que le système lui-même, qui produit des candidats et formule des questions et décide qui perd et qui gagne dans la vie publique, ne fait guère plus que faire du peuple américain un perdant. "Nous devons repartir à zéro", a soutenu Obama, qui a parlé doucement et écouté attentivement. C'est précisément parce qu'il était un outsider avec un curriculum vitae mince et peu de cicatrices ou de rancunes qu'il pouvait se vendre comme la solution.

Doté d'une imagination littéraire et historique débordante, Barack Obama est un rêveur, même s'il est bien dans sa peau: En tant que sénateur, il a vu des choses qui n'existent pas, mais qui ont existé. "Parfois, debout dans la chambre, j'imagine Paul Douglas ou Hubert Humphrey à l'un de ces bureaux, en train d'insister une fois de plus sur l'adoption d'une loi sur les droits civiques; ou Joe McCarthy, quelques bureaux plus loin, en train de feuilleter des listes, se préparant à donner des noms. Parfois, je me dirige vers le bureau où Daniel Webster s'est assis, et je l'imagine se levant devant la tribune bondée et ses collègues, les yeux brillants alors qu'il défend avec force l'Union contre les forces de la sécession". Lors d'une visite à la Maison-Blanche, à son arrivée à Washington en tant que sénateur, Obama s'était dit, "Alors que je me tenais dans le hall d'entrée et que je laissais mes yeux errer dans les couloirs, il m'était impossible d'oublier l'histoire qui s'y était écrite: John and Bobby Kennedy se penchant sur la crise des missiles cubains; Flanklin D. Roosevelt apportant des modifications de dernière minute à un discours radiodiffusé; Abraham Lincoln seul, arpentant les couloirs et portant le poids d'une nation".

En 1961, l'année de la naissance de Barack Obama, alors que les États-Unis d'Amérique évoluaient très rapidement en matière de relations raciales, Robert Kennedy a suggéré qu'un Afro-Américain pourrait être président dans 30 ou 40 ans. La vie de Kennedy a été écourtée avant qu'il ne puisse voir sa prédiction se réaliser. En 1963, alors que Barack Hussein Obama avait 2 ans, Martin Luther King Jr a prononcé son plus célèbre discours "I have a dream". Un discours dans lequel Martin Luther King Jr exprimait sa vision globale de la maison monde, un monde dont les peuples et les nations auraient triomphé de la pauvreté, du racisme, de la guerre et de la violence afin de construire la communauté bien-aimée. Un an plus tôt, après son discours historique, il avait déclaré lors d'une interview à la BBC qu'un Afro-Américain pourrait être président des États-Unis dans 25 ans. Son calendrier ne s'est pas avéré tout à fait exact, il a fallu 20 ans de plus, mais un Afro-Américain est devenu président. Le rêve de Martin Luther King Jr se réalise plus tôt que quiconque ne l'aurait imaginé.

Les quatres dernières décennies ont été véritablement révolutionnaires dans la politique américaine, avec une augmentation significative du nombre d'élus issus des minorités, une plus grande participation des non-Blancs aux élections et les candidatures symboliques à la présidence de Shirley Chisholm, Jesse Jackson et Alan Keyes. Barack Obama a une dette envers ces pionniers, mais son ascension est le fruit de quelque chose de très différent de ces précédentes candidatures à la Maison-Blanche. La race n'était en aucun cas la dimension caractéristique d'Obama. C'était un Afro-Américain qui a dépassé la politique raciale et les groupes d'intérêt étroitement définis. Il semblait indifférent à la politique de l'identité et du grief. Il n'a pas fait preuve d'un sentiment de droit ou de ressentiment. En faisant campagne sans se soucier de la race, Obama n'a pas seulement gagné. Il a gagné gros. Son soutien parmi les Afro-Américains était sans précédent, mais il a également gagné en collectant des fonds et en construisant des alliances politiques avec des capitaines d'industrie éduqués, des dirigeants syndicaux, des responsables militaires, des Blancs, des Hispaniques, des jeunes élécteurs et des personnes âgées. Nous avons tellement entendu parler des tout nouveaux électeurs d'Obama que nous oublions facilement les autres qu'il a trouvés, ceux qui n'avaient pas voté depuis le Vietnam ou qui n'avaient jamais rêvé de voter pour un afro-américain, un libéral ou un démocrate, et encore moins pour les trois.

Mais de nombreux Américains vivaient la pire décennie de leur vie, et ils avaient des problèmes de gestion de la colère. Ils ont vu une guerre mal gérée, une ville avalée, une économie maintenue par des prêts étrangers et des punaises. Par conséquent, ils ont vu en Barack Obama un messie qui les sauverait des problèmes sociales et économiques. Il a fallu une tempête parfaite de mauvaises nouvelles pour créer ce moment, mais même les grands hommes gagnent rarement sans effort ou sans compétition. Ronald Reagan ne l'a pas fait. John Kennedy ne l'a pas fait non plus. Ceux qui ont la vision la plus claire doivent souvent se battre le plus durement pour que les autres voient les choses comme eux. Pourtant, pour qu'un Obama devienne le leader du monde occidental, il a dû travailler plus dur et être plus dur que tous ceux qui l'entourent. En outre, il avait un don et il le savait. Il avait une façon de faire en sorte que des personnes très intelligentes et très accomplies se sentent vertueuses simplement en voulant l'aider. Cela s'était produit à la faculté de droit de Harvard au milieu des années 1980, à une époque où l'école était en proie à des combats sur le politiquement correct. Il a remporté l'un des prix les plus prestigieux de la réussite à Harvard parce qu'il avait été élu président de la revue juridique, le premier Afro-Américain à être ainsi honoré. Bien que sa politique soit résolument libérale, même les conservateurs ont voté pour lui. Barack Obama est un homme qui sait écouter, être attentif et empathique. Il avait une façon de transcender l'ambition, même s'il était lui-même très ambitieux. Dans la course haletante au statut et à la réussite, une compétition qui ressemble à la soif de sang dans un endroit comme Harvard, Obama pouvait faire une pause et se souvenir d'une époque où servir les autres était plus important que se servir soi-même. Sa seule force réside dans sa capacité à transformer un fort sentiment public en une croisade personnelle. Ainsi, il est devenu un leader politique et s'est imposé comme un homme du changement.

Quel rôle Obama a-t-il réellement joué dans le drame qu'est l'histoire de l'humanité? Les gens se demanderont toujours si Barack Obama a façonné l'histoire ou si l'histoire est une grande marée d'événements qui nous emporte inévitablement dans son sillage. La réalité est sûrement plus complexe. Les individus exceptionnels ont certainement un impact profond sur les résultats politiques, mais il doit peut-être y avoir une adéquation entre l'individu et l'environnement social pour que le leadership et l'évolution sociale se produisent. Tous les hommes ne conviennent pas à toutes les heures. Un génie donné peut arriver soit trop tôt, soit trop tard. Mais Barack Hussein Obama est arrivé au bon moment pour entrer dans l'histoire en devenant le premier président afro-américain des États-Unis d'Amérique.

Deux choses sont devenues évidentes. La première, c'est qu'il y avait un bon nombre de républicains présents aux réunions des démocrates et qu'ils ont mentionné leur déception à l'égard de George W. Bush, leur frustration face à la guerre en Irak et leur désarroi face à la dérive religieuse de droite du parti républicain. La dernière fois qu'il y a eu une situation aussi semblable, c'était en 1980, lorsque les démocrates ont fait sentir leur présence aux réunions des républicains parce qu'ils étaient en colère contre Jimmy Carter et la dérive vers la gauche de leur parti. Deuxièmement, l'autre phénomène est une personne, Barack Hussein Obama. Sa décision de consacrer autant d'efforts à une organisation de terrain était assez révolutionnaire et correspondait parfaitement à la philosophie politique générale. Obama a insisté sur le fait que si la création d'une nouvelle économie de l'énergie était sa priorité numéro un, "nous ne pouvons pas séparer la question de l'énergie de ce que je crois être le thème politique dominant qui sous-tend tout, l'économie, les soins de santé. Il s'agit de rétablir le sentiment que nous développons l'économie de bas en haut et non de haut en bas. C'est le changement philosophique primordial que nous devons opérer". C'était le coeur de sa campagne et de cette élection.

Contrairement à de nombreuses élections où les enjeux étaient faibles et où les différences entre les candidats étaient mineures, il s'agissait d'une grande élection, avec de grandes différences entre les candidats. La différence entre les candidats étaient vraiment frappante. John McCain est un homme d'honneur, un patriote qui a vécu une vie de service et de dévouement aux États-Unis d'Amérique. Il s'est toutefois retrouvé du mauvais côté de l'histoire en 2008. Comme Hillary Clinton, également une formidable Américaine et fonctionnaire, McCain a eu le grand malheur personnel de se trouver sur le chemin d'une force politique imparable. Des forces extérieures, principalement l'effondrement de l'économie à l'automne 2008 et le faible taux d'approbation du président Bush, ont créé un environnement qui rendait pratiquement impossible une victoire du parti républicain. Avec un homme aux dons politiques indéniables comme Obama dans le Parti démocrate, la tâche est devenue réellement impossible. Barack Obama n'a pas gagné à cause de la crise financière. Il a gagné parce qu'il a réagi à la crise de manière mesurée et mature, en expliquant en termes compréhensibles par tous l'effondrement financier et la nécessité d'un renflouement fédéral.

Comme Franklin D. Roosevelt en 1932 et Ronald Reagan en 1980, la victoire de Barack Obama en 2008 marque un véritable changement en temps réel. Pour les années à venir, nous penserons à la politique américaine en termes d'Avant Obama et d'Après Obama. Cette élection était aussi un référendum sur l'ère Reagan. Dans les années 1930, Flanklin D. Roosevelt a promis aux Américains fatigués de la dépression un "New Deal". En pratique, cela signifiait sauver le capitalisme démocratique de ses propres excès non réglementés. Au fil du temps, Roosevelt a transformé la relation entre le citoyen moyen et son gouvernement. L'État-providence qu'il a façonné à la place du Laissez-Faire classique a été largement improvisé. Pourtant, une grande partie de cet État-providence (la sécurité sociale, la Tennessee Valley Authority, l'agriculture subventionnée par le gouvernement fédéral, la surveillance des marchés boursiers) est depuis longtemps intégrée au tissu de la vie américaine. Sur le plan politique également, Roosevelt a brouillé les cartes, attirant les électeurs afro-américains hors du parti de Lincoln, tout en apaisant les démocrates blancs du Sud. S'autoproclamant "président prédicateur", Roosevelt a remonté le moral d'une nation sinistrée grâce à son optimisme inébranlable et à son utilisation magistrale de son mandat comme une formidable tribune lui permettant de défendre un agenda politique.

Trente ans avant Barack Obama, Reagan a offert l'espoir et le changement à une nation malade du statu quo. Comme Franklin D. Roosevelt en 1933, la tâche la plus urgente du président Reagan était de dissiper les craintes grandissantes de l'opinion publique que les États-Unis n'entrent dans une période de déclin irréversible. Reagan pratiquait le gouvernement de coalition, bien que dans son cas, cela signifiait qu'il fallait fusionner le conservatisme culturel qui l'avait fait gouverneur avec le conservatisme économique qui l'avait propulsé à la Maison-Blanche. Rien n'a visiblement irrité le dernier président démocrate, Bill Clinton, comme le fait qu'Obama ait décrit Reagan, plus tôt en 2008, comme un leader transformateur. Au cours des derniers jours de la campagne, la même expression a été appliquée à Barack Obama par le général Colin Powell, lui-même un ancien élève éminent de la Maison-Blanche de Reagan. Inévitablement, la perspective d'une présidence Obama a conduit les observateurs à se demander si l'ère de Reagan était terminée. Dans le sillage de l'effondrement de Wall Street, la "magie du marché" vantée par Reagan a fait l'objet de vives critiques.

Quoi qu'il en soit, Obama a plus en commun avec Reagan que les apparences ne le suggèrent. Obama lui-même a écrit: "Reagan a parlé de l'aspiration de l'Amérique à l'ordre... de notre besoin de croire que nous ne sommes pas simplement soumis à des forces aveugles et impersonnelles, mais que nous pouvons façonner nos destins individuels et collectifs, pour autant que nous redécouvrions les vertus traditionnelles que sont le travail acharné, le patriotisme, la responsabilité personnelle, l'optimisme et la foi". Les fidèles de Reagan croyaient en ses idées, ou du moins en l'une d'entre elles, et ils croyaient en lui. Ils étaient impatients de voir un changement au sein de l'administration en place à une époque où la confiance était ébranlée et l'économie en pleine tourmente. La comparaison est révélatrice, car elle peut préfigurer la nature des quatre ou huit prochaines années. Comme Reagan, Obama est un artiste astucieux, un créateur de mythes et un conteur d'histoires. Comme Reagan, il est populairement considéré, par ses amis comme par ses ennemis, comme un puriste idéologique, mais il a démontré une tendance au pragmatisme. Comme Reagan, il est le leader d'un noyau de croyants tellement convaincus qu'il est de leur côté qu'ils sont susceptibles de lui pardonner ses compromis.

John McCain a beau essayer de se dissocier de l'administration Bush, il reste un Reaganien classique. Il croyait en l'exercice unilatéral de la puissance américaine à l'étranger, en mettant l'accent sur la puissance militaire plutôt que sur la diplomatie. Il croyait à l'économie de ruissellement, à l'économie de l'offre et à la déréglementation: son plan fiscal profitait aux entreprises et aux riches dans l'espoir qu'avec moins d'entraves, ils créeraient plus d'emplois. Barack Obama était tout le contraire. Contrairement à William Jefferson Clinton, dont le but était d'humaniser le reaganisme sans vraiment le remettre en question. Obama a réfuté avec force l'idée de Clinton selon laquelle "l'ère du grand gouvernement est terminée". Il était un libéral, comme on l'a accusé. Mais le public était prêt, après un mouvement de balancier conservateur de 30 ans, pour un gouvernement activiste.

Cette élection a également été la ratification d'un changement essentiel dans la nature du pays. L'élection de John Fitzgerald Kennedy a ratifié la nouvelle Amérique qui avait émergé de la guerre et de la dépression, un endroit où plus de gens possédaient une maison et allaient à l'université, un endroit où les jeunes avaient la richesse nécessaire pour être idéalistes ou pour se rebeller, un endroit suffisamment sûr pour être un peu fou, un pays plus attractif. L'élection du président Ronald Reagan était une rébellion contre cela, une annonce que la dureté avait remplacé l'idéalisme à l'étranger, que la liberté économique individuelle avait remplacé l'objectif économique commun aux États-Unis d'Amérique. C'était un acte de nostalgie, un retour à la "vraie" Amérique (blanche, homogène, petite ville) à laquelle la campagne de McCain a tenté sans succès de faire appel. La victoire de Barack Obama ouvre la perspective d'une nouvelle "vraie" Amérique. Ce n'est plus un pays "blanc", même si les Blancs restent majoritaires. C'est un endroit où la primauté de l'identité raciale a été remplacée par la célébration du pluralisme, de la synergie interraciale. Après huit ans sous la direction de George Walker Bush, l'Amérique a perdu un peu de sa prestance mondiale, mais aussi un peu de son arrogance. Il se peut qu'elle ne soit plus aussi dominante, économiquement ou diplomatiquement, qu'elle ne l'était autrefois. Mais elle est plus jeune, plus optimiste et moins cynique. C'est un pays qui conserve sa capacité à surprendre le monde, et dans le bon sens du terme, par sa liberté. C'est un endroit, enfin, où le contenu du caractère du président est plus important que la couleur de sa peau.

CHAPITRE I

CANDIDAT DÉBUTANT

GREGORY BESTOR CRAIG, QUI A été conseiller principal du sénateur Edward Kennedy dans les années 1980 et directeur de la planification politique au département d'État dans l'administration Clinton, et George Stevens, un veil ami du clan Robert Kennedy, collectaient des fonds pour le comité d'action politique de Barack Obama, le "Hope Fund", l'incitant à se présenter comme candidat à la présidence. Ils avaient une grande confiance en Obama et pensaient vraiment qu'il serait le prochain président des États-Unis d'Amérique. En décembre 2006, amusé par la dévotion des deux vieux amis des Kennedy, Barack Obama leur dit qu'il devait parler à sa femme Michelle. Michelle Obama était très inquiète à cette idée. Elle n'était pas très enthousiaste à l'idée de soumettre sa famille à un processus dangereux et laid, un destructeur de famille potentiel. En tant que mère, elle s'inquiétait surtout pour ses enfants, car leur vie ne serait plus jamais la même. En tant qu'épouse, elle avait vraiment peur que son mari soit tué. De nombreux amis afro-américains d'Obama ne sont pas non plus enthousiastes à l'idée qu'il se présente et lui conseillent de ne pas le faire, certains d'entre eux parce qu'ils ont peur pour sa vie. Barack Obama a fait part de ses craintes à son collègue sénateur de l'Illinois Richard Durbin, qui les a également partagées. Durbin a commencé à faire pression pour qu'Obama soit placé sous la protection des services secrets, et il a réussi. En mai 2007, huit mois avant la première primaire, les services secrets ont commencé à surveiller Obama. C'était la première fois qu'une telle protection était accordée à un candidat si tôt dans le processus électoral. Abraham Lincoln a laissé à Barack Obama non seulement un exemple à suivre, mais aussi les sentinelles qui le protégeront. En 1865, le jour même où il a été assassiné au Ford's Theatre, Lincoln a donné le feu vert à ce qui allait devenir les services secrets américains.

Obama voyait les étoiles s'aligner. Le pays était épuisé par la guerre en Irak, à laquelle Obama, seul parmi les principaux candidats, s'était opposé. Pour Obama, la marée conservatrice en Amérique était en train de s'estomper. Les électeurs se détournaient du parti républicain. Les gens en avaient assez des politiciens de toutes sortes et aspiraient à quelqu'un de nouveau, de vraiment nouveau et différent. Un autre homme politique doté d'un superbe sens du timing, William Jefferson Clinton, a parfaitement compris pourquoi Obama voyait là une occasion en or, peut-être unique dans une vie. L'ancien président pensait que la presse grand public, dont Clinton comprenait la culpabilité libérale et qu'il avait exploitée de temps à autre, servirait de chauffeur personnel à Obama au cours du long voyage qui l'attendait. Clinton aimait à dire, avec admiration et peut-être un peu d'envie, que si quelqu'un arrête une Rolls-Royce devant lui et lui dit de monter, il montera aussi.

Barack Obama pourrait être fier de son statut de star. La veille de son discours à la convention démocrate de 2004, le discours qui l'a effectivement lancé comme l'espoir du parti pour l'avenir, il s'est promené dans une rue de Boston avec son ami Martin Hughes Nesbitt. Une foule grandissante les suivait. Le discours d'Obama à la convention de 2004 l'a véritablement lancé dans le monde étrange de la célébrité; il a acquis le genre d'aura qui peut transformer n'importe quel homme, quelle que soit son apparence, en un sex-symbol. Eureka Gilkey, l'une des assistantes d'Obama, se souvient l'avoir accompagné lorsqu'il a prononcé un discours devant le Comité national démocrate peu après le début de sa campagne. Elle se souvient avoir attrapé les mains des femmes qui essayaient de retirer sa chemise de son pantalon. Elle n'en revenait pas. Obama s'habituait à l'adulation. Gregory Craig n'était pas le seul ancien de Kennedy à tomber amoureux. Début 2006, lors des funérailles de Coretta Scott King, la veuve de Martin Luther King Jr, Ethel Kennedy, la veuve de Robert Kennedy, s'est penchée vers Obama et lui a murmuré que le flambeau lui était transmis. Obama était doté d'une conscience de soi inhabituelle pour un homme politique. Il a compris qu'il était devenu un écran géant sur lequel les Américains projetaient leurs espoirs et leurs craintes, leurs rêves et leurs frustrations. Peut-être qu'une telle personne n'a jamais vraiment existé, ne pouvait pas exister, mais les gens voulaient néanmoins un sauveur.

Au premier trimestre 2007, Barack Obama a mis le monde politique en garde lorsqu'il a collecté 24,8 millions de dollars, soit plus que tout autre candidat démocrate à l'exception d'Hillary Clinton, et a attiré des foules immenses lors de ses premiers rassemblements. Obama était d'une honnêteté rafraîchissante avec ses collaborateurs, mais il n'était pas un heureux guerrier, et son détachement a quelque peu déstabilisé son équipe. Le quartier général de sa campagne, situé au 233 North Michigan Avenue à Chicago, était à la pointe de la technologie, avec de nombreux écrans plats et plus de téléphones portables que de téléphones ordinaires. Le point le plus bas a été atteint en septembre et octobre 2007, lorsqu'il talonnait Hillary Clinton dans les sondages nationaux de

20 à 30 points. Son équipe se plaignait de son manque "d'énergie". Mais Obama n'était pas si inquiet. Il faisait confiance à son stratège en chef, David Axelrod, un ancien journaliste, vétéran de nombreuses campagnes nationales, locales et régionales. Axelrod, âgé de 52 ans en 2007, était un idéaliste qui aimait lire les vieux discours de Robert F. Kennedy à ses heures perdues, mais qui connaissait bien la politique de l'étripage, à la manière de Chicago. Pour diriger les choses, Obama comptait sur David Plouffe, qui était lui-même calme et un peu intello. Plouffe reflétait l'autodiscipline impressionnante du candidat, et tous deux ont défini l'éthique de la campagne. Plouffe avait également un plan clair et simple: se concentrer sur quatre États précoces, l'Iowa, le New Hampshire, le Nevada et la Caroline du Sud. La campagne disposait, par exemple, de 37 bureaux locaux dans l'Iowa. Hillary Clinton avait beau être en tête dans les sondages nationaux, Obama savait qu'il récoltait des sommes record, encore mieux en petites sommes sur Internet, ce qui signifiait que les donateurs ne seraient pas à sec. Il a exposé sa vision de la campagne le lendemain des élections de mi-mandat en 2006. Les démocrates avaient mis en déroute les républicains au Congrès et il sentait que le moment était venu de mener une campagne non conventionnelle qui tirerait parti du désenchantement des électeurs, non seulement à l'égard des républicains mais aussi à l'égard de la politique habituelle. Il a rencontré, dans les bureaux du cabinet de conseil d'Axelrod à Chicago, son cercle restreint: Michelle Obama, son ami Marty Nesbitt, David Axelrod, David Plouffe, Robert Gibbs qui s'occupera de la communication, Steve Hildebrand, Alyssa Mastromonaco (directrice des équipes préparatoires) et Pete Rousse.

En tant qu'organisateur communautaire à Chicago dans les années 1980, Barack Obama a été influencé par les enseignements deSaul David Alinsky, sociologue américain considéré comme le père fondateur du "community organizing" et un maître à penser de la gauche radicale américaine, qui a écrit: "Tout changement révolutionnaire doit être précédé d'une attitude passive, positive et non contestataire envers le changement parmi la masse de notre peuple". Obama savait qu'il avait le don de trouver des moyens non menaçants de faire accepter le changement aux gens, à commencer par sa propre couleur de peau. Comme le rappelle Valerie Jarrett, une vieille amie de la famille Obama, Barack Obama a insisté sur le fait qu'il voulait mener une campagne à la base parce qu'il l'avait vu fonctionner en tant qu'organisateur communautaire, et qu'il voulait essayer de prendre ce modèle et de l'étendre au niveau national. Peter Mikami Rouse, le vieux consultant politique de Washington, a un souvenir légèrement différent de la réunion, affirmant que le modèle communautaire n'était pas vraiment un choix. C'était une nécessité. Hillary Clinton aurait le soutien de "l'establishment", ce qui signifie qu'elle aurait les premiers fonds, les soutiens et une organisation nationale. Pour la réunion, Rouse a préparé une liste de six questions. L'une d'entre elles était "Êtes-vous intimidé par le fait d'être le leader du monde libre"? Obama a une réponse toute prête: "Qui ne le serait pas"? Ainsi, dans une pièce sombre de Chicago, a été lancée l'une des plus formidables opérations politiques jamais vues dans la politique américaine, bien que son potentiel n'était pas évident à l'époque.

Barack Obama s'est inquiété de ses résultats au début de la compétition, notamment de ses aptitudes douteuses à débattre. Mais Obama était aussi un solitaire qui avait besoin de prendre du recul par rapport aux autres. Il se sentait un peu surprotégé par ses conseillers et, sur le terrain, il a décidé d'expérimenter, d'essayer de se détendre un peu. S'adressant à une foule afro-américaine à Manning, en Caroilne du Sud, le 2 novembre 2007, il se met à riffer, utilisant la cadence d'appel et de réponse d'un prédicateur Afro-Américain pour répondre aux doutes de certains Afro-Américains qui se demandaient si le pays est prêt à voter pour un Afro-Américain. Barack Obama a déclaré qu'il ne se présenterait pas s'il n'était pas sûr de pouvoir gagner. Il ne se présentait pas pour être vice-président ou secrétaire d'État. Mais il s'est ensuite emporté et a violé une règle cardinale de la vantardise dans la communauté afro-américaine en devenant trop hautain et puissant, lorsqu'il a dit que tout le monde le connaissait déjà parce qu'il était sénateur des États-Unis, qu'il avait vendu beaucoup de livres et qu'il se débrouillait très bien. À ce moment précis, Obama a su qu'il avait failli les perdre complètement. Mais juste à temps, Obama s'est étudié et a appris. Lors d'un dîner clé avant les caucus de l'Iowa, le 3 janvier 2008, son organisation s'est assurée de remplir la salle et de noyer les partisans des autres candidats. Barack Obama a passé des heures à mémoriser les mots et à perfectionner son discours. Le discours est bon, il s'en prend à George W. Bush et à Hillary Clinton, et il va crescendo lorsqu'il raconte comment, par un matin misérable, alors qu'il se trouvait face à une petite foule ennuyeuse à Greenwood, en Caroline du Sud, une Afro-Américaine célibataire dans le public, en réponse, a ranimé son esprit défaillant en faisant chanter la foule, "Fire up!" "Ready to go!"

Pour quelqu'un qui aurait convoité la Maison-Blanche pendant des années, qui aurait longtemps comploté avec son mari pour reprendre la présidence et restaurer l'imperium Clinton, Hillary a mis du temps à se déclarer réellement pour la nomination. Pour quelqu'un qui était connu comme une battante féroce, qui était en fait courageuse dans l'adversité, elle était étrangement détachée et averse au conflit en tant que chef. À certains moments, il semblait qu'elle n'était pas si impatiente que cela de renoncer à sa vie solide et utile de sénateur des États-Unis et de poursuivre le destin des Clinton, du moins tel qu'il était compris par la presse et par l'ancien président William Jefferson Clinton. Par un matin froid de janvier 2007, Hillary est assise dans le salon ensoleillé de sa maison de Whitehaven street à Washington, une enclave aisée de Embassy Row où elle vit avec sa mère et, à l'occasion, avec son mari. Elle terminait une dernière série de préparatifs politiques avec ses assistants avant de prendre l'avion pour l'Iowa pour sa première grande tournée de campagne. Dans un moment de calme, elle a regardé le salon et a dit, à personne en particulier: "J'aime tellement cette maison. Pourquoi est-ce que je fais ça?" Sa directrice politique, Neera Tanden, et sa directrice de la publicité, Mandy Grunwald, ont ri d'un air un peu trop léger. Hillary Clinton a poursuivi en disant qu'elle était tellement à l'aise dans cette maison.

La campagne de Clinton a dépensé sans compter: des hôtels de luxe comme le Bellagio à Las Vegas et les Four Seasons un peu partout; des milliers de dollars pour des fleurs et des voituriers. Hillary n'a jamais passé une nuit dans un motel dans l'Iowa rural. Elle préférait passer la nuit dans la suite présidentielle de l'Embassy suites de Des Moines et voler seule dans des jets privés, sans la presse et sans le personnel qui était déchiré par des conflits internes. Son directeur de campagne était son ancienne programmatrice à la Maison-Blanche, Patti Solis Doyle, qui avait inventé le terme "Hillaryland" pour décrire le cercle des femmes loyalistes et appelait le cercle des conseillers de Bill Clinton "les White Boys". Le "White Boy" en chef était Mark Penn, qui pendant les jours sombres de 1994, était entré à la Maison-Blanche de Clinton avec Dick Morris, l'ancien conseiller secret. La campagne semblait passer d'un message à l'autre, en partie parce que Penn voulait être négatif à l'égard d'Obama, tandis que Solis Doyle et d'autres voulaient "humaniser" Hillary. Elle-même était incapable de choisir entre les deux approches. Le premier slogan de campagne boiteux d'Hillary, conçu par défaut et en comité, était "I am on it to win". Hillary Clinton aimait décrire sa campagne comme une "équipe de rivaux" Un conseiller de haut niveau aurait peut-être mieux résumé l'esprit de la campagne Clinton en faisant remarquer à un journaliste qu'il s'agissait d'un lieu de travail terriblement désagréable, ce qui ne favorisait pas la cohésion de l'équipe. Tout au long de l'automne 2007, Hillary Clinton a été saluée comme "inévitable" par une bonne partie de la presse. Malgré cela, sa campagne était imprégnée d'un sentiment de grief à l'égard des journalistes qui cherchaient à ce qu'elle ou son mari trébuche.

Obama commençait à se sentir confiant, voire même arrogant à nouveau. En décembre 2007, il a emmené Oprah Winfrey avec lui comme une sorte de numéro d'échauffement, et des foules de dizaines de milliers de personnes ont commencé à affluer malgré le froid de l'hiver. Oprah a parlé de sa lecture de l'autobiographie de Miss Jane Pittman, de la façon dont cette dernière, réduite en esclavage, était à la recherche de "the One", l'enfant sauveur qui mènerait son peuple à la liberté. Elle pensait, en 2008, avoir trouvé la réponse à la question de Pittman. Barack Obama était "the One". Attendant dans les coulisses, Obama jette un coup d'oeil à la foule de 30000 personnes et fait une petite danse avec Michelle. Le 3 janvier 2008, le soir des caucus de l'Iowa, Terry McAuliffe, un collecteur de fonds de longue date pour Clinton, pensait que sa candidate allait gagner de 10 points. Presque tout le monde le lui avait dit. Mais les Clintoniens ont sous-estimé largement le taux de participation. Mark Penn avait initialement estimé que 90000 habitants de l'Iowa se rendraient aux urnes par une nuit de neige. Mais 250000 sont venus et environ 22% avaient moins de 25 ans, un pourcentage inhabituellement élevé dans une tranche d'âge qui n'est pas connue pour voter. Hillary Clinton n'a obtenu que 5% de leurs voix.

Lors de cette froide nuit de janvier dans l'Iowa, qu'Obama a qualifiée de point culminant de toute la campagne, il a offert un aperçu du possible. Les discours de victoire des nuits de caucus sont généralement des cérémonies pleines de sueur dans des salles bondées de gens qui ont des dettes à rembourser. Mais Obama s'est levé avec sa cravate serrée et avec une concentration totale devant un téléprompteur, afin d'être sûr de faire exactement ce qu'il fallait, a prononcé ce que même les sceptiques ont appelé l'un des grands sermons politiques de notre temps. "Ils disaient que ce jour n'arriverait jamais", a-t-il déclaré. "Ils ont dit que ce pays était trop divisé, trop désabusé pour se rassembler un jour autour d'un objectif commun. Mais en cette nuit de janvier, à ce moment décisif de l'histoire, vous avez fait ce que les cyniques disaient que nous ne pourrions pas faire". Il a gagné les femmes sans l'aide des groupes de femmes, les Noirs sans l'aide des politiques raciales, et ce mouchard en or de la politique américaine, le vote des jeunes, dont la présence a non seulement donné à sa campagne un sentiment d'espoir et d'énergie, mais a également rajeuni les personnes âgées. Ce fut le premier test de ce qui était vraiment dans l'esprit des élesteurs: même face à deux guerres et à une récession imminente, seul 1 sur 5 a cité les expériences comme la plus grande priorité. Plus d'un tiers d'entre eux se souciaient surtout de savoir qui pouvait apporter le changement.

L'INCERTITUDE DE LA CAMPAGNE

Hillary Clinton n'en revenait pas de la tournure que prenait la campagne.

Elle ne pouvait pas croire que l'homme qui avait été applaudi, acclamé et sifflé en signe d'approbation par le public lors de la convention démocrate de 2004 et qui était dès lors devenu l'espoir du parti pour l'avenir, était en fait son cauchemar. Le matin, lors d'une téléconférence des cadres supérieurs de la campagne, Hillary qui n'avait pas dormi plus d'une heure, a demandé quelques idées. Tout le monde se sentait tellement gêné que personne ne savait trop quoi dire. Elle s'est donc exprimée un peu, puis a demandé des suggestions. De nouveau, le silence. Puis elle a raccroché. Moins de 24 heures avant l'ouverture des bureaux de vote du New Hampshire, le mardi 8 janvier 2008, Hillary Clinton était assise dans un café d'un centre commercial de Portsmouth, dans le New Hampshire, et s'adressait à environ 16 électeurs, lorsque quelqu'un lui a demandé comment elle allait, comment elle gardait le moral et était si merveilleuse. Cette femme lui a posé la question simple et touchante qui a fait couler ses larmes. Elle a répondu que ce n'était pas facile, et qu'elle ne pourrait pas le faire si elle ne croyait pas passionnément que c'était la bonne chose à faire. Elle a poursuivi en disant qu'elle avait eu tellement d'opportunités aux États-Unis et qu'elle ne voulait pas voir ce pays reculer. C'était très personnel pour elle. Sa voix s'est brisée. Dans le bus, elle s'en prend à l'un de ses assistants: "Nous n'aurions jamais dû aller en Iowa, je le savais". Elle craignait de s'être condamnée à un "moment Muskie", en référence à feu Edmund Sixtus Muskie, sénateur et gouverneur de l'État du Maine, qui avait fait la course en tête et qui avait ruiné sa campagne présidentielle de 1972 en se mettant à pleurer lors d'un événement de campagne dans le New Hampshire. Plus tard dans l'après-midi, elle s'est arrêtée au quartier général de sa campagne à Manchester, où les membres de son équipe ont raconté comment elle s'était étranglée dans un café. Elle a bien joué, lui ont-ils assuré et Hillary Clinton les a remerciés. Le jour des primaires, les électrices indécises se sont presque toutes rangées du côté d'Hillary Clinton.

Le mardi soir, alors que les résultats étaient serrés et le sont restés, Obama a dîné à l'hôtel Nashua avec sa femme Michelle et sa soeur kenyane Auna, sans enfants, sans assistants. Au fur et à mesure que la nuit s'allongeait, son rassemblement pour la victoire ressemblait à une tombe. On pouvait entendre la monnaie tomber. Rien de ce qui s'est passé au cours des 96 heures précédentes n'a préparé les deux camps à ce qui s'est passé dans le New Hampshire depuis l'ouverture des bureaux de vote à l'aube. Obama était assis dans le bureau d'un coach dans un gymnase de lycée, quand les résultats sont tombés. Axelrod a frappé à la porte, et Obama est sorti dans le couloir. "Il ne semble pas que cela va se produire", a déclaré Axelrod. Obama a fermé les yeux et s'est appuyé contre le mur. Il inspire et expire. "ça va prendre du temps, n'est-ce pas?", demande-t-il. "Je pense que oui", répond Axelrod. Tout comme les électeurs de l'Iowa ne voulaient pas qu'on leur dise qu'Hillary Clinton était l'inévitable candidate, les démocrates du New Hampshire n'étaient pas vraiment d'humeur à s'entendre dire que sa candidature était grillée, que leurs votes étaient futiles. Dans les dernières heures, les indécis, qui sont souvent trop déchirés entre les candidats ou trop occupés pour prendre la peine de voter, se sont rendus aux urnes et ont porté Hillary vers la victoire. Barack Obama a obtenu 37% comme le prévoyaient les sondages. Mais le mantra du changement, qui a transformé des journalistes chevronnés en ballerines étourdies dans les jours qui ont suivi l'Iowa, n'a pas convaincu les partisans des candidats récemment éliminés, Joe Biden et Chris Dodd, dont la plupart ont voté pour Hillary Clinton. Celle-ci a obtenu 40% au lieu de 30%, et l'avance d'Obama a disparu, sa chance s'est rétablie, et les deux camps ont ensuite dû se préparer à une campagne dont la seule certitude était l'incertitude.

La défaite de Barack Obama dans le New Hampshire a eu un effet sur la nécrologie politique d'Hillary Clinton et a rendu les gros donateurs si déprimés qu'ils ont fait la queue pour sauter de ce pont du 21ᵉ siècle. Les événements d'Hillary semblaient plats et forcés; le système de sonorisation ne fonctionnait pas bien; le micro lui répondait en criant. Les foules, chaque jour, impressionnantes selon les normes normales, ne pouvaient rivaliser avec les immenses événements d'Obama. Les membres du personnel en étaient donc réduits à déplacer les gradins et à limiter les entrées pour donner l'impression de débordements. Pendant ce temps, les collecteurs de fonds conservateurs se demandaient dans leurs courriels s'ils devaient supprimer le nom de Clinton de leurs appels de publipostage et y coller celui d'Obama. Un agent du GOP, après avoir regardé les débats des deux partis samedi soir, a déclaré: "Eh bien, c'est fini maintenant. Elle n'a aucune chance, et nous non plus". Mais les électeurs voulaient avoir leur mot à dire dans un système de primaires qui avait été conçu et remanié entièrement autour des intérêts d'intérêts particuliers. Il était bien trop tôt pour que tout le processus soit terminé, pas avec autant de questions auxquelles il faut encore répondre. L'avantage d'Hillary était que le parti disposait de son propre complexe militaro-industriel: les patrons et militants syndicaux, ainsi que les bureaux de vote locaux, qui étaient rompus à l'art de la guerre et portaient les cicatrices des tentatives de compromis. En se rangeant derrière Hillary Clinton, ils pariaient sur le vainqueur le plus probable, la marque à la mémoire longue et la candidate la plus susceptible de provoquer des crises d'apoplexie chez leurs ennemis conservateurs. Le New Hampshire était surtout le pays de Clinton, plein de vétérans des batailles à ses côtés, depuis le jour où, en 1992, ils ont contribué ensemble à donner vie aux ambitions présidentielles de Bill Clinton. Tous fatigués et sages, tous imprégnés du dur labeur des petits pas, ils n'avaient pas de temps à perdre avec l'espoir, qu'ils ont dit vide, que colportait Obama; c'était comme s'il diminuait tout ce pour quoi ils s'étaient battus depuis si longtemps, en particulier la façon dont il donnait l'impression que c'était facile, que si les Américains étaient plus polis les uns envers les autres, tous leurs problèmes se résoudraient d'eux-mêmes.

Pour un candidat qui promettait de changer le système, c'était bien pratique de montrer qu'il pouvait vraiment le faire. Après tout, c'est à cela que servaient les caucus de Iowa, de petites pièces scellées avec des tas d'instruments de mesure pour que vous puissiez voir si vos hypothèses se vérifient. Quel que soit le critère utilisé, les calculs d'Hillary Clinton ont fonctionné: elle a mis en place l'organisation, dépensé l'argent, obtenu des résultats énormes dans l'Iowa. Dans n'importe quelle autre année, cela aurait été plus que suffisant pour gagner. Quant à Barack Obama, il était censé être tout en style et sans substance, le Howard Dean de 2008, dont la base était un groupe d'étudiants qui se présentaient aux rassemblements mais ne se rendaient pas aux caucus perpétuellement déroutants. Mais une chose amusante s'est produite le jour des caucus. Ces étudiants et même ces lycéens se sont présentés dans leurs circonscriptions électorales; il y avait trois fois plus de jeunes électeurs aux caucus qu'en 2004, et plus de la moitié d'entre eux ont voté pour Obama. La campagne d'Hillary Clinton, qui comptait sur la participation d'un grand nombre de femmes, a été choquée par le fait qu'Obama a attiré plus de femmes que ses rivaux. Tous deux, Hillary Clinton et John Edwards qui l'a dépassée pour prendre la deuxième place, ont joué le jeu selon les règles habituelles et l'ont extrêmement bien joué. Mais Barack Obama a changé la donne, comme il l'avait promis.

Mais pourquoi un message, qui a si bien fonctionné dans l'Iowa et qui semblait avoir un écho dans le New Hampshire, a-t-il finalement échoué? Dans un sens, ce n'est pas le cas. Barack Obama a bénéficié de son rebond dans l'Iowa, a fait un bond dans les sondages et a incité les habitants des États voisins à prendre leur voiture et à faire des heures de route pour voir le candidat que les journalistes ont commencé à appeler la Barack star. En l'écoutant parler, un ancien partisan de Clinton a eu la chair de poule, déclarant: "J'ai ressenti cela, j'ai commencé à voir quelque chose en Amérique que je n'avais pas vu depuis longtemps". En fait, le message d'Obama fonctionnait suffisamment bien pour que Hillary Clinton doive y réagir. "Cela a été un véritable référendum sur elle", a déclaré le stratège Mark Penn dans l'avion de la presse en provenance de l'Iowa. Au cours des sessions privées qui se sont étalées tout au long du week-end, les discussions internes de la campagne Clinton ont alterné entre comment battre Obama et comment aider Hillary Clinton. "Vous allez voir des médias très pointus maintenant", a promis un conseiller. Les assistants ont lancé des accusations les unes après les autres, dans des courriels et lors de conférences téléphoniques avec des journalistes, concernant le vote d'Obama en faveur du Patriot Act, ses relations avec les lobbyistes, sa violation des règles électorales régissant les appels téléphoniques non sollicités. Les stratèges d'Hillary Clinton ont réalisé qu'elle en disait trop aux électeurs sur ce qu'elle avait fait pour eux, alors qu'Obama parlait de ce qu'il ferait pour eux. Les électeurs n'aiment pas qu'on leur dise, vous devriez me soutenir parce que vous me devez quelque chose. Elle a commencé à répondre à davantage de questions, ce qui lui a donné l'occasion de dévoiler ses plans pour tout, des prêts étudiants à l'effondrement des prêts hypothécaires. Elle a même changé la mise en scène. Lors de son discours de concession dans l'Iowa, l'estrade derrière Clinton était remplie d'anciens élèves de la classe de 92, dont son mari et l'ancienne secrétaire d'État Madeleine Albright. Il était devenu évident que la restauration de Clinton ne faisait pas recette et qu'elle avait besoin d'un nouveau visuel. Dans les coulisses également, le casting a changé. Maggie Williams, qui avait été la chef de cabinet farouchement loyale de la première dame Hillary Clinton, et Doug Sosnik, qui avait été l'un des principaux assistants de Bill Clinton, se préparaient tous deux à revenir dans la mêlée après le New Hampshire. "Maggie la fera se sentir plus à l'aise. Doug le fera se sentir plus à l'aise. Et ils ont tous deux déjà vécu cela auparavant", a déclaré un conseiller de la campagne.

La performance d'Hillary Clinton lors du débat de samedi, que les critiques du théâtre ont critiquée, lui a en fait bien servi auprès des électeurs et a soulevé une fois de plus la question de savoir si les démocrates recherchaient un combattant ou un guérisseur. ABC News a fait appel à des spécialistes des études de marché qui ont branché les électeurs à des électrodes pour surveiller leur activité cérébrale. Son éclair de colère, lorsque les autres candidats se sont ligués, a été apprécié de tous, tout comme son humour lorsqu'on lui a demandé pourquoi les gens ne l'aimaient pas: "Eh bien, cela me blesse". Mais les téléspectateurs ont vraiment détesté la remarque sans grâce de Barack Obama lorsqu'il lui a dit: "Vous êtes assez sympathique". Les initiés de la campagne, cependant, sont restés assez sobres quant à ses chances. Le mieux qu'ils aient pu faire, c'est de concéder que "c'est un peu long, mais ce n'est pas une course de dupes" pour Hillary Clinton de poursuivre sa campagne au-delà du New

Hampshire. Signe de la fin des campagnes médiatiques téléguidées, leur meilleur espoir résidait dans une opération de terrain dirigée par Nick Clemons, 34 ans, un vétéran de l'opération de l'ancien gouverneur Jeanne Shaheen. "Le coeur de notre jeu de terrain est le contact direct", a-t-il déclaré, décrivant une stratégie perfectionnée par Bush-Cheney lors de sa réélection en 2004. "Je sais que cela ressemble à de la politique à l'ancienne, mais cela fonctionne vraiment". La veille de l'élection, Clemons avait une armée de 4000 volontaires qui frappaient à 105000 portes du New Hampshire. Dès le début, l'équipe d'Hillary Clinton a dressé une liste de 70000 de ses partisans les plus probables, découpant les données en fonction de chaque mesure démographique (niveau d'éducation, revenu et sexe) afin de déterminer qui elle recherchait. La réponse: "C'était les femmes... Nous savions que nous devions aller chercher ces femmes et nous assurer qu'elles voteraient", a déclaré Clemons. Les personnes jugées les moins susceptibles de se rendre aux urnes ont reçu trois visites au cours du dernier week-end. L'équipe Clinton a même prévu un scénario catastrophe au cas où les résultats de l'Iowa ne seraient pas à la hauteur de ses espérances. Pendant les vacances d'hiver début 2008, les organisateurs se sont efforcés de remettre des bulletins de vote par correspondance aux personnes âgées, aux banlieusards de Boston et aux étudiants qui ne se rendraient peut-être pas aux urnes le jour de l'élection. Au final, cela a suffi pour faire la différence. Obama s'est maintenu avec le vote ouvrier en Iowa; Clinton l'a récupéré dans le New Hampshire, avec 10 points d'avance. Il a gagné chez les femmes dans l'Iowa; les femmes ont basculé vers elle avec une marge de 13 points dans le New Hampshire, de même que les cols bleus, ce qui reflète le fait que la principale préoccupation des électeurs dans cet État était l'économie.

UNE CAMPAGNE PARTICULIÈRE POUR LES DÉMOCRATES

"Nous sommes ceux que nous attendions", a déclaré Barack Obama lors d'un autre discours mémorable prononcé pendant la soirée électorale du "Super Tuesday" conflictuel. "Nous sommes le changement que nous recherchons". L'attente de ce qu'Obama avait à dire (victoire, défaite ou égalité) était devenue l'événement le plus attendu de toute soirée de primaires. L'utilisation par cet homme de pronoms (jamais je), d'un langage inspirant et d'un mètre poétique ("Nous sommes le changement que nous recherchons") est sans précédent dans la mémoire récente. Certes, Ronald Reagan pouvait prononcer de grands discours dans les grandes occasions, tout comme John F. Kennedy, mais la capacité d'Obama à en prononcer un, différent chaque semaine pendant la campagne, était tout simplement époustouflante. Son discours de concession dans le New Hampshire, avec le refrain "Yes, We Can", a été transformé en un brillant clip musical mettant en scène un éventail de célébrités jeunes, branchées, talentueuses et belles. La vidéo, austère en noir et blanc, soulève une question existentielle pour les démocrates: "Comment pouvez-vous ne pas être émus par ceci? Comment pouvez-vous voter contre l'avenir?"

C'était vraiment devenu une campagne bien particulière pour les démocrates. Il y avait les bonnes nouvelles, mais aussi la peur. La bonne nouvelle était que, cette fois, les Démocrates semblaient beaucoup plus intéressés par leur parti que par les Républicains. Le Super Mardi, au moins 15 417 512 personnes ont voté démocrate et 9 181 297 ont voté républicain. Barack Obama et Hillary Clinton étaient tous deux de très bons candidats, qui avaient des positions similaires sur la plupart des questions, des modérés qui avaient l'intention de tendre la main aux républicains après leur élection. Bien que, compte tenu de la réputation imméritée de Clinton en tant qu'opératrice partisane, cela pourrait être plus difficile à vendre pour elle que pour Obama. Mais il ne s'agissait pas d'une lutte pour l'âme idéologique du parti. Il pourrait toutefois s'agir d'une lutte pour l'âme démographique du parti: les électeurs plus âgé contre les plus jeunes, les travailleurs de l'ère de l'information contre les travailleurs de l'industrie et des services. Hillary Clinton et Barack Obama ont tous deux eu des difficultés à dépasser ces clivages, et c'est là que réside la peur.

Au fur et à mesure que la campagne progressait, leurs faiblesses devenaient plus apparentes que leurs forces. Les forces d'Hillary Clinton sont plus apparentes dans les débats, c'est pourquoi elle a fait pression pour en avoir un chaque semaine. Au cours de cette période, elle a été beaucoup plus encline à répondre aux questions de la presse et du public. Cela a séduit les femmes de la classe moyenne (qui jonglent entre travail et famille), qui constituent le coeur démographique du parti démocrate. Les faiblesses d'Hillary étaient insolubles. Elles étaient liées à son mari, qui a failli ruiner sa campagne dans les deux semaines qui ont suivi l'Iowa, mais qui semble avoir été relégué à l'arrière du bus. Et elles étaient liées à son âge. Hillary Clinton était une baby-boomer d'une génération qui s'était montrée particulièrement odieuse et infructueuse dans l'arène publique. L'héritage politique le plus terrible du baby-boom a été la campagne surconsultée, fanatiquement tactique et axée sur les sondages, et elle a souffert chaque fois qu'elle a privilégié la tactique à la substance. Ses tentatives boiteuses d'être négative envers Obama ont été presque entièrement contre-productives. Les tentatives de son mari de dépeindre Obama comme un candidat "racial", son recours à la forme la plus toxique de la politique à l'ancienne, n'ont fait que renforcer la nature étrangement désespérée de leur campagne. C'était tout le contraire de la politique du "Yes, We Can".

La force de Barack Obama était l'inspiration, et c'était aussi sa faiblesse. Dans un passé récent, les démocrates ont favorisé les candidats qui offraient des prescriptions politiques détaillées et substantielles, généralement au détriment du parti, et ce n'était pas le cas d'Obama. Après sa victoire dans l'Iowa, son discours de soutien était devenu un soufflé sans substance d'aucune sorte. Il a rectifié cela dans une certaine mesure. Il a passé un certain temps à parler des lamentations des Américains moyens qu'il avait rencontrés sur son chemin, puis il s'est plongé dans une litanie de solutions qu'il avait proposées pour répondre à ces lamentations. Mais ces solutions étaient loin d'être aussi convaincantes que les versions d'Hillary Clinton, même si, bien sûr, Hillary avait un déficit tragique en matière d'inspiration. Il y avait une formalité étrange, anachronique, dans le discours d'Obama: c'était toujours le même. Il enflammait son public, mais n'allait pas bien au-delà. Ce n'est pas un hasard si Obama était presque invincible dans les États de caucus, où la capacité à mobiliser un noyau dur de militants était essentielle, mais qu'il n'était pas aussi fort dans les primaires où des masses de personnes plus diverses étaient impliquées. Il aurait dû être très inquiet de voir que sa nomination allait probablement se décider pendant les primaires des grands États de la classe ouvrière que sont l'Ohio, le Texas et la Pennsylvanie. Par ailleurs, l'une des répliques d'Obama, sur la "folie" d'essayer la même chose à Washington "encore et encore et encore et d'une manière ou d'une autre, s'attendre à un résultat différent", a été la plus efficace dans un pays ou la fraîcheur est fétichisée et où 70% du public était mécontent par la manière dont les choses se passaient.

Puis les deux candidats ont gardé la tête sur les épaules pour repartir dans la mêlée. Et les électeurs des 48 autres États se sont préparés pour leur tour dans une campagne déjà historique. Après un "Super Tuesday" vertigineux, le Parti démocrate était divisé entre Hillary Clinton et Barack Obama, avec une longue et épuisante bataille à venir. L'idée derrière le nouveau calendrier des primaires accélérées, que les démocrates ont dévoilé cette saison électorale, était de donner une grande finale hyper démocratique au processus de sélection d'un candidat. Il s'est avéré que le grand plan du "Super Tuesday" dépendait de la supériorité d'un candidat en termes de force, d'atouts et de popularité. Au lieu de cela, les deux candidats superstars et leurs arsenaux de duels se sont neutralisés mutuellement. La plus grande force d'Obama se trouvait parmi les électeurs haut de gamme, les Afro-Américains, les jeunes, les libéraux et les personnes ayant fait des études supérieures. Il a fait jeu égal avec Hillary chez les hommes. Hillary Clinton a bénéficié d'un fort soutien de la part des femmes, des électeurs plus âgés, des Hispaniques, des personnes à faible revenu et de celles ayant un niveau d'éducation moins élevé. Et même ces écarts se réduisaient, l'avantage d'Hillary Clinton chez les femmes diminuant dans certains États et la percée d'Obama chez les électeurs blancs augmentant. Près de deux douzaines d'États fatigués de rester sur la touche, alors que les futurs présidents accordaient leur attention à des endroits comme Ottumwa dans l'Iowa et Nashua dans le New Hampshire, se sont frayés un chemin vers une place précose dans le calendrier. L'attribution proportionnelle des délégués, au lieu de résultats majoritaires, garantirait que chaque vote compte.

Le "Super Tuesday" était ce qui se rapprochait le plus d'une primaire nationale pour les Américains: une journée unique au cours de laquelle les candidats devaient faire leurs preuves auprès de chaque tranche de l'électorat américain dans les États regroupant près de la moitié de la population du pays. Cette journée était censée tout régler, mais elle n'a rien réglé. Hillary Clinton et Barack Obama se sont partagés le vote populaire à 50,2% contre 49,8% avec une marge si mince que l'on pouvait à peine glisser un bulletin de vote papillon entre les deux. Le mardi s'est transformé en mercredi sans que personne ne sache avec certitude combien de délégués chaque candidat avait réellement obtenus, les bulletins provisoires du Nouveau-Mexique etant lentement comptabilisés à la main. La campagne, qui était censée se terminer, s'est poursuivie dans les États qui ne se sont pas joints à la ruée pour avancer leurs primaires. Loin d'être un pis-aller comme tout le monde s'y attendait, ils avaient le pouvoir de couronner le vainqueur. Et s'ils ne le faisaient pas, la décision pourrait bien revenir à quelques 800 initiés du parti connus sous le nom de superdélégués. Au lieu d'apporter de la clarté et de la clôture, le "Super Tuesday" a laissé la course à la sélection du candidat démocrate aussi confuse qu'elle ne l'avait jamais été.

Après avoir devancé Hillary Clinton de deux chiffres dans la plupart des sondages du Super Tuesday, Barack Obama a remporté plus d'États, 13 contre 8, et légèrement plus de délégués qu'elle. Mais Hillary Clinton avait également de quoi à se vanter. Elle a remporté la Californie, le plus gros lot de la soirée, et un pourcentage légèrement supérieur du vote populaire. Elle s'est particulièrement réjouie de mettre Obama en déroute dans le Massachusetts, malgré tout le battage médiatique qui avait entouré le soutien d'Obama par le sénateur Edward Kennedy et une grande partie de sa famille, ainsi que par l'autre sénateur de l'État, le candidat démocrate de 2004, John Kerry, et le gouverneur Deval Patrick. Alors que le rythme de la campagne ralentissait considérablement, les assistants d'Obama ont déclaré que cela jouerai en faveur d'un candidat qui gagnait en force face à un candidat de tête bien plus établi. Le prochain tour des primaires, en particulier, se déroule en territoire ami pour Obama. On s'attendait, par exemple, à ce qu'il balaye le groupe du Beltway, composé du Maryland, de la Virginie et du district de Columbia, qui compte un grand nombre de démocrates et d'Afro-Américains haut de gamme. Et il s'est présenté avec un avantage financier croissant, ayant collecté 32 millions de dollars en janvier, en grande partie auprès de petits donateurs qui pourraient être sollicités à nouveau. Cette collecte de fonds représente plus du double des 13,5 millions de dollars récoltés par Hillary Clinton au cours de la même période. Le résultat du Super Tuesday, associé à d'autres victoires dans les semaines à venir, est susceptible d'apporter un flot de contributions encore plus important à Obama, dont les coffres alimentés par Internet étaient déjà assez riches pour acheter des publicités pour le Super Bowl dans les États où se sont déroulées les primaires après le Super Tuesday. L'opération Clinton, en revanche, montrait des signes de stress financier, ce qui aurait semblé inconcevable il y a quelques mois. Quoi qu'il en soit, la collecte de fonds des démocrates a continué à battre tous les records, même ceux établis précédemment par les républicains.

L'armoire à questions des démocrates n'avait jamais été aussi pleine depuis une décennie et demie. Et les électeurs avaient réduit le champ à deux candidats extrêmement populaires, dont l'un ou l'autre entrerait dans l'histoire s'il était désigné, et encore moins élu. Compte tenu de l'embarras des richesses, les électeurs démocrates ont regardé le choix entre Barack Obama et Hillary Clinton et ont eu des visions d'un ticket de rêve. Cette idée était déjà présente dans l'esprit de certains électeurs avant même que ce rêve ne se concrétise à Los Angeles où, à la fin du débat au Kodak Theatre, Obama et Clinton ont souri, se sont embrassés pendant plus de la nanoseconde habituelle, puis ont semblé se murmurer quelque chose de savant à l'oreille. Après des semaines de combat à mains nues et rumeurs de disputes qui pourraient ou non être réelles, l'accolade a, à tort ou à raison, fait réfléchir encore plus de gens sur le pouvoir de deux. Même si leur acte était consciencieux, évanescent et truqué pour les caméras, les habitués de la fête semblaient en raffoler. Tout était là: le visionnaire et la technicienne, le candidat capable d'inspirer les masses et la candidate capable d'aller chercher l'évier et de réparer la plomberie. Pour Hillary Clinton, faire équipe avec Barack Obama permettrait de réparer une partie des dégâts causés par sa campagne auprès des Afro-Américains et, du moins en théorie, de pousser son mari sur la touche. Obama, quant à lui, bénéficierait d'une mécanicienne à la hauteur de sa magie, quelqu'un qui pourrait transformer sa poésie en prose gouvernementale. Un nouveau sondage du Time a révélé que 62% des démocrates souhaitaient qu'Hillary Clinton place Obama sur le ticket; 51% souhaitaient que Barack Obama lui rende la pareille s'il était désigné.

Alors que le camp Clinton a vu une opportunité dans l'aspiration générale du public, le collecteur de fonds de Clinton, Terry Mc Auliffe, a déclaré, le matin du Super Tuesday, qu'Obama avait suscité tellement d'enthousiasme qu'il devrait être considéré pour la nomination du parti à la vice-présidence. Le camp Obama a vu un piège. Si Obama et ses assistants accordaient la moindre crédit à l'idée d'un partenariat, ils savaient que certains de ses électeurs risquaient de se détourner de lui en pensant qu'un vote pour Hillary Clinton était, en fait, un double avantage. Et cela pourrait faire baisser le taux de participation d'Obama. "Nous ne sommes pas candidats à la vice-présidence", a déclaré le porte parole d'Obama, Robert Gibbs. Non, et tant qu'Obama avait une réelle chance d'accéder à la première place, il n'était pas nécessaire de parler de la vice-présidence. Comme l'a déclaré un proche collaborateur de Barack Obama, "la campagne n'a pas la tête à cela". Au contraire, le camp Obama s'attendait à la proposition de la Veep depuis des semaines, tout comme il s'attendait à ce que la campagne Clinton joue la carte raciale après le New Hampshire. L'état-major d'Obama était parfaitement conscient que les Clintons avaient largement dépassé les limites dans les jours précédant la Caroline du Sud, à tel point que Bill et Hillary devraient faire une offre de paix aux partisans d'Obama, si ce n'est à Obama lui-même, pour colmater la brèche. Mais le pardon, bien qu'il soit depuis longtemps un élément essentiel du discours des Clinton, n'était pas quelque chose que l'équipe Obama était prête à accepter. Un conseiller d'Obama s'est exprimé en ces termes: "On peut faire valoir que le sénateur Obama n'acceptera même pas de discuter d'une offre de vice-présidence tant que la sénatrice Hillary Clinton n'aura pas accepté d'interdire à son mari l'accès à l'aile ouest pendant toute la durée du premier mandat. Et une fois qu'elle aurait accepté, il devrait refuser".

La question déterminante pour Obama dans la course n'était pas les soins de santé, l'économie ou même la guerre, où il se distinguait davantage de son rival. Il s'agissait d'être nouveau et différent et de ne pas appartenir au passé. Pendant des mois, il a attaqué Hillary Clinton pour avoir reçu de l'argent de lobbyistes, pour avoir trompé les électeurs sur ses votes en faveur de la guerre et pour avoir joué les cartes de la race et du sexe lorsqu'elle était à la traîne. Revenir sur tout cela et s'allier aux Clinton serait considéré comme une énorme trahison de son argument le plus galvanisant, ainsi que de sa personnalité, par bon nombre de ses partisans. Les chiffres le confirment. Dans le sondage du Time, 58% des partisans d'Hillary Clinton étaient favorables à l'intégration de

Barack Obama dans le ticket; presque le même pourcentage (56%) de partisans d'Obama étaient favorables au choix d'un autre candidat. Cependant, face à cette animosité et cette colère mutuelles, il y a beaucoup d'histoire. Et l'histoire a suggéré qu'un accord ultérieur était possible, voire probable, quoi qu'en pensent alors les initiés. Le plus souvent, les gagnants des deux partis tendent la main aux perdants, ou du moins envisagent une ouverture, lorsque le moment est venu de recoller les morceaux d'un parti brisé. John Fitzgerald Kennedy a fait appel à Lyndon Johnson en 1960, alors que les deux hommes étaient comme l'huile et l'eau. Ronald Reagan a nommé George Herbert Walker Bush en 1980, mais ils ne sont jamais devenus très proches. Walter Mondale a donné à un homme qu'il n'aimait pas, Gary Hart, un bon coup d'oeil en 1984, avant de choisir Geraldine Anne Ferraro. Et John Kerry a recruté son ancien rival John Edwards en 2004, bien que les rancoeurs des deux côtés n'aient jamais disparu. Il est donc peut-être plus sage de considérer la campagne des primaires démocrates non pas comme une course, mais comme deux: l'une pour les délégués et l'autre pour la réconciliation.

Bataille Déloyale

La lutte entre Hillary Clinton et Barack Obama s'est transformée en un enlisement qui a duré jusqu'au tout dernier jour des primaires. Barack Obama était allé plus loin que tout autre candidat afro-américain à la présidence en cherchant à obtenir l'investiture de son parti. Ses adversaires, les formidables Clinton, se sont battus à la dérobée. Dans les jours qui ont suivi la victoire de sa femme dans le New Hampshire, Bill Clinton était plein d'une indignation vertueuse. L'ancien président avait dressé une liste de 81 pages de toutes les choses injustes et désagréables que la campagne d'Obama aurait dites sur Hillary. La presse était encore amoureuse d'Obama, du moins c'est ce que pensait Bill Clinton, qui se plaignait à qui voulait bien l'entendre. "Si la presse ne s'en prend pas à Obama, c'est à la campagne d'Hillary de faire le travail", a insisté l'ex-président. Il était agité et irritable. Il semblait anxieux à l'idée que sa femme était en train de gâcher l'occasion de faire revenir les Clinton à la Maison-Blanche. Les psychologues ont spéculé qu'il était jaloux d'elle. Ou d'une manière étrange, il aurait pu être trop envieux de Barack Obama. Bill Clinton était fier du fait que certains Afro-Américains l'appelaient "le premier président noir d'Amérique", en raison de son aisance et de son empathie envers les Afro-Américains. Or, Obama menaçait de le détrôner en devenant véritablement le premier président noir des États-Unis d'Amérique. Bill Clinton voulait être un acteur majeur de la campagne de sa femme. Il s'est montré très efficace lors des caucus du Nevada le 19 janvier 2008, travaillant dans les casinos à sa manière, charmant les serveuses et les croupiers en repos. Mais la Caroline du Sud, le 26 janvier 2008, est un désastre. Bill Clinton est devenu violet en hurlant aux journalistes qui posaient des questions gênantes et a comparé Obama à Jesse Jackson, qui avait remporté les primaires de Caroline du Sud en 1988 et 1992 en faisant directement appel au vote des Afro-Américains. L'establishment libéral a été consterné par le fait que l'ancien président semblait jouer maladroitement la carte de la race en essayant de marginaliser Barack Obama en tant que "candidat noir". Les Afro-Américains étaient également atterrés. Hillary Clinton a perdu le vote des Afro-Américains en Caroline du Sud par 86 voix contre 14.

Hillary et Bill Clinton avaient déjà commencé à travailler sur Barack Obama. Tout d'abord, Hillary ne cessait de répéter qu'elle était la candidate la plus "expérimentée". Mais les experts ont commencé à poser des questions: "Expérimentée en quoi exactement, Hillary"? Elle a transmis les lourdes tâches d'intimidation à son mari. Bill Clinton était "diplômé avec mention" de l'école de chicanerie politique de Karl Rove. Il a donc suggéré, de manière très indirecte, que la campagne d'Obama était un conte de fées. Chaque fois que Bill ou Hillary Clinton ont été mis sur la sellette pour avoir fait des déclarations de ce genre, ils ont essayé de nier, qu'ils avaient voulu que ces déclarations soient prises de manière péjorative contre Obama. Le conseiller politique d'Hillary était un homme appelé Mark Penn. Le travail principal de personnes comme Penn était de "tourner" ce que Bill et Hillary disaient, car ils avaient des contacts importants dans les médias. Grâce à leur travail de relations publiques très lucratif, ils pouvaient faire plier l'oreille de puissants chroniqueurs et correspondants pour qu'ils disent que Bill et Hillary voulaient dire "A" alors qu'ils avaient en fait dit "B". Ils pouvaient également lancer le type de rumeur le plus vicieux, à savoir la rumeur qui n'en était pas une. Par exemple, ils ont lancé au début de la campagne une rumeur selon laquelle la campagne d'Hillary disposait "d'informations préjudiciables" concernant Obama mais n'était pas "prête" à les divulguer! Cela a donné lieu à toutes sortes de spéculations. C'était le style Karl Rove, et les Clinton l'avaient très bien adapté à leurs objectifs. Hillary elle-même a été surprise en train de se livrer à l'une de ces insinuations lorsqu'elle a laissé entendre que le sénateur Barack Obama s'était associé à un promoteur immobilier qui s'enrichissait en créant des bidonvilles. Malheureusement pour elle, les médias ont mis au jour une photographie la montrant, avec son mari, accueillant ce même promoteur immobilier à la Maison Blanche.

Un jour, la sénatrice Hillary Clinton a été presentée par une femme, nommée Francine Torge, qui a dit quelque chose de surprenant et d'épouvantable: "Certaines personnes comparent l'un des autres candidats à John F. Kennedy. Mais il a été assassiné et Lyndon Blaines Johnson est celui qui a réellement achevé le travail de Kennedy". Cette phrase est manifestement restée dans l'esprit d'Hillary Clinton, car quelques heures plus tard, elle comparait de mauvais goût Barack Obama à Martin Luther King Jr dans une interview accordée à Fox News. "Le rêve de King est devenu réalité parce que nous avions un président qui a dit que nous allions le faire et qui l'a effectivement accompli", a-t-elle déclaré. En effet, selon le Washington Post, Karl Rove a déclaré qu'il ne participerait à aucune campagne présidentielle en 2008, car aucun des candidats républicains ne menait la campagne comme il l'aurait fait. La candidate qui semblait adopter le plus son style et ses méthodes jusqu'à présent était Hillary Rodham Clinton. Il n'est donc pas étonnant que Karl Rove ait pointé du doigt Hillary Clinton lors d'interviews, prédisant qu'elle remporterait l'investiture démocrate et serait un adversaire de taille lors des élections de novembre 2008. Les Clinton ont reconnu les "compétences" de Rove en matière de politique et ont admiré son art, voire son idéologie. Quelle compétence? Mentir est-il une compétence? Mais quoi qu'ils lui aient lancé avec leurs tactiques à la Karl Rove, Barack Hussein Obama a rebondi et les foules l'ont aimé et ont crié: "Yes, We Can!" Jusque-là, Barack Obama marchait la tête haute, un phénomène ambulant en fait.

Pendant ce temps, le sénateur Edward Kennedy a eu une conversation téléphonique difficile avec Bill Clinton au sujet de sa campagne qui sème la discorde au sein du parti démocrate. Clinton a dit à Kennedy que c'était la campagne d'Obama qui avait commencé. Mais le sénateur ne le croit pas. Il savait très bien que c'était le Bill Clinton qui regardait directement les caméras et agitait le doigt en disant: "Je n'ai pas fait l'amour avec cette femme, Monica Lewinsky". Le Clinton qui, en réponse à une question, a dit: "Cela dépend de ce que signifie "est". Le 28 janvier 2008, le sénateur Edward Kennedy et, ce qui est peut-être plus significatif, Caroline Kennedy, fille de John F. Kennedy, ont tenu une conférence de presse à Washington pour soutenir Obama. Les assistants de la campagne Clinton sont désemparés et blâment en partie Hillary Clinton. Malgré l'insistance de son personnel, elle n'avait pas appelé Caroline Kennedy pour s'assurer de son soutien. Malgré toute son arrogance et son courage sur scène, Hillary hésite en privé à appeler ses donateurs et ses partisans. Parfois on avait l'impression que les membres de l'équipe de campagne d'Hillary Clinton étaient plus intéressés à se détruire mutuellement qu'à détruire Obama. Le 10 février 2008, une scène désordonnée a accueilli Maggie Williams lorsqu'elle a remplacé Patti Solis Doyle comme directrice de campagne. Les membres du personnel tentaient d'ignorer les bruits provenant du bureau du directeur de la communication Howard Wolfson. La plupart supposaient qu'il s'agissait de Mark Penn, le stratège en chef, qui était de plus en plus en conflit avec les autres principaux conseillers d'Hillary Clinton.

Même si la campagne Clinton a réuni plus de 100 millions de dollars avant l'Iowa, l'argent manquait chroniquement. Lors d'une réunion stupéfiante du personnel, après le New Hampshire, Harold Ickes a annoncé que le placard était vide. Personne ne semblait savoir où l'argent était passé. La collecte de fonds devenait plus difficile cet hiver-là. Un collaborateur de haut niveau a déclaré que les donateurs étaient tellement désillusionnés, en particulier par rapport à Bill Clinton. Les assistants de campagne ont suggéré que les Clinton prêtent 5 millions de dollars de leur fortune personnelle avant les primaires du "Super Tuesday", le 5 février 2008. Bill Clinton voulait immédiatement le faire, mais Patti Solis Doyle pouvait entendre une hésitation dans la voix d'Hillary. Mais elle s'est ravisée, et lorsque la nouvelle s'est répandue qu'elle puisait dans sa propre fortune, les contributions ont afflué, notamment de la part de femmes.

Barack Obama, selon les termes d'un commentateur, avait transformé Hillary Clinton en "toast" dans le district de Columbia dont la capitale est la capitale nationale, Washington DC et dans le Maryland ainsi que dans le Vermont. Ces districts comptent parmi les citadelles du pouvoir et de l'argent aux États-Unis. Et le fait qu'Obama les ait arrachés à Hillary Clinton était une nouvelle de la plus haute importance. Le fait que le New York Times ait minimisé l'histoire était tout à fait compréhensible, car le journal avait soutenu Hillary comme la candidate qui méritait l'investiture démocrate, et sa photo avait été publiée dans le journal jusqu'au jour de l'investiture. La situation Obama-Clinton était la suivante: selon les termes de l'Associated Press, Barack Obama, qui revendique déjà une "nouvelle majorité américaine", se concentre de plus en plus sur le probable candidat républicain à l'élection présidentielle de novembre, alors qu'il continue d'accumuler de grandes victoires sur Hillary Rodham Clinton, dans leur course à l'investiture démocrate. Obama s'impose dans la course aux délégués pour le prix du parti avec des victoires retentissantes aux primaires du 12 février 2008 dans le Maryland, la Virginie et le District de Columbia. Selon le décompte des délégués effectué par Associated Press, Barack Obama a obtenu 1223 délégués. Hillary Clinton en avait 1198, prenant du retard pour la première fois depuis le début de la campagne. Mais aucun des deux n'était proche des 2025 délégués nécessaires pour obtenir l'investiture. Les victoires de Barack Obama ont été remportées par des marges écrasantes: 75% des voix dans la capitale nationale, près des deux tiers en Virginie et environ 60% dans le Maryland. Hillary Clinton, considérée comme la grande favorite du parti démocrate il y a quelques semaines à peine, a dû se tourner vers le Texas et l'Ohio pour tenter de donner un nouveau soufle à sa campagne qui a soudainement trébuché. S'exprimant après son triomphe à l'université de Wisconsin, Barack Hussein Obama a décrit sa campagne en plein essor devant une foule de 17000 personnes: "C'est à cela que ressemble le changement quand il se produit de bas en haut... C'est la nouvelle majorité américaine".

La présence légèrement éthérée d'Obama sur la campagne était contrebalancée par celle de sa femme, plus réaliste, qui avait son propre programme de voyages et commençait à apparaître dans des émissions de télévision féminines. L'idée était de la présenter comme une mère séduisante et une femme ordinaire, mais aussi, selon la situation, comme une femme de classe. Elle était tout cela, et pourtant, pour certains électeurs, elle n'était pas une figure rassurante. Bien que personne au sein de l'équipe Obama n'en ait beaucoup parlé, il ne fait aucun doute que le fait que Michelle soit noire et consciente de l'être était troublant pour cette tranche étroite mais importante d'électeurs, les "démocrates de Reagan", des personnes âgées de la classe ouvrière dans les États de la ceinture rouillée du Michigan, de l'Ohio et de la Pennsylvanie. Dans l'ensemble, Michelle Obama était une candidate posée et confiante. Mais à la fin du mois de févier, alors que son mari avait le vent en pourpre, gagnant caucus après caucus, elle a dérapé. Elle a déclaré à un public de Milwaukee que, pour la première fois de sa vie d'adulte, elle était vraiment fière de son pays, car elle avait l'impression que l'espoir faisait enfin son retour. Les républicains ont rapidement sauté sur l'insinuation qu'elle n'avait pas été fière de son pays avant cela. La campagne Clinton a fait de même.

C'est Mark Penn, le stratège en chef d'Hillary Clinton, qui a finalement conçu une publicité qui a fonctionné à la veille des primaires de l'Ohio et du Texas, au début du mois de mars, alors que la campagne Clinton était en mode "do-or-die". Tout a commencé par la sonnerie d'un téléphone dans les heures qui précèdent l'aube. Accompagné d'une musique sinistre, la publicité jouait sur les insécurités des "mamans vulnérables", qui avaient été secouées par le 11 septembre et avaient voté massivement pour George W. Bush en 2004. Mark Penn a qualifié la publicité "Red Phone 3 a.m" de "game changer", mais le moral de la campagne Clinton était toujours au plus bas. Incroyablement, la campagne avait été prise par surprise par la stratégie de la tortue d'Obama.

Alors qu'Hillary Clinton avait remporté quelques grands États lors du Super Tuesday, notamment New York, la Californie, le New Jersey et le Massachusetts, Obama avait accumulé des délégués dans des États plus petits, en particulier dans les États où se déroulaient les caucus, où il était organisé et où Hillary Clinton ne l'était pas. Compte tenu de la manière dont les délégués étaient répartis, Barack Obama avait accumulé une avance presque insurmontable au moment des primaires du Texas et de l'Ohio, le 4 mars 2008. Mais Hillary a remporté l'Ohio et le Texas, bien que de justesse, et une fois de plus, elle s'est éloignée du gouffre.

Le vendredi précédant sa résurrection, Hillary Clinton semblait épuisée. Elle a assisté à Dallas aux funérailles d'un policier qui avait été tué dans un accident de la route alors qu'il accompagnait son cortège. L'avion de sa campagne semblait lui aussi funèbre: les journalistes et les membres du personnel étaient malades (la toux sèche et incestueuse de la campagne se répercutant dans le fuselage) et épuisés après les huit semaines de campagne les plus intenses de l'histoire de la politique américaine. Hillary a déambulé à Waco, au Texas, cet après-midi-là, s'interrogeant, sans inspiration, devant une foule peu impressionnante. A San Antonio, ce soir-là, son discours s'est transformé en un chaos désordonné. Elle a crié à la foule des clichés démocrates éculés. "Les soins de santé devraient être un droit, pas un privilège", et il était facile de penser qu'elle avait jeté l'éponge, que tout cela touchait à sa fin. Et puis quelque chose s'est produit. De loin, il semblait que son apparition charmante et pleine d'autodérision dans l'émission Saturday Night Live, et la reprise par SNL d'un sketch du débat dans lequel les modérateurs de MSNBC s'étaient liguées contre elle, avaient peut-être changé l'esprit du temps: "Est-ce que je ris vraiment comme ça?", a-t-elle demandé à sa sosie Amy Pochler, dont le rire de Clinton ne ressemblait au sien que par sa maladresse. Pochler a hoché la tête en riant, et la réponse de Clinton a semblé plus spontanée que tout ce qu'elle avait fait sur le poduim en un mois de massacres électoraux. Au moins, le SNL a exploité la lenteur de l'ébullition que de nombreux partisans féminins d'Hillary Clinton avaient ressentie pendant le mois de février de Barack Obama, ce sentiment d'être relégués au second plan par l'ego d'autres personnes qui ne travaillaient peut-être pas aussi dur ou n'en savaient pas autant qu'eux. Le 4 mars 2008, les femmes représentaient 59% et 57% de l'électorat démocrate dans l'Ohio et au Texas, respectivement. Mais des facteurs politiques plus prosaïques ont également joué en faveur d'Hillary Rodham Clinton.

De minuscules fissures commençaient à apparaître dans l'armure brillante d'Obama. La plupart des gens pensaient qu'il avait gagné les débats du Texas et de l'Ohio grâce à ses contre-attaques élégantes et à son attitude décontractée, mais les détails de la politique d'Hillary Clinton (sa spécificité et sa passion sur l'assurance maladie pendant la volée de 16 minutes avec Barack Obama, qui a été plus tard, bêtement, tournée en dérision par les médias) ont apparemment transmis un degré d'attention et de préparation qui semblait plus fiable que l'intellect et la rhétorique brillants de son adversaire. Sur le terrain, au Texas et dans l'Ohio, elle a commencé à paraître plus réelle que lui. En dehors des débats, il y a eu les premières preuves qu'Obama était un politicien comme les autres. Son association avec l'ombrageux promoteur de Chicago Antoin Rezko était presque anodine par rapport aux affaires de William Jefferson et Hillary Rodham Clinton, passées et présentes, en particulier la corne d'abondance des compagnons sordides de l'ex-président au cours des dernières années, mais le visage suspect de Rezko était placardé sur tous les journaux télévisés du soir. Il n'était pas bon que Barack Obama ait consulté cet homme pour acheter un terrain plus spacieux pour la maison du sénateur à Chicago, même s'il l'a payé au prix du marché et qu'il s'est déclaré rétrospectivement le plus naïf. Il y a eu aussi l'étrange affaire de l'ALENA avec les Canadiens, dans laquelle l'un de ses principaux conseillers économiques a assuré au voisin du nord des États-Unis, le Canada, que les vociférations anti-ALENA d'Obama n'étaient que des "manoeuvres politiques" et ne devaient pas être prises au sérieux. Le problème n'était pas seulement que l'ALENA (Accord de libre-échange nord-américain) était considéré à tort comme synonyme de ruine économique dans l'Ohio et qu'il ne s'agissait pas d'un sujet sur lequel un homme politique voulait être pris en flagrant délit de fraude, mais aussi que la campagne d'Obama avait passé des jours à nier une histoire qui était manifestement vraie.

Il y avait un autre problème qui bouillonnait. Il s'agissait du patriotisme d'Obama. Une partie de la population américaine n'arrivaient pas à passer outre son nom d'origine africaine. Il y avait des pourvoyeurs d'obscénités sur Internet, dont quelques-uns, malheureusement, avaient des racines dans la communauté juive, qui avaient exploité ce fait pour répandre des absurdités calomnieuses sur Obama. Hillary Clinton s'est déshonorée en faisant le jeu de ces insinuations en déclarant à 60 Minutes que "Barack Obama n'est pas islamique pour autant que je sache". Au cours des dernières semaines, Barack et Michelle Obama ont tous deux donné des munitions aux calomniateurs: Le moment fort de Michelle a été sa déclaration extrêmement malheureuse selon laquelle le succès de la campagne de son mari l'avait rendue fière de son pays pour la première fois de sa vie d'adulte. Le moment du sénateur est venu lors du débat dans l'Ohio, lorsqu'il a joué à des jeux de mots politiques avant de rejeter le soutien du dirigeant de l'organisation politique et religieuse "Nation of Islam", Louis Farrakhan. L'hésitation était perceptible, et inacceptable. D'autres problèmes de culpabilité par association circulaient: les déclarations raciales parfois excessives du pasteur d'Obama, Jeremiah Wright, et le fait qu'Obama avait été décrit comme "ami" du terroriste dilettante des années 1960 William Ayers. Le soir des primaires, il semblait clair qu'Obama était conscient de ce problème potentiel, puisque le patriotisme a remplacé "hope" comme thème de son discours de concession. Il a fait écho à John McCain en citant Abraham Lincoln, et a qualifié l'Amérique de dernier meilleur "hope" sur terre. C'est le seul "hope" qu'il a mentionné, un calibrage fascinant. L'autre cause souvent citée du faux pas d'Obama, la publicité de Clinton mettant en scène la sonnerie du téléphone à la Maison-Blanche à 3 heures du matin, que la campagne d'Obama a qualifiée d'alarmiste, n'a pas été aussi efficace. Quoi qu'il en soit, la réponse éclair d'Obama, "vous voulez que quelqu'un qui avait raison à propos de l'Irak réponde à ce téléphone", semblait dévastatrice. Encore meilleure fut celle de John McCain: "Si vous voulez que quelqu'un de vraiment expérimenté sur les questions de sécurité nationale réponde au téléphone, ce serait moi".

Jusqu'aux derniers jours de la campagne, Hillary Clinton n'avait pas du tout passé de temps à exploiter sa connaissance des affaires militaires et s'imposer comme un commandant en chef fort. Son arrivée tardive à l'argument de la sécurité nationale semble être un nouvel exemple d'une stratégie de campagne surcalculée et mal pensée. Elle avait pris la décision délibérée de ne pas parler de sécurité nationale avant l'élection générale, car, comme l'a dit l'un des généraux qui l'a soutenue, "les questions militaires n'intéressent pas les électeurs démocrates". En d'autres termes, la sécurité nationale semble militariste. Elle n'est pas aussi populaire que les soins de santé, mais l'expertise en matière de sécurité nationale renvoie directement à la question de la force et de l'autorité, qui est centrale pour la présidence. Et c'est là l'erreur fondamentale au cœur de la campagne Clinton: un littéralisme étouffant, qui a conduit à la prudence et à un sens excessif du calcul; l'absence d'art et de créativité. Pendant les quelques jours qui ont précédé les primaires du New Hampshire, en janvier 2008, il semblait qu'Hillary Clinton avait découvert tardivement l'importance de la franchise et de l'humanité. Il y a eu la conférence de presse qu'elle a terminée en donnant une tape sur la joue de Chris Matthews de MSNBC, l'un de ses bourreaux médiatiques de longue date. Il y a eu les larmes qui ont failli couler. Tout le monde s'attendait à ce qu'elle continue sur cette lancée, mais sa campagne a été immédiatement détournée par son mari, qui a occupé le devant de la scène de manière désastreuse pendant des semaines. Elle s'est ressaisie après cela, car tout le monde voulait parler de Bill, mais elle ne pouvait pas. Elle a ensuite plongé en février. Enfin, n'ayant plus rien à perdre, Hillary Clinton est revenue dans un éventail étourdissant d'humeurs et d'aspects qui ont semblé confondre la press. Elle s'est montrée gracieuse envers Obama à la fin du débat au Texas. Elle était furieuse, "Honte à toi, Barack Obama!" dans l'Ohio. Elle était sarcastique, se moquant de la rhétorique enflammée d'Obama à Rhode Island. Et elle a toujours été une femme réfléchie, courageuse et indépendante, une femme seule, comme tant de femmes qui travaillent aujourd'hui et qui doivent réparer les dégâts causés par leurs hommes. Tout le monde a pu remarquer combien il était important que Bill Clinton soit hors du cadre. Elle est apparue seule sur la scène de la victoire dans l'Ohio, et c'était le seul moyen pour elle de remporter l'investiture, sur l'infime chance que cela soit encore possible.

Etait-ce possible? Le nombre de délégués et les règles insondables du parti démocrate indiquaient que ce n'était probablement pas le cas, à moins qu'elle n'ait recours à des tactiques qui feraient passer sa candidature pour sordide et complice, une ligne de conduite qui, au bout du compte, serait sûrement vouée à l'échec. On peut espérer que sa déclaration sur 60 Minutes selon laquelle "Obama n'est pas musulman pour autant que je sache" était plus le produit de l'épuisement que de l'intention, mais elle pourrait continuer sur la voie gluante des insinuations en soulevant des questions sur le patriotisme et la provenance de Barack Obama. Plus vraisemblablement, elle pourrait choisir de jouer à des jeux techniques tels que: tenter de faire siéger les délégations contestées du Michigan et de la Floride alors qu'elle avait convenu qu'elles ne devaient pas siéger. Elle pourrait essayer de bousculer les superdélégués, mais cela ne se produirait que si elle continuait à gagner de manière aussi convaincante que dans l'Ohio et au Texas, et si elle continuait à jouer le rôle du candidat travailleur, combatif et essentiellement admirable. Quant à Barack Hussein Obama, il ne suffirait pas de jouer le match à fond, en continuant à prendre sa part de délégués alors qu'il perd des compétitions très médiatisées. Il pourrait obtenir l'investiture de cette manière, mais il perdrait sa raison d'être, à savoir qu'il représente un mouvement de changement spectaculaire, un raz-de-marée. Il faut reconnaître que Barack Obama a élevé son niveau de jeu ces derniers temps. Son discours était plus réaliste, plus substantiel et plus spécifique au Texas et dans l'Ohio. Mais son sang-froid télévisuel exigeait une certaine distance, et la distance se transforme facilement en éloignement. Assis sur un tracteur au Texas le 4 mars 2008, il n'avait pas l'air aussi déplacé que Michael Dukakis dans un char d'assaut, mais il avait l'air d'un visiteur de l'arrière-pays, d'un touriste se faisant prendre en photo avec une vache longhorn. Il avait grand besoin de se mettre au travail, de s'agripper, de transpirer un peu et de montrer qu'il était prêt à se salir les chaussures pour obtenir l'inverstiture.

Dans la plupart des cas, on ne parvient pas à la présidence sans avoir survécu à un moment de mort imminente et, à tout le moins, les victoires d'Hillary Clinton avaient donné à Barack Obama l'occasion de nous montrer comment il pouvait gérer l'adversité. Et c'était alors son moment de téléphone rouge. Mais les victoires ont donné à Hillary Clinton tellement plus. Un législateur de l'Arkansas a dit un jour de Bill Clinton qu'il vous tapait dans le dos pendant qu'il urinait sur votre jambe. Le corollaire pour l'épouse de Bill, Hillary, pourrait être qu'elle dirait au monde entier à quel point elle est honorée de partager la scène avec Barack Obama alors même qu'elle se prépare à l'écraser. En matière de politique, la philosophie des Clinton est simple: c'est la guerre, et les guerres sont faites pour être gagnées. Bill Clinton l'a exprimé ainsi, en 1981: "Quand quelqu'un vous frappe à la tête avec un marteau, ne restez pas assis à encaisser. Sortez un hachoir à viande et coupez-lui la main". Avec ses espoirs présidentiels en jeu au Texas et dans l'Ohio, Hillary a pris le hachoir. Sa campagne a tenu sa promesse d'ouvrir les hostilités contre Obama, et cela a porté ses fruits avec de nettes victoires populaires dans les deux États. De plus, a-t-elle dit, "je ne fais que m'échauffer". Même pour certains de ses partisans, ces mots étaient de mauvais augure. Les démocrates se sont alors retrouvés face à une réalité qu'ils espéraient éviter: une lutte acharnée entre deux candidats forts qui durerait au moins sept semaines de plus, voire jusqu'à la convention. Pour le parti qui était censé avoir l'avantage lors de l'élection générale de novembre contre un GOP impopulaire et déchiré par des luttes intestines, ce revirement était à la fois déprimant et désolant.

Alors que la chaîne démocrate est passée de "Happy Days" à "Ultimate Fighter", les républicains ont choisi leur porte-drapeau, le dernier challenger de John McCain, Mike Huckabee, a tiré sa révérence avec le sourire. Les républicains pouvaient commencer à se regrouper et à se mobiliser pour l'élection générale, tandis que les démocrates se lançaient tête baissée dans une mêlée intra-muros qui risquait de laisser leur candidat marqué et boiteux. Donna Lease Brazile, stratège politique et membre extraordinaire du comité national démocrate, a exhorté le président du parti, Howard Dean, à intervenir avant que les choses ne deviennent incontrôlables. Dean est resté largement à l'écart du combat, se contentant de dire dans une déclaration "qu'à l'approche de novembre, notre candidat doit bénéficier du soutien unanime d'un parti démocrate fort". "Je suis vraiment inquiète. Qui a ouvert les portes de l'enfer?", a déclaré Donna Brazile.

À partir de ce moment, la course démocrate à la nomination allait être rude. Les victoires d'Hillary Clinton au Texas et dans l'Ohio, États dans lesquels sa campagne a estimé qu'Obama et ses alliés avaient dépensé plus de deux fois plus qu'elle pour la seule publicité, ne sont intervenues qu'après qu'elle eut intensifié son attaque contre Obama. La douceur dont elle faisait preuve jusqu'alors ne lui valait qu'un déclin dans les sondages. Hillary a mis en doute l'honnêteté de son adversaire après qu'il a été rapporté qu'un conseiller avait assuré à des responsables du gouvernement canadien qu'Obama ne pensait pas vraiment sa rhétorique anti-libre-échange. "Le vieux clin d'oeil", a déclaré Hillary Clinton avec mépris. Quatre jours avant les primaires du mardi, elle a diffusé une publicité effrayante et provocante juxtaposant des images d'enfants endormis et la sonnerie urgente de la ligne d'urgence de la sécurité nationale à la Maison-Blanche. "Il est 3 heures du matin et vos enfants sont en sécurité et endormis. Qui voulez-vous qui réponde au téléphone? dit le présentateur". Pendant des mois, les candidats démocrates ont observé avec dévotion que n'importe lequel d'entre eux serait un meilleur président qu'un autre républicain. Mais en accusant le sénateur de l'Illinois, dont c'est le premier mandat, de ne pas être prêt en cas de crise de sécurité nationale, elle a fait douter les électeurs. Hillary Clinton est allée jusqu'à le comparer défavorablement à McCain. "J'ai toute une vie d'expérience que j'apporterai à la Maison-Blanche. Je sais que le sénateur McCain a toute une vie d'expérience qu'il apportera à la Maison-Blanche", a-t-elle déclaré aux journalistes le matin précédant les élections. "Et le sénateur Obama a un discours qu'il a fait en 2002", une référence à la déclaration d'Obama contre l'invasion de l'Irak qu'elle et McCain avaient voté pour autoriser. Barack Obama s'était référé à plusieurs reprises à ce discours pour prouver que son jugement était supérieur, même si son curriculum vitae était plus court.

Dans le même temps, la campagne de Clinton a intensifié ses attaques contre les médias, en insistant sur le fait qu'Obama avait reçu un traitement de faveur. Le thème est entré dans la conscience du grand public lorsque l'émission Saturday Night Live, de retour de la grève des scénaristes, a fait de l'adulation de la presse un thème récurrent. Peut-être désireux de prouver qu'ils pouvaient être aussi durs envers Obama, les journalistes ont rempli cette semaine-là d'histoires sur le problème canadien d'Obama et ses liens avec un promoteur immobilier de Chicago inculpé, Tony Rezko. En effet, la campagne de Clinton avait tenté de passer à l'attaque depuis que la victoire d'Obama dans l'Iowa avait donné le coup d'envoi de leur lutte épique. Les premières tentatives de Bill Clinton pour gratter un peu de la personnalité lisse d'Obama se sont soldées par un échec, et les barrages ultérieurs, comme l'accusation selon laquelle Obama aurait plagié des parties de ses discours, n'ont échoué que parce que le calendrier trépidant des primaires et des caucus ne leur a pas laissé le temps de s'infiltrer. On pourrait remplir un aquifère avec les attaques de la campagne Clinton pendant la longue période qui a précédé le scrutin du 22 avril 2008 en Pennsylvanie. Et Obama n'avait pas l'intention d'accepter sans riposter. "Si Hillary Clinton commence à affirmer que, d'une manière ou d'une autre, je ne suis pas prêt et que l'une des raisons pour lesquelles les démocrates ou les superdélégués ne devraient pas voter pour moi est que 'nous n'en savons pas assez sur lui' ou 'qu'il y a peut-être des choses dans son passé ou dans son caractère qui le rendent vulnérable aux attaques des républicains', alors je pense qu'il est certainement juste de comparer nos parcours pour voir si oui ou non je suis plus vulnérable à ce genre d'attaques".

Après des années de lutte contre la machine à scandales qu'Hillary Clinton a un jour qualifiée de "vaste conspiration de droite", elle et son entourage se sentent bien préparés à ce genre de combat. Les observateurs de la longue carrière des Clinton ont remarqué qu'ils se débrouillent mieux dans la bagarre politique. Le combat les fait vibrer; en revanche, ils ont tendance à prendre l'eau sur une mer calme. Les attaques réussies d'Hillary ont brisé la série de 12 victoires d'Obama qui l'avait porté pendant un mois de victoires, et ses conseillers ont eu le sentiment d'avoir mis un bâton dans les roues de son élan. "Ils pensaient qu'ils pouvaient nous tuer. Ils savent que le temps est leur ennemi; le temps est notre ami", s'est réjoui un responsable de la campagne de Clinton alors que les résultats de l'Ohio et du Texas tombaient. Jusqu'à ce moment-là, le temps avait été très, très bon pour Obama. Il avait transformé un déficit de plus de 20 points dans les sondages nationaux en un match nul, gâché les plans d'Hillary qui souhaitait boucler la situation avant le 5 février 2008, et il avait fait son chemin à travers 43 primaires et caucus pour se construire une avance en délégués engagés à la convention qui semblait pratiquement impossible à combler. Aussi impressionnantes qu'aient été ses victoires dans l'Ohio et au Texas, Hillary Clinton n'a gagné que très peu de terrain dans le décompte des délégués, où elle était alors menée 1186 à 1321, selon CNN. Il était difficile d'imaginer un scénario dans lequel l'un ou l'autre des candidats pourrait réunir les 2025 délégués nécessaires à la victoire sans faire appel aux superdélégués.

Les soi-disant superdélégués étaient les quelque 800 dirigeants et élus du parti démocrate qui devaient automatiquement être délégués à la convention du parti en 2008, et ils étaient libres de soutenir le candidat de leur choix. Dans un sens, la primaire de Pennsylvanie visait directement à les impressionner. Barack Obama aurait une nouvelle chance de battre Hillary Clinton lorsque tous les jetons seraient dans le pot. Et pour la sénatrice de New York, c'était une nouvelle occasion de démontrer son attrait auprès des principaux électeurs démocrates: les femmes, les électeurs plus âgés, les Hispaniques et les ménages gagnant moins de 50000 dollars par an. Les stratèges d'Hillary Clinton ont fait valoir que l'élection générale serait très serrée et pourrait se jouer en Floride et dans l'Ohio, deux États où la coalition Clinton a été forte, ou dans un groupe de petits États comprenant l'Arkansas, le Nouveau-Mexique et le Nevada. Dans la plupart de ces États, ont-ils dit, les partisans de Clinton compteraient plus que l'attrait d'Obama auprès des électeurs haut de gamme et des Afro-Américains. En d'autres termes, ils étaient prêts à admettre que sa campagne des primaires âprement disputée pourrait coûter au parti des votes afro-américains en novembre 2008.

Les responsables de la campagne d'Hillary Clinton ont noté que le terrain politique de la Pennsylvanie était semblable à celui de l'Ohio, avec une abondance d'électeurs modestes qui ressentaient les effets de la crise économique. Et comme dans l'Ohio, elle avait le soutien du gouverneur démocrate et pouvait s'appuyer sur son organisation de terrain, ce qui pouvait contribuer à combler ce qui avait été une faiblesse par rapport à l'opération d'Obama. Si ces facteurs s'additionnaient une fois de plus pour aboutir à une victoire importante dans un État, l'équipe d'Hillary Clinton était certaine de pouvoir faire valoir aux superdélégués qu'elle était la seule à avoir la force et la ténacité nécessaires pour survivre à la campagne de l'automne contre le candidat républicain, John McCain, et qu'Obama ne pourrait pas porter le coup de grâce. Pour un parti qui se souvenait encore de la vulnérabilité de son candidat John Kerry en 2004, cet argument serait probablement très vendeur. Aucune des deux campagnes n'a publié ses décomptes internes de superdélégués, mais depuis le Super Tuesday, Barack Obama a réduit l'avance autrefois considérable de Clinton. La dernière estimation de CNN suggère que son avantage n'est que de 238 contre 199. "Quand on regarde les chiffres, c'était un combat de poings. Ce sera un combat beaucoup plus rude, parce que sa durée de vie est constituée de ces délégués non engagés, et qu'ils pourraient parfois être chancelants", a déclaré le stratège d'Hillary Clinton. L'équipe de Barack Obama a continué à faire valoir que les superdélégués devraient suivre l'exemple des délégués engagés, dans l'intérêt de l'unité du parti.

Le matin suivant les primaires dans les quatres États, Harold Ickes, conseiller d'Hillary Clinton, qui s'occupait des superdélégués pour sa campagne, s'est empressé de rendre visite à ceux qui, au Capitole, avaient déjà exprimé leur soutien à Hillary. Son message: "Tenez bon". Aux quelque 300 superdélégués qui ne s'étaient pas encore engagés, il a dit: "Ne faites rien d'irréfléchi". "Ce que nous disons aux superdélégués, c'est de ne pas tirer, de garder leur poudre sèche, de ne pas s'engager. Nous allons faire de notre mieux pour montrer qu'Obama n'est pas le candidat le plus fort dans une élection générale", a déclaré Harold Ickes. Les démocrates savent bien à quel point une Clinton se battrait quand tout est en jeu, et ils ont appris par expérience qu'ils ont des raisons d'en craindre les conséquences. Cette fois, selon certains partisans d'Obama, la victoire à tout prix des Clinton pourrait coûter au parti l'élection de novembre.

Même si Hillary Clinton ne parviendrait pas à obtenir l'investiture, elle s'était enfin définie comme une personnalité publique, séduisante de surcroît, dotée d'une personnalité indépendante de celle de son mari. Elle n'est pas aussi intelligente que lui, mais elle est tout aussi tenace et, d'une manière étrange, plus vulnérable et plus réelle. Ses éclairs de colère et de sarcasme, ses débordements émotionnels occasionnels, sa volonté de parler de l'assurance maladie, sont autant de qualités humaines reconnaissables qui, dans le retournement le plus étrange de cette campagne, l'ont fait paraître plus accessible que son adversaire, Barack Obama. Pour la première fois, elle n'avait pas l'air d'être une élite et d'avoir des droits. Pour la première fois, elle était presque l'une des nôtres. Hillary Clinton a remporté trois États sur quatre en affirmant que Barack Obama n'était pas assez viril pour protéger les États-Unis d'Amérique de ses ennemis, étrangers et nationaux. Dans ses moqueries à l'égard d'Obama pour ses beaux discours et ses promesses en l'air, le sous-texte de Clinton était toujours clair: "Vous pouvez aimer la musique, mais ce type est loin d'être assez fort et prêt pour ce travail". Cette accusation a été rendue explicite par la publicité pour le téléphone rouge, dont l'existence même témoignait de la dureté de la candidate: "Je suis prête à faire n'importe quoi, y compris tendre une grenade à John McCain, pour gagner cette élection". Elle a joué sur la mauvaise conscience de la presse nationale, en se présentant comme la victime vilipendée et Obama comme l'ingénue enveloppée dans une bulle.

Mais on ne s'élève pas dans la politique de Chicago et on n'arrive pas aussi loin et aussi vite dans une course à l'élection nationale en étant mou, naïf ou en ayant peur de la bagarre. Ce qui a distingué Barack Obama dans cette campagne, c'est l'ardeur avec laquelle il s'est battu sans en avoir l'air. Le message qui a fait bouger les foules lors de ses rassemblements a été rendu possible par de nombreuses couches de calcul sous-jacentes. Ses manières douces cachaient une maîtrise de soi farouche. Son autodérision fréquente cachait une confiance en soi tenace. Non seulement il jouait dur, mais il jouait pour gagner. "Il est l'une des personnes les plus compétitives que j'aie jamais rencontrées", a déclaré un ami qui a connu son lot de battants. Et il savait à quel jeu il jouait. Dans une interview accordée au Time le matin des dernières primaires, il a promis qu'il n'y aurait pas deux poids, deux mesures. Dans ses mémoires, Obama a rappelé une tactique qu'il a apprise étant adolescent noir dans un monde blanc. "Les gens étaient satisfaits tant que vous étiez courtois et souriant et que vous ne faisiez pas de gestes brusques. Ils étaient plus que satisfaits, ils étaient soulagés, une surprise si agréable de trouver un jeune homme noir bien élevé qui ne semblait pas tout le temps en colère", a-t-il écrit. Mais au fil de la campagne d'Obama, en 2007, l'accusation n'était pas qu'il était trop en colère mais qu'il ne l'était pas assez. Les militants les plus enflammés de son parti voulaient un candidat qui brûlerait les ponts, et non qui les construirait.

Si les primaires visent à conquérir la base, l'approche conciliante de Barack Obama n'aurait pas pu être plus en décalage, et dès l'été 2008, il a semblé qu'il risquait de s'éteindre. Les foules étaient nombreuses et l'argent coulait à flots, mais les semaines passaient et il ne parvenait pas à s'imposer. En septembre, il devançait Hillary Clinton d'environ 2 contre 1 dans la plupart des sondages. Pour les professionnels de la politique, la solution était évidente et toutes les personnes expérimentées ont donné le même conseil: "vous devez vous mettre à terre, vous salir, vous endurcir", a déclaré l'un d'entre eux, qui s'est également fait l'écho de ces conseils. Mais Obama a répliqué, plus disposé à se battre contre ses conseillers que contre ses adversaires. Une confrontation animée à Chicago, à laquelle n'a participé qu'un noyau dur d'une demi-douzaine de personnes, a eu lieu en mai 2008 pendant le week-end de la fête du travail. "Mais il n'a pas voulu le faire. Contre tous les experts, contre les conseils, contre l'histoire... Cela montre qu'il comprenait son personnage et les qualités qui y étaient implicites", a déclaré l'un des participants. Et il a compris ce qu'il risquait de perdre s'il changeait son jeu. "Si j'ai une rotule en moins, je ne vais pas y aller", leur a-t-il dit. Ce n'était pas de la décence ou de la galanterie à l'oeuvre; c'était simplement la compréhension que la raison d'être de sa campagne s'évanouirait s'il devenait juste un autre politicien véreux ou un homme noir en colère.

Mais ce moment de vérité est arrivé alors qu'il était encore en train d'établir sa marque; la politique de "Hope" lui a fait faire un long chemin, mais les calculs avaient changé. Barack Obama continuerait à lier Hillary Clinton à McCain et à d'autres républicains pour avoir voté en faveur de la guerre d'Irak et à comparer son expérience à celle de Donald Rumsfeld et Dick Cheney. "Je vais m'intéresser à ce qui, selon elle, la rend particulièrement bien préparée, par exemple en matière de politique étrangère. Lorsque ses collaborateurs ont été interrogés, ils ont cité, entre autres, un discours, celui qu'elle a prononcé sur les droits de l'homme en Chine en 1995", a-t-il déclaré au Time. "A-t-elle négocié des traités? Lorsqu'elle s'est rendue dans ces 80 pays, a-t-elle participé à l'élaboration des politiques? Si oui, laquelle? Je soupçonne que vous n'obtiendrez pas de réponses particulièrement impressionnantes".

Plus que toute autre course présidentielle américaine, la saison des primaires a mis l'accent sur la question de l'expérience. Cet accent avait été particulièrement prononcé sur le front démocrate, où Hillary Clinton, l'ancienne première dame, avait utilisé le slogan "Ready to lead and most experienced" comme pierre angulaire de sa campagne. Pendant des mois, Hillary Clinton a fait campagne en tant que candidate autoproclamée la plus expérimentée, malgré le fait que des sénateurs chevronnés, ayant des décennies de service public dévoué, étaient dans la course (Joe Biden, président de la commission des affaires étrangères du Sénat, et Christopher Dodd, président de la commission bancaire du Sénat). Si cette stratégie d'autopromotion pouvait effectivement éclipser les autres candidats, elle posait d'emblée un certain nombre de problèmes sérieux. Notamment parce que, poussée à l'extrême, l'autopromotion pouvait aliéner les électeurs qui devaient choisir le candidat le plus apte à affronter le candidat républicain lors des élections générales. Comme cela s'est avéré dans l'Iowa, les gens n'étaient ni convaincus, ni à l'aise avec sa campagne d'autopromotion. En réponse à ce revers apparemment inattendu dans l'Iowa, son camp a adopté une nouvelle stratégie d'attaques personnelles et directes contre Obama. En particulier, la sénatrice Hillary clinton a toujours affirmé que le sénateur Obama n'avait pas l'expérience requise pour le poste et qu'il ne serait pas prêt à diriger le pays dès le premier jour. Cette référence constante à l'expérience dans cette campagne a rappelé à de nombreux Afro-Américains, qui ne sont pas nés avec un cuillère en or dans la bouche mais qui croient fermement au rêve américain, le dilemme de l'oeuf et de la poule auquel certains ont dû faire face dans leur carrière: "le manque d'expérience" contre "le manque de qualification académique". Les Clinton espéraient qu'en faisant constamment référence au "manque d'expérience" présumé d'Obama, les Américains finiraient par y croire, et donc par négliger un leader visionnaire dont la capacité à inspirer avait captivé le coeur et l'esprit de millions d'Américains. Le résultat des premières primaires a clairement montré que le refrain des Clinton n'avait pas impressionné les Américains, qui faisaient néanmoins des choix indépendants et rationnels.

Après tout, l'expérience est une fonction des deux variables les plus importantes: une formation académique solide et une pratique dans un domaine directement pertinent. L'expérience n'est pas nécessairement fonction de l'âge; sinon, le président John F. Kennedy, ancien sénateur junior de Massachusetts, qui s'est révélé être l'un des plus grands dirigeants du monde, ne serait pas devenu le président des États-Unis d'Amérique. Il avait 44 ans lorsqu'il est entré à la Maison-Blanche. L'expérience n'est pas non plus le reflet du nombre d'années passées dans les couloirs du pouvoir, sinon la gracieuse Barbara Bush, qui s'est tenue aux côtés de son mari dans les cercles du pouvoir pendant des décennies, alors qu'il était membre du Congrès, ambassadeur aux Nations Unies et en Chine, directeur de la CIA, vice-président, puis président, serait sans aucun doute la personne la plus expérimentée pour diriger les États-Unis. D'où la nécessité de se concentrer sur l'expérience pertinente pour évaluer les candidats démocrates. Hillary Clinton et Barack Obama étaient tous deux sénateurs ayant une certaine expérience du secteur privé. Hillary a été élue pour la première fois en novembre 2000 par les habitants de New York. Avant cela, elle ne s'était jamais présentée à une élection ou n'avait jamais occupé de poste de direction, que ce soit au niveau de l'État ou au niveau national. Barack Obama a un parcours législatif qui remonte à 1996, lorsqu'il a été élu sénateur de l'Illinois, poste qu'il a occupé jusqu'à son élection au poste de sénateur des États-Unis en 2004. Sur le plan universitaire, Hillary Clinton a fréquenté l'université de Yale. Barack Obama, malgrè son origine socio-économique modeste, a étudié dans certains des établissements les plus respectés de l'Ivy League aux États-Unis d'Amérique: les universités de Columbia et de Harvard. Pendant ses études à Harvard, Obama a été élu président de la prestigieuse Harvard Law Review, ce qui illustre son engagement envers l'excellence, son esprit de compétition et ses aspirations supérieures. Il est claire que le sénateur de l'État de l'Illinois avait des références académiques impeccables et une plus longue expérience législative que la sénatrice de New York.

Ironiquement, au fil des ans, la course à la Maison-Blanche a vu défiler des candidats n'ayant aucun antécédent électoral et encore moins de titres universitaires, et pourtant aucun d'entre eux n'a vu son expérience remise en question comme les Clinton l'ont fait pour Obama. La triste réalité est qu'en répétant sans cesse qu'Obama n'était pas assez expérimenté, Hillary risquait de semer le doute dans l'esprit de nombreux électeurs, et donc de compromettre son éligibilité. Cet assassinat de personnage était la version des Clinton de l'attaque "swiftboat", qui revenait à transformer un atout personnel en handicap. Implicitement, le "manque d'expérience", qui constitue une barrière à l'entrée sur le marché du travail pour des millions d'Américains moins fortunés, et en particulier les Afro-Américains, a été utilisé ici comme un obstacle tactique pour empêcher l'accès à la Maison-Blanche, empêcher la réalisation du "rêve américain" pour des millions de personnes et perpétuer la culture de dynastie, qui mine de plus en plus la "grande démocratie" des États-Unis d'Amérique.

Pendant ce temps, le camp Obama attendait d'Hillary Clinton qu'elle publie ses déclarations d'impôts, qu'elle rende publics ses nombreux documents inédits datant de l'époque où elle était première dame et qu'elle lève le secret sur les dons faits à la bibliothèque Clinton. Et la campagne d'Obama a porté ses propres accusations contre les journalistes qui ont cru à la ligne de Clinton selon laquelle la couverture médiatique d'Obama avait été molle. "Il doit trouver le moyen de faire ressortir les contrastes sans devenir un chien d'attaque politique. Il y a là beaucoup de grain à moudre", a déclaré un partisan de longue date d'Obama. Un jour, lorsque Barack Obama était jeune, après qu'une brute ait volé le ballon de football de son ami, son beau-père indonésien lui a offert une paire de gants de boxe et un mode d'emploi: "Tu dois continuer à bouger, mais toujours rester bas. Ne leur donne pas de cible". Cela pourrait tout aussi bien être la devise de sa campagne. Lors de sa première grande course électorale en 2000 pour devenir sénateur des États-Unis, il a tenté de détrôner Bobby Rush, un vétéran de Chicago, qui représentait le premier district de l'Illinois au Congrès depuis 1992. Mais les électeurs ne l'ont pas adopté, tout comme le maire de Chicago, Richard M. Daley, et Rush a remporté une victoire écrasante. Barack Obama n'était pas en politique depuis longtemps lorsqu'il a été battu par Rush dans son propre jardin. Pendant une brève période qui suit, il semble un peu incertain de ce qu'il doit faire de sa vie. Pourtant, en quatre ans, il s'est réorganisé et a remporté un siège au Sénat américain. C'est après cette brève course électorale en 2000, qu'Obama a appris à faire de la politique. Il a abandonné son style d'orateur testé à Harvard pour quelque chose de plus simple. Il a appris à cultiver les personnes au pouvoir sans se laisser définir par elles. Et il a appris à être différentes choses pour différentes personnes: un réformateur formé par un patron de machine à l'ancienne, un Afro-Américain lourdement financé par des libéraux blancs, un avocat de Harvard dont l'histoire de sa vie a attiré l'attention des ethnies blanches. Abner Joseph Mikva, ancien juge fédéral et membre du Congrès de Chicago, a reconnu qu'Obama avait su "faire appel à différents groupes d'électeurs sans être incohérent". À différents moments de sa candidature à l'investiture démocrate, Obama a fait preuve de toutes ces compétences.

La politique des quartiers de Chicago a réellement donné à Barack Obama une éducation qui lui a valu de briguer la présidence moins de quatre ans après avoir remporté un siège au Sénat. Il est né aux États-Unis d'Amérique, mais a été élevé aux confins du pays, n'étant ni blanc ni noir, mais les deux à la fois. Il est réputé pour ses talents d'orateur, mais en le regardant parler, on se doute qu'il laisse environ 30% de ses émotions sur la table, craignant de jouer les prédicateurs pentecôtistes. Physiquement, il est d'une rare sobriété: il garde les mains près de la tête, et ses épaules sont toujours droites et carrées. Dan Shomon, son directeur de campagne contre Bobby Rush, pense qu'Obama a appris l'art de la rhétorique dans les églises noires, en absorbant le rythme et le style des pasteurs et en observant les réactions de leurs fidèles. Pendant les jours et les nuits de folie de la campagne, il a répété un mantra à son équipe: "Restez cool. Restez concentrés. Ne vous laissez pas distraire".

Les instincts d'Obama étaient souvent libéraux si l'on considère ses votes et ses projets, mais il prenait soin de ne pas passer pour un libéral. Son discours de campagne était parsemé du code Morse du milieu, assurant qu'il comprenait ce qui, dans le libéralisme, rendait les non-libéraux nerveux. Il a parlé de la nécessité de payer de meilleurs enseignants, mais aussi de la responsabilité des parents. Il pouvait être en faveur d'un contrôle "raisonnable" des armes à feu, comme le rétablissement de l'interdiction des armes d'assaut, mais il pouvait aussi dire aux électeurs de l'Idaho: "Je n'ai pas l'intention de priver les gens de leurs armes à feu". Il a déclaré qu'il était opposé aux chèques scolaires, mais qu'il était prêt à envisager tout ce qui a été prouvé pour aider les enfants. Ses promesses d'augmenter le nombre de bourses d'études étaient souvent liées à un service national obligatoire. Mais ce type de raisonnement agressif comportait un certain risque: celui d'être perçu comme un politicien de plus disant aux gens ce qu'ils voulaient entendre, mais sans convictions profondes. C'est l'accusation que ses adversaires politiques ont volontiers portée, et que la presse a également retenue.

Alors que Barack Obama s'est félicité de s'être opposé à la guerre en Irak et d'avoir mis en garde contre le fait qu'elle détournait l'attention des États-Unis de l'Afghanistan, Hillary Clinton a affirmé qu'il n'avait jamais pris la peine d'utiliser sa sous-commission des affaires européennes, qui supervise le rôle de l'OTAN dans ce pays, pour organiser des auditions approfondies. L'allégation selon laquelle son principal assistant économique aurait dit à un fonctionnaire du consulat canadien que le candidat n'avait pas vraiment l'intention de renégocier l'ALENA mais qu'il le disait simplement pour des raisons politiques, a fait paraître Obama terriblement ordinaire, tout comme son démenti initial selon lequel les deux hommes ne s'étaient jamais rencontrés. L'implication d'Obama avec le collecteur de fonds Tony Rezko et la nature exacte de leur transaction immobilière compliquée en 2005, impliquant l'achat par Obama de leur maison dans le sud de Chicago, ont miné sa prétention à être un politicien d'un genre différent. Malgrè le message clair des habitants de l'Iowa, du New Hampshire et de la Caroline du Sud, qui avaient bien compris le petit jeu des Clinton, l'establishment du parti démocrate lui-même semblait avoir adopté la stratégie des Clinton.

Le camp Obama commençait à soupçonner que la campagne Clinton, tout en évitant assidûment toute provocation raciale de la part de la candidate, de son personnel ou de ses conseillers, était parfaitement satisfaite de laisser les autres faire le sale boulot, en opérant par l'intermédiaire de substituts et d'une presse aux ordres. Mais la campagne de Barack Obama n'a pas eu peur que la race fasse basculer l'élection. Les sondages sur la race sont notoirement difficiles; les électeurs admettent rarement leurs préjugés. Les sondages suggèrent que peu de Blancs sont carrément racistes, et que la plupart d'entre eux voteraient de toute façon républicain. Cependant, certains électeurs plus âgés et de la classe ouvrière, en particulier dans les Appalaches (la chaîne de montagnes qui s'étend du nord de l'État de New York jusqu'au Sud profond), nourrissaient des appréhensions et des ressentiments persistants à l'égard des Afro-Américains. Dans les États décisifs comme l'Ohio et la Pennsylvanie, ces électeurs détenaient potentiellement l'équilibre du pouvoir. Ainsi, le deuxième prénom d'Obama (Hussein) et son ascendance musulmane du côté de son père posaient problème et une photo de Barack Obama en tenue somalienne a été divulguée au Drudge Report. La représentante d'Hillary Clinton, l'Afro-Américaine Stephanie Tubbs Jones, de l'Ohio, a déclaré qu'Obama ne devrait pas avoir honte d'être vu dans ses "vêtements indigènes".

Barack Hussein Obama n'était pas du genre à jeter le blâme, du moins pas de manière trop évidente ou trop bruyante. Mais il a dû s'efforcer de garder son sang-froid lorsque le fiasco du révérend Jeremiah Wright a éclaté à la mi-mars 2008. Bien avant que les sermons du révérend Jeremiah Wright ne deviennent des succès instantanés sur YouTube et des sujets de débat pour les chaînes d'information cablées, Obama savait depuis le début que Wright pouvait poser des problèmes. Peu avant son annonce de candidature à la présidence en février 2007, Wright avait fait des remarques "assez incendiaires" au magazine Rolling Stone. Pourtant, Obama n'avait pas voulu rompre ses liens avec Wright, qu'il avait longtemps considéré comme une sorte "d'oncle". Dans ses mémoires, il avait reconnu que Wright l'avait "amené à Jésus" et lui avait montré le pouvoir de l'église noir en tant qu'organisateur communautaire. Wright a été le pasteur d'Obama pendant près de 20 ans. Il l'a fait entrer dans l'église, l'a aidé à trouver la foi en Dieu, a célébré son mariage et a baptisé ses deux filles. Mais au début du mois de février 2007, alors qu'il lisait la rhétorique enflammée de Wright sur l'injustice raciale en Amérique, publiée dans l'article de Rolling Stone intitulé "Les racines radicales de Barack Obama", le sénateur s'était dit que cela ne sonnait pas bien du tout. Quelques jours plus tard, Wright devait prononcer l'invocation lors de la cérémonie d'annonce de la candidature à la présidence d'Obama au capitole de Springfield dans l'Illinois. Obama a appelé Wright et lui a dit qu'il ne devait pas le présenter. Il retire brusquement l'invitation faite à Wright de prononcer l'invocation lors de son discours d'annonce à Springfield, dans l'Illinois. Il avait peur que le moindre sermon de Wright puisse lui être attribué. L'équipe d'Obama, habituellement prudente, a laissé échapper la balle. Au lieu de cela, la campagne a regardé avec une consternation croissante le soir du jeudi 13 mars 2008, moins de deux semaines après les primaires du Texas et de l'Ohio, la diffusion par ABC News de clips vidéo montrant le révérend Wright, prononçant un sermon le dimanche suivant le 11 septembre 2001, déclarant que "l'Amérique a finalement récolté ce qu'elle a semé" à cause de ses propres actes de "terrorisme" et fulminant: "Que Dieu maudisse l'Amérique... C'est dans la Bible! Pour avoir tué des innoncents! Que Dieu maudisse l'Amérique!" Mais Wright a également tenu, du haut de sa chaire, de nombreux propos incendiaires sur l'Amérique au fil des ans, des propos qu'il serait difficile d'expliquer pour un homme politique espérant unir le pays et devenir le premier président afro-américain des États-Unis d'Amérique. Il fallait répondre aux divagations de Wright, mais comment?

L'une des forces motrices de la campagne d'Obama était la notion que lui et les Américains avaient en quelque sorte transcendé les anciennes divisions raciales en Amérique et qu'il n'était pas le "candidat noir" à la présidence, mais un candidat présidentiel dont la race n'était qu'une partie de son attrait beaucoup plus large. Ainsi, Obama n'a pas eu à expliquer sa relation avec Wright; il n'a même pas eu à prononcer un discours exposant ses vues sur les relations raciales. Puis, le 13 mars 2008, des clips vidéo sont apparus montrant Wright, lors de sermons antérieurs, en train de crier "Que Dieu maudisse l'Amérique!" et de qualifier le 11 septembre 2001 de "On récolte ce qu'on sème". Cette histoire a menacé de faire chavirer la campagne Obama, qui était en tête, à la vitesse d'une faillite de Wall Street. Obama publie une déclaration dénonçant les commentaires de Wright, mais il réalise rapidement qu'il doit faire plus. Il n'y a pas eu de grand débat interne au sein de l'équipe d'Obama, en partie parce que personne ne savait vraiment quoi faire. Mais Barack Obama, lui, savait. Sa propre quête d'identité raciale était au coeur de son être, et il savait que, tôt ou tard, il devrait aborder le sujet avec les électeurs. Il a donc ordonné à son équipe de prendre des dispositions pour qu'il puisse prononcer ce discours. Depuis plusieurs mois, il songeait à prononcer un discours plus large sur le thème de la race, peut-être le discours qu'il avait retourné dans sa tête pendant une grande partie de sa vie d'adulte, et le moment était venu. "Il n'y a pas eu de discussion, il a pris une décision", a déclaré le porte parole Robert Gibbs. Barack Obama est rentré chez lui à Chicago ce soir-là, et après que sa femme et ses deux filles se soient endormies, il a commencé à composer. Obama a passé la majeure partie des trois nuits suivantes à travailler sur le discours, qu'il a essentiellement écrit lui-même.

Prononcé au National Constitution Center de Philadelphie (un musée consacré à la Constitution des États-Unis), son discours d'une demi-heure a été un tour de force, le genre de discours que seul Barack Obama pouvait prononcer. Il avait suivi les conseils saccadés mais sincères de sa mère: ne pas juger, toujours chercher le bien chez les gens. Et il avait intériorisé un véritable sens de la tolérance. Il était capable d'éprouver de l'empathie pour les deux parties, d'évoquer la peur et le ressentiment ressentis par les Afro-Américains pendant des années d'oppression, mais aussi de dire comment les Blancs, y compris sa grand-mère, pouvaient craindre les jeunes hommes Afro-Américains dans la rue et comment les Blancs pouvaient s'opposer aux préférences raciales accordées aux Afro-Américains dans les emplois et dans les écoles. "Je ne peux pas plus désavouer le révérend Jeremiah Wright que je ne peux désavouer ma grand-mère blanche, une femme qui a contribué à m'élever, une femme qui s'est sacrifiée à maintes reprises pour moi... mais une femme qui a un jour avoué avoir peur des Afro-Américains qui passaient devant elle dans la rue, et qui a plus d'une fois proféré des stéréotypes raciaux ou ethniques qui m'ont fait grimacer". Il a terminé par une scène émouvante, une histoire de réconciliation entre un Afro-Américain âgé et une jeune femme blanche. Lorsqu'il est entré dans les coulisses du musée de la Constitution, après avoir prononcé son discours, il a trouvé tout le monde en larmes, sa femme, ses amis et ses endurcis assistants de campagne. Sa femme Michelle pleurait. Il a partagé un moment de calme et d'émotion avec elle. Seul Obama semblait calme et détaché. Le discours était solide, a-t-il dit, alors que les durs de son entourage, comme le stratège de campagne David Axelrod et l'ancien procureur général adjoint Eric Holder, s'étranglaient. Le discours était en fait un traité raisonné avec art sur la race et le rancoeur en Amérique, le discours le plus mémorable prononcé par un candidat dans cette campagne et celui qui a valu à Obama d'être comparé à Abraham Lincoln, John Kennedy et Martin Luther King jr.

Une lecture attentive du discours suggère plus qu'un soupçon de grandiosité personnelle. Barack Obama donnait aux électeurs un choix: ils pouvaient rester "coincés" dans une "impasse raciale", ou ils pouvaient s'en sortir en votant pour lui. Obama a fortement laissé entendre que si vous votiez pour lui, les Afro-Américains et les Blancs pourraient se rassembler et s'attaquer aux grands défis auxquels le pays est confronté, à savoir les soins de santé et l'éducation, la pauvreté et la guerre. Il a pris soin d'être modeste. Mais en disant qu'il n'avait jamais été naïf au point de croire qu'ils pourraient dépasser leurs divisions raciales en un seul cycle électoral, ou avec une seule candidature, en particulier une candidature aussi imparfaite que la sienne, le message implicite était qu'il était l'élu, qu'il fallait le choisir ou que ce moment historique risquait de passer, pour ne plus jamais être récupéré. Trop souvent, au cours de cette campagne, la rhétorique d'Obama a été magnifique mais abstraite, un bonbon pour les oreilles des personnes cultivées. Mais cette simple déclaration, qui mettait sur un pied d'égalité son père de substitution Afro-Américain, Jeremiah Wright, et sa mère de substitution blanche, Madelyn Lee Payne Dunham, était quelque chose que n'importe quelle personne impartiale pouvait comprendre: presque tout le monde a un oncle ou une grand-mère capable de faire une ou deux mauvaises blagues racistes lors des fêtes de famille. Le discours de haine de Wright était aussi public et lourd de conséquences que les stéréotypes de la grand-mère étaient privés, mais Barack Obama n'en est venu à cette comparaison qu'après avoir condamné sans équivoque son pasteur pour avoir "une vision profondément déformée de ce pays".

La magie rhétorique de ce discours, ce qui l'a rendu extraordinaire, c'est qu'il était à la fois sans équivoque et apaisant. Il n'y avait pas de mots détournés, pas de platitudes comme George Walker Bush en avait l'habitude ou de tournures de phrases comme les Clinton en sont les maîtres. Obama a fait preuve d'une franchise sans équivoque à l'égard de la colère des Afro-Américains et du ressentiment des Blancs, des sentiments que peu de politiciens traditionnels reconnaissent, bien que les démagogues des deux races les aient constamment exploités. Et il a été sans équivoque dans son refus de désavouer le révérend Jeremiah Wright. Mais cela ne signifiait pas qu'il réussirait dans sa mission plus prosaïque de séduire les électeurs qui avaient des doutes sur Obama et le prédicateur. Les cyniques et les opposants politiques ont rapidement remarqué qu'Obama avait utilisé une forêt de verbiage pour camoufler une correction, le fait qu'il était au courant des opinions de Wright, qu'il avait entendu de tels sermons en chaire, après avoir d'abord nié l'avoir fait. Et cela pourrait être de la politique comme d'habitude, mais le discours ne l'était pas. C'était une grande démonstration de la promesse largement non tenue de la candidature d'Obama: la possibilité que, grâce à son éloquence et à son intelligence, il soit capable de créer un nouveau sentiment d'unité nationale, non pas en aplanissant les problèmes mais en les affrontant franchement et avec civilité. Malheureusement, cela n'a pas toujours été le cas. En quelques semaines, il a été déconcerté à deux reprises par des conseillers politiques qui ont été pris en fragrant délit de dire des vérités difficiles, sur le commerce et l'Irak, que le candidat lui-même a niées pendant campagne. Peut-être que maintenant, ayant appris à quel point le fait de dire la vérité peut-être cathartique, Barack Obama trouvera le courage de dire à son public de Pennsylvanie que les accords de libre-échange comme l'ALENA n'ont qu'un impact marginal sur la perte d'emplois dans l'industrie manufacturière et qu'il sera impossible de mettre fin à la guerre en Irak en 16 mois.

Le discours a-t-il eu un impact sur la campagne? Il a été prononcé le matin devant une minuscule audience télévisée. Il méritait d'être entendu dans son intégralité, mais la plupart des Américains l'ont entendu dans des extraits sonores et dans les gros titres. Pour beaucoup d'Américains, l'affaire Wright était la troisième chose qu'ils avaient apprise sur Obama. Les deux premières étaient qu'il était noir et qu'il portait un nom " bizarre ". Trop d'électeurs ne vont pas au-delà de la première impression, mais ce n'est pas impossible. En 1992, la première chose que la plupart des Américains ont appris sur Bill Clinton était qu'il fréquentait une chanteuse de salon nommée Jennifer Flowers. La seconde était qu'il avait évité le service militaire pendant le Vietnam. Mais William Jefferson Clinton, un homme politique aussi extraordinaire qu'Obama, a réussi à survivre et, par intermittence, à prospérer. La survie d'Obama dépendait de la partie la plus importante et la plus négligée de son discours, la dernière section, dans laquelle il mettait les Américains et, surtout, les médias au défi de ne pas céder au sensationnalisme: "Nous pouvons diffuser les sermons du révérend Jeremiah Wright sur toutes les chaînes, tous les jours... et faire en sorte que la seule question de cette campagne soit de savoir si le peuple américain pense ou non que, d'une manière ou d'une autre, je crois ou sympathise avec ses propos les plus offensants", a-t-il déclaré. "Mais si nous le faisons, je peux vous dire qu'aux prochaines élections, nous parlerons d'une autre distraction... Et rien ne changera... Ou, à ce moment de cette élection, nous pouvons nous rassembler et dire, pas cette fois". Et c'était là le défi existentiel de 2008: savoir si cette élection serait grande ou petite. Y aurait-il une conversation sérieuse sur les énormes problèmes auxquels le peuple américain est confronté (les guerres, la crise économique, le cataclysme environnemental qui s'annonce) ou serait-il autorisé le même vieux carnaval de bateaux rapides et de coups de gueule? la réponse dépendrait des candidats, bien sûr, et des médias, où le cynisme passe trop souvent pour de la perspicacité. Mais surtout, elle dépendra des électeurs.

Lorsque Barack Obama a rejoint la "Trinity United Church of Christ" de Chicago en 1988, il a trouvé en Jeremiah Wright un guide spirituel. L'église afrocentrique et ses membres exerçaient un attrait particulier sur le jeune homme de 27 ans, fils d'un père africain qu'il connaissait à peine et d'une mère blanche du Kansas. Obama était à la recherche d'une identité et d'une communauté, et il a trouvé les deux à Trinity. Une grande partie de l'Amérique blanche n'est pas familière avec le milieu de l'église noire. Lorsque des extraits des sermons de Wright ont commencé à circuler, de nombreux Blancs ont entendu des déclarations discordantes et antipatriotiques sur la race et le pays. De nombreux Afro-Américains, en revanche, ont entendu quelque chose de plus familier, une juste colère face à l'oppression et une hyperbole libérée pour jeter le blâme, ce qui est courant dans les sermons prononcés chaque dimanche dans les églises noires. Le révérend Teresa (Terri) Hold Owens, doyen des étudiants de la "Divinity School" de l'université de Chicago, a déclaré que la tradition des églises noires trouve ses racines à l'époque de l'esclavage, lorsque les Afro-Américains tenaient leurs offices sous les arbres, loin de leurs maîtres blancs. "Les églises ont toujours été le lieu où les Afro-Américains pouvaient s'exprimer librement. c'étaient les seules institutions qu'ils pouvaient posséder et gérer eux-mêmes", a-t-elle ajouté. Dans ses livres, Obama a déclaré qu'il ne serait peut-être pas devenu chrétien (sa mère était une laïque sceptique et son père absent un athée) sans le caractère particulier de l'église noire. "Par nécessité, l'église noire devait s'occuper de toute la personne. Par nécessité, l'église noire a rarement eu le luxe de séparer le salut individuel du salut collectif", écrit-il dans "The Audacity of Hope". Cela correspondait également à sa curiosité intellectuelle. "C'est peut-être grâce à cet enracinement de la foi dans la lutte que l'église historiquement noire m'a offert une deuxième perspective: la foi ne signifie pas que l'on n'a pas de doutes". Ce désir d'une foi plus stimulante contribue à expliquer en partie l'attrait de Trinity, malgré son potentiel de controverse. L'église, qui s'est occupée aussi bien de familles pauvres du South Side que d'Oprah Winfrey, n'est pas marginale, mais elle n'est pas non plus un foyer probable pour quelqu'un qui envisage une carrière politique à Chicago. "Si vous êtes noir et que vous essayez d'avancer en politique, vous n'allez pas rejoindre Trinity. Pas parce que c'est radical, ce n'est pas radical dans son contexte, mais il serait plus sûr de rejoindre une église oecuménique du North Side, le genre d'endroit où les gens sont tranquilles. Ils se lèvent, s'assoient, écoutent et s'envont", a déclaré Dwight hopkins, un membre de Trinity qui est également professeur à la Divinity School de l'université de Chicago.

Alors que la carrière politique de Barack Obama s'épanouissait, il aurait pu quitter tranquillement Trinity pour l'une de ces églises noires plus statiques, mais il a choisi de rester. Dans son discours, il a dit qu'il était en profond désaccord avec le révérend Jeremiah Wright, et pourtant il n'a pas quitté l'église, ni même critiqué son pasteur jusqu'à ce que les sermons de Wright deviennent un enjeu de campagne. Il n'a pas expliqué pourquoi il est resté, mais en essayant de montrer le ressentiment noir et blanc comme toile de fond des commentaires de Wright, Obama a suggéré que sa réponse à la controverse n'était pas de sortir de la pièce mais d'essayer de comprendre ce qui alimentait le feu. Il a également établi une distinction entre les conseils politiques et les conseils spirituels, affirmant que de nombreux Américains savent ce que c'est que d'être en désaccord avec ce que dit leur pasteur, leur prêtre ou leur rabbin. En demandant aux électeurs de comprendre le contexte de la colère de Wright, Obama comptait sur eux pour accepter la nuance dans une arène qui récompense presque toujours la simplicité par rapport à la complexité. Les politiciens ont tendance à proposer des choix délibérément banals: "soit nous avançons, soit nous reculons, soit nous laissons l'économie vaciller ou nous l'aidons à se développer, soit nous succombons à nos ennemis ou nous les vainquons, le choix vous appartient, Amérique!". La formulation de Barack Obama était différente. Il demandait explicitement aux Américains de s'attaquer aux divisions raciales et de les transcender. C'était une demande plus audacieuse et plus riquée.

UN NIVEAU D'INTÉRÊT INHABITUEL POUR LA SAISON DES PRIMAIRES AMÉRICAINES DANS LE MONDE ENTIER

Un moment du discours de Barack Obama à San Antonio, mardi soir, a résumé un aspect important de la saison des primaires présidentielles américaines. La nuit des caucus de l'Iowa, en janvier 2008, le grand-père d'un de ses jeunes collaborateurs était resté debout jusqu'à 5 heures du matin pour regarder les résultats. L'homme avait 81 ans et se trouvait en Ouganda, en Afrique. Lors de nombreuses saisons électorales aux États-Unis, le reste du monde ne prête pas beaucoup d'attention à l'étrange battage médiatique tant que les deux principaux candidats n'ont pas émergé. Des élections coûteuses organisées État par État pour désigner les candidats à la présidence peuvent apparaître comme une charmante surenchère, comme si les États-Unis essayent trop fort de montrer au monde à quoi doit vraiment ressembler la démocratie. Mais cette fois-ci, c'était différent. De la France à la République Démocratique du Congo, du Canada à l'Australie, l'intérêt pour la saison électorale américaine a commencé des mois avant les caucus de l'Iowa. Des bibliothèques de nouveaux livres sur la politique et les personnalités politiques américaines se sont envolées des étagères au Japon et en Italie. Des personnes, qui ne sont pas toutes des accros de la politique, d'Australie, d'Inde, d'Ireland, de République Démocratique du Congo, du Danemark, du Kenya, d'Afrique du Sud, de Grande Bretagne et dans plusieurs autres pays, ont envoyé des courriels (e-mails) sur les primaires et sur leur caractère passionnant. De nombreuses personnes qui s'intéressent à la politique américaine depuis lors ont déclaré: "Ils n'ont jamais vu un tel niveau d'intérêt si tôt dans la course présidentielle américaine et il n'y a rien eu de comparable à la course électorale démocrate qu'ils vivent actuellement". Même en Australie, les gens voulaient parler des deux candidats et prenaient parti.

Depuis l'élection de George Walker Bush en 2000, et plus particulièrement depuis l'invasion de l'Irak en 2003, l'attitude du monde à l'égard des États-Unis s'est dégradée, voire considérablement dans certains endroits. Avant l'élection présidentielle de 2004, le reste du monde concentrait l'essentiel de sa colère sur George Walker Bush lui-même, estimant qu'il avait eu la chance d'accéder à la présidence après une décision douteuse de la Cour Suprême. Mais après 2004, cette excuse n'a plus fonctionné et certains éléments suggèrent que l'anti-bushisme s'est transformé en un anti-américanisme plus large. De nombreuses personnes avaient perdu confiance dans les politiciens américains. Pour de nombreux non-Américains, les élections de 2008 ont donc été la dernière chance de recommencer. "Cette élection est vitale, plus que d'habitude. Elle est vitale pour nous tous et pour le monde musulman encore plus. La nouvelle administration devra établir un nouvel agenda mondial, car celui de Bush est totalement en faillite. C'est un moment décisif pour l'Amérique et les peuples du monde entier", a déclaré le journaliste et auteur pakistanais Ahmed Rashid. Le fait que la saison électorale ait été tout sauf ennuyeuse a aidé. La vision d'une femme, d'un Afro-Américain, d'un mormon, d'un prédicateur chrétien et d'un ancien prisonnier de guerre qui s'affrontent a été aussi fascinante pour beaucoup d'entre nous que pour les électeurs américains. Hillary Clinton a séduit ceux qui avaient gardé un bon souvenir de la présidence de son mari et ceux qui souhaitaient voir une femme à la Maison-Blanche; John McCain est apparu comme courageux et honnête; et de millions de personnes se sont reconnues dans Barack Obama, fils d'immigré, biracial. "Les indiens éduqués et ouverts sur le monde ont été enthousiasmés par Obama. Il est bien plus l'un des nôtres que n'importe quel autre candidat à la présidence. Une victoire d'Obama concrétiserait tout ce que le reste du monde a entendu dire que l'Amérique pourrait être, mais n'a pas été tout à fait", a déclaré Shashi Tharoor, ancien diplomate de haut rang des Nations Unies, auteur et chroniqueur.

Mais il ne s'agissait pas seulement de personnalités. Le spectacle de la saison des primaires lui-même pourrait contribuer à combler le fossé entre les États-Unis et le reste du monde. Le processus politique, avec toutes ses merveilleuses intrigues secondaires et ses cul-de-sac, a été un puissant rappel aux gens de la façon dont l'Amérique, comment son système pourrait être grand. L'incroyable croissance de la couverture télévisuelle à l'étranger, notamment dans les pays où les classes moyennes se développent rapidement, comme la Chine et l'Inde, alimente cet intérêt. Même dans des pays développés comme la France, cette saison électorale a été exceptionnellement captivante. "En 2000, il y avait une très grande confusion en France sur le fonctionnement du sytème électoral américain. Cette fois, les gens s'intéressent à la course présidentielle, et avec beaucoup plus de passion grâce aux luttes serrées et aux fortes personnalités en jeu", a déclaré Catherine Croisier, professeur et chercheur au centre d'études transatlantiques de Dijon, une unité de l'école supérieure Sciences Po.

Sur le continent où le président George Walker Bush était plus populaire que partout ailleurs, les Africains avaient une autre raison, plus désolante, de prendre note des compétitions électorales à 10000 miles de là. La course électorale transparente et âprement disputée contrastait fortement avec les récentes élections dans leurs propres pays, qui avaient été entachées d'opacité, de fraude électorale et de politique tribale. Les élections du 27 décembre 2007 au Kenya ont été marquées par une violence généralisée, le pays étant divisé selon des lignes tribales. Nicholas Kristof, du New York Times, a rapporté que les membres de l'ethnie Luo soutenaient Barack Obama, tandis que les Kikuyus rivaux soutenaient vivement Hillary Clinton. "Les gens prennent du recul et sont un peu agités par la compétitivité et l'ouverture de la politique américaine", a déclaré Ross Herbert, chargé de recherche à l'Institut sud-africain des affaires internationales, et il a ajouté: "Dans la plupart des pays africains, les personnes sont choisies pour la direction des partis politiques à huis clos". Dans le monde entier, les techniques des candidats ont été copiées. En Italie, le maire de Rome Walter Veltroni, candidat au poste de Premier ministre, s'est mis à reprendre des phrases de Barack Obama, notamment en répétant "Yes, we can" en trois langues: anglais, italien ("Si, possiamo") et dans le dialecte local de la capitale italienne ("Se po'ffa"). A Hong Kong, les partis prodémocratiques étudient les techniques de campagne américaines, en particulier l'organisation des jeunes à la base de Barack Obama. "Tout le monde veut étudier comment il délivre son message", a déclaré Tanya Chan, représentante du conseil de district du parti civique.

Alors que les non-Américains se sont déchaînés contre les politiques américaines ces dernières années, une grande partie du monde a continué à aimer l'Amérique, ou du moins l'idée de l'Amérique. Une bonne partie de la colère suscitée par le traitement de la plupart des prisonniers de Guantanamo Bay s'explique non seulement par le fait que la torture a pu être utilisée, mais aussi par le sentiment que les États-Unis n'ont pas été à la hauteur de leurs propres idéaux. Pour de nombreux non-Américains, les élections américaines de 2008 étaient la promesse d'un changement, d'un nouveau leadership. "Une grande partie de ce que les français considèrent comme des influences et des tendances négatives émane de la société américaine, mais une grande partie de ce à quoi la société française s'emploie à et aspire prend souvent racine aux États-Unis également", a déclaré un conseiller du gouvernement français. Il a ajouté: "Non, le leader socialiste français Ségolène Royal n'a pas gagné les élections. Et non, nous n'élisons pas assez de minorités à nos postes. Mais cela est en train de changer, et en partie parce que nous avons déjà vu ce changement ailleurs, principalement aux États-Unis". De grandes attentes peuvent bien sûr entraîner des déceptions, et il y en aura certainement, quel que soit le vainqueur de la Maison-Blanche. Dans l'euphorie des nouvelles élections, il est facile d'oublier que les présidents américains poursuivent d'abord leur propre agenda. En fonction du vainqueur, la prochaine administration pourrait pousuivre des politiques impopulaires dans le monde entier, comme le maintien en Irak, ou ériger de nouvelles barrières commerciales qui nuiraient au reste du monde. Mais pour les millions de personnes qui considèrent les États-Unis comme un modèle, un lieu d'espoir et de transformation, le monde semble meilleur lorsque le fait d'aimer l'Amérique n'est pas quelque chose à cacher.

Partout dans le monde, les gens regardaient attentivement tandis que l'habileté de Barack Obama attirait leur attention. Il semblait flotter au-dessus de tout cela et conservait soigneusement son énergie. Afro-Américains, Blancs et Latinos, jeunes et vieux (jeunes surtout), hommes et femmes, ils se sont épanchés sur Barack Obama, à tel point que le terme "Obamamania" a rapidement perdu sa coloration péjorative et a commencé à prendre les teintes d'un culte sacré. Obama recevait le type d'héroïsme habituellement réservé aux "charismatiques" leaders d'église. Qui aurait cru possible que des politiques du type de celles pratiquées dans les démocraties occidentales à deux partis enthousiasment les gens au point qu'ils ignorent les vents mordants d'un hiver froid et les nouvelles décourageantes d'un effondrement massif du marché de l'immobilier. D'autant plus qu'une fois que vous avez porté ces types de politiques au pouvoir, les machines du parti ne reconnaissent pratiquement jamais votre existence. Mais beaucoup de gens ont aimé regarder Barack Obama et l'entendre parler.

L'Amérique avait déjà commencé à paraître différente aux yeux du reste du monde. Partout dans le monde, les gens s'interrogeaient: s'agissait-il de la même Amérique que celle qui avait élu George Walker Bush, un belliciste et un marchand de déficits? Qui étaient ces gens qui se pressaient dans les mairies et les centres sociaux pour entendre le message de paix et de prospérité qu'Obama prêchait de sa voix sonore? Qu'est-il advenu des nombreux mensonges qui leur ont été vendus à propos du 11 septembre et des guerres qu'il devait engendrer? S'agissait-il de la même Amérique dont les politiciens regardaient insouciants, les familles pauvres perdre leur logement, et qui, lorsque la maladie les assaillait, se mettaient au pied du mur, prêts à mourir? Était-ce la même Amérique "conservatrice" qui contribuait tellement d'argent à la campagne d'Obama que, pour tenter de l'égaler, Hillary Clinton avait été obligée de prêter 5 millions de dollars de sa poche à sa campagne? Était-ce la même Amérique qui, 147 ans après avoir promis (et non tenu) à chaque esclave libéré "quarante acres et une mule" pour l'aider à faire ses premiers pas sur l'échelle économique, montrait maintenant au monde entier, par ses actes, qu'elle était sérieuse quand elle parlait du "rêve américain"? C'était déjà une Amérique méconnaissable. Tout cela a montré que, quoi que l'on dise d'Obama, on ne pouvait nier qu'il était un phénomène ambulant. Le fait qu'un Afro-Américain soit en tête de la course à la nomination d'un candidat présidentiel par un parti susceptible de remporter l'élection présidentielle du 4 novembre 2008 était en soi étonnant. Ce n'était pas un candidat ordinaire qu'Obama devançait. Il s'agissait d'Hillary Clinton, qui avait sous son contrôle une machine électorale élégante et impitoyable qui avait non seulement remporté la présidence à deux reprises, mais qui, de surcroît, avait déployé aux commandes de la machine son ex-président de mari, habitué aux luttes politiques les plus intestines.

Mais qui était ce Barack Hussein Obama qui avait transformé les États-Unis d'Amérique sous nos yeux? Il n'était pas un homme d'appétit comme Bill Clinton. Obama était abstinent. La plupart des candidats prennent 10 à 15 kilos pendant la campagne. Lui, en revanche, il a perdu du poids. Il mangeait régulièrement le même dîner composé de saumon, de riz et de brocoli. Au Schoop's Hamburgers, un dîner à Portage, dans l'Indiana, il a croqué une seule frite. Frustré par les journalistes à la recherche de "gaffes" insignifiantes, Obama n'aimait pas revenir dans l'avion pour parler à la presse. Sa seule vraie récréation et son seul défoulement était le basket-ball. Début février, un journaliste s'est joint au jeu habituel d'Obama. Il portait un long pantalon de survêtement; seul parmi les joueurs, il ne l'a pas enlevé pour révéler ses jambes. Obama n'était pas un naturel sous le panier. Il n'arrivait pas à se déplacer d'un mouvement continu et silencieux. Son mouvement était saccadé. Mais il pouvait faire preuve d'une rapidité surprenante, en effectuant un dribble croisé devant un défenseur inattentif et en le dépassant pour un layup.

Barack Obama est né le 4 août 1961 à Hawaï de Barack Obama Sr, un Kenyan de l'ethnie Luo, et de Ann Stanley Dunham, une femme blanche de Wichita, kansas. Diplômé de l'université de Columbia en 1983, il s'installe à Chicago en 1985 pour travailler pour un groupe religieux cherchant à améliorer les conditions de vie dans les quartiers pauvres où sévissent la criminalité et le chomage. En 1991, Barack Obama est diplômé de la faculté de droit de Harvard, où il a été le premier président afro-américain de l'une des plus prestigieuses revues de droit, la Harvard Law Review. Il a fait ses premiers pas en politique active au Sénat de l'État de l'Illinois, période au cours de laquelle il a également rendu des services publics en tant qu'organisateur communautaire, avocat des droits civiques et leader au Sénat de l'État de l'Illinois. Il a ensuite cherché à être élu au Sénat américain. Assermenté le 4 janvier 2005, le sénateur Obama a siégé à la commission de la santé, de l'éducation, du travail et des pensions, qui supervise les programmes américains de soins de santé, d'écoles, d'emploi et de retraite. Il a été membre de la commission des relations étrangères, qui joue un rôle essentiel dans l'élaboration de la politique étrangère américaine, notamment la politique en Irak. En 2005 et 2006, il a siégé à la commission de l'environnement et des travaux publics, qui protège l'environnement des États-Unis et assure le financement de ses autoroutes. Lorsque la campagne Clinton a accusé Barack Obama d'être "inexpérimenté", elle a manqué de sincérité, car pendant les huit années qu'il a passées au Sénat de l'Illinois, il a travaillé avec les démocrates et les républicains pour aider les familles de travailleurs à progresser en créant des programmes tels que le crédit d'impôt sur le revenu gagné. En trois ans, ce programme a apporté plus de 100 millions de dollars de réductions d'impôts aux familles de l'État de l'Illinois. En 1992, il a épousé une Afro-Américaine, Michelle, avec qui il a eu deux filles, Malia et Sasha.

Obama et sa famille ont vécu dans le quartier sud de Chicago. Il est apparu pour la première fois dans la conscience des Américains lorsqu'il a prononcé un discours étonnamment enflammé lors de la convention nationale du parti démocrate au Fleer Centre de Boston, dans le Massachusetts le 27 juillet 2004.

Barack Hussein Obama a volé la vedette avec un discous qu'il a intitulé, avec une incroyable prescience, "The Audacity of Hope": "Ce soir est un honneur particulier pour moi", a déclaré Obama, "parce que, avouons-le, ma présence sur cette scène est assez improbable. Mon père était un étudiant étranger, né et élevé dans un petit village du Kenya. Il a grandi en gardant des chèvres et est allé à l'école dans une cabane au toit de tôle. Son père, mon grand-père, était cuisinier, domestique pour les Britanniques. Mais mon grand-père avait de grands rêves pour son fils. Grâce à son travail acharné et à sa persévérence, mon père a obtenu une bourse pour étudier dans un endroit magique, l'Amérique, qui brillait comme un phare de liberté et d'opportunité pour tant de gens qui étaient venus avant. Pendant ses études ici, mon père a rencontré ma mère. Elle était née dans une ville à l'autre bout du monde, au Kansas. Après la guerre, mes grands-parents sont partis vers l'ouest, jusqu'à Hawaï, à la recherche d'opportunités. Et eux aussi avaient de grands rêves pour leur fille. Un rêve commun: naître de deux continents. Mes parents ne partageaient pas seulement un amour improbable, ils partageaient une foi inébranlable dans les possibilités de cette nation. Ils m'ont donné un nom africain, Barack, ou "béni", croyant que dans l'Amérique tolérante, votre nom n'est pas un obstacle au succès. Ils m'imaginaient dans les meilleures écoles du pays, même s'ils n'étaient pas riches, car dans une Amérique généreuse, il n'est pas nécessaire d'être riche pour réaliser son potentiel. Ils sont tous les deux décédés maintenant. Et pourtant, je sais qu'en cette nuit, ils me regardent avec une grande fierté. Ils se tiennent ici, et je me tiens ici aujourd'hui, reconnaissant de la diversité de mon héritage, conscient que les rêves de mes parents vivent à travers mes deux précieuses filles. Je me tiens ici en sachant que mon histoire fait partie de la grande histoire américaine, que j'ai une dette envers tous ceux qui sont venus avant moi, et que mon histoire n'est possible dans aucun autre pays du monde. C'est le véritable génie de l'Amérique, une foi dans les rêves simples, une insistance sur les petits miracles". Ce soir-là, Obama n'avait pas encore inventé le slogan "Yes We Can!" Mais il ne fait aucun doute que c'est la réponse massive, qu'il a reçue ce soir-là, qui a formé le noyau de l'idée qui pourrait le mener à la Maison-Blanche.

LES DERNIERS JOURS DES PRIMAIRES

Le rêve de restauration des Clinton est en train de mourir. Pourtant, curieusement, à bien des égards, Hillary Clinton a trouvé sa voix au printemps 2008. Les Pennsylvaniens étaient les prochains à pouvoir voter pour Clinton ou Obama. Politiquement parlant, il faut dire que lorsque la Pennsylvanie renifle, l'Amérique se prépare à avoir de la fièvre. La Pennsylvanie est un État pivot, non pas parce qu'elle est modérée (ce n'est ni l'Iowa ni le Nouveau-Mexique), mais parce qu'elle englobe les incongruités de la société américaine, depuis les aristocrates au sang bleu de la Main Line de Philadelphie jusqu'aux cols bleus des bars d'Aliquippa. La Pennsylvanie a été surnommée l'État de Keystone parce que c'est l'endroit où le Nord rejoint le Sud. Dans cette élection, c'était une clé de voûte psychique. Dans les rassemblements, les gens venaient vers Hillary Clinton et lui disaient de ne pas abandonner. Mais elle a réduit ses chances en avril 2008 en se vantant de manière inexplicable d'avoir été la cible de tirs de sniper dans un aéroport des Balkans pendant la présidence de son mari. Elle essayait de montrer qu'elle était une pacificatrice mondiale aguerrie, mais comme il existait des vidéos la montrant en train d'être accueillie par des écoliers heureux sur le tarmac, la presse a eu beau jeu de se moquer d'elle.

Barack Obama a commis sa propre gaffe en déclarant à de riches collecteurs de fonds de San Francisco que la classe ouvrière de Pennsylvanie s'accrochait aux armes à feu et à Dieu par "amertume". Pour de nombreux membres fiers et fidèles de la classe ouvrière qui possèdent des armes à feu, Obama s'est montré condescendant, ce qui lui a valu d'être accusé d'être un universitaire snob et effacé, déconnecté des gens de la classe ouvrière. Mais il est difficille de savoir ce qui est le plus grave dans le fait que Barack Obama ait rejeté les électeurs des petites villes comme des fous d'armes à feu bornés et pratiquants. Était-ce l'arrogance initiale de ses remarques ou ses tentatives répétées de les expliquer? S'il y a eu une consolation pour une campagne confrontée à sa plus grande épreuve, c'est que les tentatives d'Hillary Clinton et de John McCain de se faire du blé à ses dépens n'ont pas été très bien accueillies non plus, ce qui n'a fait que rappeler une fois de plus le défi auquel les hommes politiques sont confrontés lorsqu'ils s'adressent aux électeurs qui ont le plus perdu dans les tremblements de terre économiques de ces 25 dernières années. Peut-être que l'émotion aurait été moindre si Obama ne s'était pas exprimé à San Francisco, siège régional de la condescendance laïque, ou lors d'une collecte de fonds privée, où les riches et les puissants se réunissent pour des crevettes et un accès privilégié; ou encore si Barack Obama, un chrétien fervent, n'avait pas déclaré que les électeurs "amers" des petites villes "s'accrochent" à leur foi, ainsi qu'à leurs armes à feu et à leur "antipathie pour les gens qui ne sont pas comme eux". Quel que soit le point de vue, c'était une démarche peu élégante que de qualifier tout un groupe démographique entier (et un bloc électoral essentiel) d'irrationnel et de fanatique. Et cela venait d'un candidat qui devrait connaître mieux que quiconque la douleur d'être classé dans un stéréotype et rejeté.

Les détails de la mésaventure d'Obama à San Francisco finiront peut-être par s'estomper, mais pas les inquiétudes qu'elle a fait naître chez les démocrates. Obama s'est retrouvé en plein dans l'histoire du fils de Dukakis que la campagne de Clinton s'était efforcée d'implanter dans les cauchemars des superdélégués de la Convention démocrate, qui allaient probablement déterminer l'issue d'une lutte pour l'investiture, qui s'avérait bien plus longue et potentiellement plus dommageable pour le vainqueur que quiconque ne l'avait imaginé. La controverse a également fait ressortir les inquiétudes quant à la capacité d'Obama, avec ses votes libéraux, son manque d'expérience et sa politique non conventionnelle, à résister à un assaut républicain à l'automne 2008. Les conseillers d'Obama ont admis que sa campagne insurrectionnelle contre Hillary Clinton se déroulait si bien qu'il était difficile de savoir comment le candidat gérerait une crise qu'il aurait lui-même provoquée, plutôt que de trouver la bonne façon de se distancier des remarques incendiaires des autres. Les propres paroles d'Obama étaient potentiellement plus dommageables que les commentaires controversés de son pasteur Jeremiah Wright, ou même que la déclaration de son épouse Michelle en février 2008, selon laquelle "pour la première fois de ma vie d'adulte, je suis vraiment fière de mon pays". Les premiers sondages effectués après les commentaires d'Obama n'ont montré pratiquement aucun mouvement dans la course électorale en Pennsylvanie. Barack Obama continue à talonner Hillary Clinton, mais reste à distance de frappe. Et certains des démocrates de la classe ouvrière de cet État ont déclaré qu'ils comprenaient ce qu'Obama essayait de dire, même si la classe politique professionnelle ne le comprenait pas. "Je pense que ces remarques sont la vérité absolue", a déclaré Bill Williams, 60 ans, un vétéran handicapé barbu de Waynesburg qui a assisté à une réunion publique d'Obama près de Pittsburgh. "Nous aimons notre foi et nos armes. J'allais à l'église quand les choses allaient mal, et je sortais chasser pour nourrir ma famille, sans savoir si je devais mettre le fusil dans ma bouche ou tirer sur un animal. Alors, oui, il avait raison. Et j'étais amer, et je le suis toujours. Bon sang, oui, je le suis".

Mais les répercussions sur les quelques courses primaires démocrates restantes n'étaient pas vraiment le problème. L'enjeu, c'était le rôle crucial joué par les électeurs blancs de la classe ouvrière dans pratiquement tous les scénarios démocrates imaginables pour gagner en novembre 2008. Ce n'était pas un hasard si McCain avait également exploité les commentaires d'Obama pour aller à la rencontre des électeurs de la classe ouvrière et raviver sa propre base aigrie. "Les Américains des petites villes sont des gens qui ont des valeurs culturelles, spirituelles et autres fondamentales qui, à mon avis, n'ont pas grand-chose à voir avec leur situation économique", a déclaré John McCain dans un discours prononcé lors de la réunion annuelle de l'Associated Press à Washington. Et au cas où cela n'aurait pas suffi, McCain a offert un peu de beurre à ces électeurs, qu'il a appelés "le fondement de notre force et les principaux auteurs de sa bonté essentielle". Alors qui a vraiment parlé au nom de la classe ouvrière?

Il existe de nombreuses façons de définir cette tranche de la population, mais celle qui a le plus de sens en termes politiques consiste à la considérer comme l'ensemble des Américains blancs qui n'ont pas de diplôme universitaire. Autrefois piliers du parti démocrate dont le sens de l'intérêt économique a soutenu la coalition du New Deal de Franklin Delano Roosevelt, les Blancs de la classe ouvrière sont les patriotes, les pratiquants et, pour beaucoup d'entre eux, les chasseurs qui ont commencé à se détourner du parti démocrate dans les turbulentes années 1960 et qui, plus tard, ont constitué la marge de victoire de Ronald Reagan. Ils ne sont jamais revenus complètement dans le giron démocrate et, par conséquent, sont devenus un facteur de moins en moins important dans ses primaires. Parmi ceux qui restent dans le giron démocrate, le noyau de ce groupe tend à être plus âgé et féminin, le groupe démographique le plus en phase avec Hillary Clinton, âgée de 60 ans. Et bien sûr, la race est également un facteur, bien qu'il soit impossible à mesurer. Le Gouverneur Ed Rendell, le partisan le plus en vue de Clinton en Pennsylvanie, a suggéré en février 2008 que certains Blancs de son État "ne sont probablement pas prêts à voter pour un candidat afro-américain". Les Blancs de la classe ouvrière constituent un segment de moins en moins important de la population américaine globale. En 1940, ils représentaient 86% des adultes de 25 ans et plus; en 2007, ce pourcentage n'était plus que de 48%. Mais ils ont tendance à se concentrer dans les États qui ont été les plus compétitifs lors des dernières élections présidentielles et qui le seront probablement encore lors des prochaines élections présidentielles: des États comme le Michigan, la Pennsylvanie et l'Ohio.

Dans une nouvelle étude réalisée pour Brookings Institution, Ruy Teixeira, chercheur en sciences politiques, et Alan Abramowitz, professeur de sciences politiques à l'université Emory, ont fait valoir que le test pour les démocrates n'était pas de s'avoir s'ils pouvaient remporter la victoire sur les Blancs de la classe ouvrière, mais s'ils pouvaient limiter leurs pertes parmi ces électeurs à 10 points de pourcentage ou moins. En 2000, Al Gore les a perdus de 17 points de pourcentage face à George Walker Bush; quatre ans plus tard John Kerry les a perdus de 23 points. En revanche, lors des élections de mi-mandat de 2006, les candidats démocrates avaient 2 points de pourcentage de retard sur les républicains parmi les Blancs de la classe ouvrière et ont réussi à regagner la Chambre des représentants et le Sénat, ainsi que six gouvernorats et neuf assemblées législatives d'État. Les questions qui ont compté lors de cette élection de 2008 (désapprobation du président Bush, opposition à la guerre d'Irak et insécurité économique) sont restées en tête de leurs préoccupations et pourraient rendre les électeurs blancs de la classe ouvrière plus ouverts à l'idée de voter pour un démocrate, à moins, bien sûr, que le parti ne choisisse un candidat qui semble étranger à l'ouvrier moyen. Sur ce point, Obama avait du pain sur la planche. De nombreux électeurs des classes populaires le considéraient comme le candidat des élites, voire s'il n'était pas lui-même élitiste.

Cinq jours après que les commentaires d'Obama aient fait surface sur Internet, une recherche Google sur le mot "snobama" donnait près de 4000 résultats, ce qui n'est pas négligeable si l'on considère qu'il est le seul candidat en lice dont la mère a reçu des bons d'alimentation. C'est pour cette raison qu'il a obtenu le soutien de Bruce Springsteen et de l'association américaine des chasseurs et des tireurs et qu'il a mis l'accent sur ce qu'il partageait avec les électeurs de la classe ouvrière. Il a parlé des difficultés rencontrées par sa mère célibataire et du fait que lui et sa femme ont dû contracter des prêts étudiants pour financer leurs études de droit, prêts qu'ils n'ont fini de rembourser qu'il y a cinq ou six ans. "C'est un homme qui, lorsqu'il parle de sa propre vie, a vécu certaines des mêmes choses qu'eux", a déclaré la dirigeante syndicale Anna Burger, à la tête de la fédération de syndicats Change to Win, qui avait soutenu Obama. "La véritable campagne de l'automne se fera autour de l'économie", a affirmé Barack Obama lui-même en répétant sans cesse ce point. "Si John McCain veut transformer cette élection en un concours sur le parti qui n'est pas en phase avec les luttes et les espoirs des travailleurs américains, c'est un débat que je suis heureux d'avoir", a-t-il déclaré. "J'ai peut-être commis une erreur la semaine dernière dans les mots que j'ai choisis, mais l'autre parti a commis une erreur bien plus dommageable dans les politiques ratées qu'il a choisies et la philosophie en faillite qu'il a adoptée au cours des trois dernières décennies". Pourtant, le ton d'Obama était défensif et plat, et sa réponse à une question sur l'opportunité pour Hillary Clinton d'abandonner sa candidature, toujours improbable à l'investiture, trahissait à quel point l'épisode avait déconcenancé le candidat en tête des primaires démocrates. "Je suis sûr que la sénatrice Hillary Clinton a l'impression de me rendre un grand service en déployant la plupart des arguments que le parti républicain utilisera contre moi en novembre", a déclaré Barack Obama.

Pendant ce temps, la campagne a dérivé vers une sorte d'immobilisme, Hillary Clinton ne parvenant pas à combler l'avance d'Obama et ce dernier ne parvenant pas à décrocher l'investiture. Mais ensuite, Obama a remporté une grande victoire en Caroline du Nord, alors même qu'il perdait de peu dans l'Indiana. Sur NBC, Timothy John "Tim" Russert, présentateur de "Meet the Press", considéré comme un oracle par ses pairs et par la majeure partie du monde politique, a déclaré: "Nous savons maintenant qui sera le candidat démocrate, et personne ne le contestera". C'était enfin terminé, sauf que ça ne l'était pas du tout avant la capitulation d'Hillary Clinton. Elle était déterminée à faire campagne jusqu'au bout, espérant contre toute attente que les superdélégués se rallieraient à son argument selon lequel Obama était inéligible. Ce n'était pas un argument dans lequel elle voulait s'engager. Mais Hillary Clinton était prête à tout pour faire valoir les raisons pour lesquelles elle restait dans la course à l'investiture démocrate. Elle était bien consciente de l'ampleur des difficultés qu'elle rencontrait dans sa bataille pour les délégués contre Barack Obama. Elle savait pertinemment bien qu'à l'approche de la convention nationale du parti démocrate, le va-et-vient de plus en plus âpre entre les deux campagnes nuisait aux chances d'Obama de remporter l'élection générale de novembre 2008 et renforçait l'image d'un couple Clinton assoiffé de pouvoir et prêt à tout pour gagner, même si cela devait nuire au parti démocrate.

Mais pour les Clinton, abandonner n'était pas une option. "Ma famille n'a pas l'habitude d'abandonner", a déclaré Bill Clinton en Virginie occidentale le 26 mars 2008. Quand Hillary Clinton fermait les yeux, elle voyait John McCain triompher en novembre contre Obama dans une compétition qu'elle pensait gagner. Comme tous les candidats compétitifs, elle était certaine qu'elle serait un meilleur leader que ses rivaux, et qu'elle avait l'obligation envers ses partisans de continuer à se battre. Le samedi précédant les primaires de Caroline du Nord et de l'Indiana, Hillary Clinton s'est tenue à l'arrière d'un pick-up vintage à Gastonia, en Caroline du Nord, et s'est lâchée de la manière la plus impressionnante, une femme transformée d'Eleanor Roosevelt en Huey Pierce Long en deux mois à peine. Repérant une grande pancarte jaune sur laquelle était écrit "Gas Tax Holiday is Blatant Pandering", un signe qu'elle aurait ignoré dans ses interventions précédentes, moins fougueuses, elle s'en est prise aux jeunes porteurs de pancartes de Barack Obama: "Pourquoi la Réserve fédérale n'a-t-elle pas été accusée de faire de la propagande lorsqu'elle a renfloué la banque d'investissement Bear Stearns à hauteur de 30 milliards de dollars? Pourquoi les compagnies pétrolières ne devraient-elles pas payer la tax fédérale sur l'essence cet été à la place des gens qui retiennent leur souffle chaque fois qu'ils se présentent à la pompe à essence? Je sais que certaines personnes n'ont pas à s'inquiéter lorsqu'elles vont au supermarché, mais il y a des gens qui comptent leurs sous lorsqu'ils marchent dans l'allée, essayant de déterminer ce qu'ils peuvent s'offrir. Ne méritent-ils pas une pause de temps en temps? Ils n'ont rien fait de mal... Les compagnies pétrolières ont fait ce qu'elles voulaient pendant trop longtemps. J'en ai assez d'être un bouc émissaire", dit-elle en fixant d'un regard accusateur les porteurs de pancartes.

La taxe sur l'essence, "gas tax holiday", était une escroquerie, mais elle avait été tentée à plusieurs reprises de toute façon. Barack Obama avait voté pour une version locale au sein de la législature de l'Illinois, et les prix n'ont jamais baissé. Les compagnies pétrolières et les propriétaires de stations-service ont simplement empoché la différence. La version "responsable" du plan de Clinton était également une escroquerie. Elle voulait le financer par une taxe sur les "bénéfices exceptionnels" des compagnies pétrolières, mais elle avait auparavant, et de manière plus responsable, demandé l'élimination des avantages fiscaux accordés à ces mêmes compagnies. Mais, si l'on supprime les allègements fiscaux, on élimine de fait les bénéfices exceptionnels. Il n'y aurait rien à taxer. En tout état de cause, l'exonération de la taxe sur l'essence n'avait aucune chance d'être adoptée par le Congrès. Son argumentaire était, en fait, un argumentaire de panique éhonté.

Pendant près de 30 ans, l'offre républicaine d'allégements fiscaux a surpplanté l'offre démocrate de budgétisation responsable, à l'exception ironique de la présidence de Bill Clinton. Et si cette offre peut encore fonctionner lors d'une élection générale, elle ne l'a pas fait lors des primaires démocrates du 26 mai 2008. Le populisme passéiste d'Hillary Clinton n'a absolument rien changé. Les blocs démographiques, qui avaient déterminé la forme de cette remarquable campagne, sont restés fermement en place. Les Afro-Américains, les jeunes et les personnes ayant fait des études supérieures ont voté pour Obama; Hillary Clinton a gagné les femmes, les personnes âgées et les Blancs sans études supérieures. La mince marge de victoire de Clinton dans l'Indiana a été fournie, comme il se doit, par les républicains qui représentaient 10% de l'électorat des primaires démocrates et dont elle a obtenu 54% des voix contre 46% (certains, peut-être, à la demande du joyeux farceur Rush Limbaugh, qui avait conseillé à son quidam de semer le "chaos" dans le processus électoral démocrate en votant pour Hillary Clinton). Le nouvel éclat de Clinton, sa nouvelle compétence en matière de discours et sa symbiose avec Limbaugh semblaient être un récit étrangement faustien. Mais ce genre d'accord a tendance à mal se terminer. En l'occurrence, les libéraux de la haute société qui semblaient prêts à fuir Obama en Pennsylvanie, le genre de personnes qui se précipiteraient pour acheter une voiture hybride avant de soutenir une réduction de la taxe sur l'essence, ont décidé de faire passer leur foi dans le fait qu'Obama menait une campagne honorable plutôt que leur crainte que son appartenance à l'église de Jeremiah Wright ne le rende radioactif, et ce pour de bonnes raisons.

Barack Obama avait subi sa propre transformation, passant de John F. Kennedy à Adlai Ewing Stevenson (défait par deux fois par Dwight David Eisenhower aux élections présidentielles de 1952 et de 1956), d'un rhétoricien fringant à une tête d'oeuf du bon gouvernement. Il a tourné en dérision l'exonération de la taxe sur l'essence en la qualifiant de gadget, pariant sur le fait que les démocrates ne s'y tromperaient pas. Il a traversé la débâcle Wright sans jamais laisser son impeccable tempérament glisser vers la colère ou la mesquinerie. Le dimanche précédant les primaires, il a donné une interview austère à Tim Russert, endurant 20 minutes supplémentaires de questions sur le révérend Jeremiah Wright. Pendant ce temps, Hillary Clinton s'est livrée à un duel passionné et historique avec George Stephanopoulos. Elle a pris le pouvoir, se levant pour parler au public en direct tandis que Stephanopoulos restait assis, le forçant à se tenir inconfortablement à côté d'elle et, plus tard, embarrassant son hôte en lui rappelant son passé libéral, anti-ALENA, de collaborateur de Clinton. La bravade de Clinton avait masqué une performance effrontément vide. Stephanopoulos l'a épinglée à plusieurs reprises, principalement sur des questions de caractère. Elle a dit, par exemple, que la fondation caritative de son mari était privée et qu'elle n'était pas obligée de divulguer les noms de ses donateurs. "Pourtant, la fondation a vendu la liste des donateurs, 38000 noms", a souligné Stephanopoulos. Hillary Clinton a répondu qu'elle ne savait rien à ce sujet. Il faudrait demander à la fondation. Rétrospectivement, il est facile de voir que Clinton était désespérée, prête à dire presque n'importe quoi pour passer à autre chose.

La perte apparente de l'investiture d'Hillary Clinton était une conséquence de l'incompétence de sa campagne, mais aussi de sa dépendance à l'égard des mêmes vieilleries. Le populisme éhonté qui semblait pouvoir changer la donne pour les observateurs des médias, les micro-idées telles que l'exonération de la taxe sur l'essence et la volonté d'être négatif, qu'Obama a essayé par intermittence en réaction timide aux attaques de Clinton, sont apparus très vieux et très clichés pour la légion de jeunes partisans d'Obama qui ont véritablement changé la donne en cette année de participation extraordinaire. Cela et le fait que les Démocrates ont été le parti du gouvernement tragiquement accroché à la hauteur de vue, ils n'ont pas bien réagi à la manipulation flagrante ou à la diffamation. C'est une position perdante depuis 40 ans, et les médias, comme les sondeurs et les consultants politiques, ont tendance à regarder dans le rétroviseur et à prétendre voir l'avenir.

Dans son discours de victoire après les résultats fracassants de la Caroline du Nord, Obama s'en est pris directement à John Sidney McCain et aux médias. "Le plan de McCain pour gagner en novembre semble provenir du même livre de jeu que celui que son camp a utilisé à maintes reprises, élection après élection. Oui, nous savons ce qui va se passer. Je ne suis pas naïf. Nous l'avons déjà vu, les mêmes noms et étiquettes qu'ils collent toujours à tous ceux qui ne sont pas d'accord avec leurs idées, les mêmes efforts pour nous distraire des questions qui affectent nos vies, en se jetant sur chaque gaffe, association et fausse controverse, dans l'espoir que les médias jouent le jeu", a déclaré Barack Obama. Cela aurait pu être injuste pour McCain, puisque le sénateur d'Arizona a remporté l'investiture républicaine de la même manière qu'Obama a triomphé, en tant qu'outsider, réformateur occasionnel, paria pour des fanfarons comme Limbaugh. Mais il était également vrai que McCain avait un choix à faire. Il avait oscillé entre la voie haute et la voie basse, qualifiant à un moment donné Obama de candidat du Hamas à la présidence après qu'un membre de ce groupe eut "soutenu" le sénateur de l'Illinois. Si McCain veut conserver sa réputation d'homme politique plus honorable que la plupart des autres politiciens, il doit mettre un terme à ses agissements douteux. Et si Obama voulait maintenir sa réputation d'honneur, il demanderait aux représentants de sa campagne de s'asseoir avec ceux de McCain pour mettre au point un mécanisme de financement de campagne sain et équitable pour l'élection générale, ainsi qu'une série solide de débats.

Mark McKinnon, un conseiller de McCain qui avait déclaré préférer se récuser plutôt que d'aider son candidat contre Obama, avait suggéré que les deux candidats fassent campagne ensemble en organisant des débats de type Lincoln-Douglas à travers les États-Unis, une proposition similaire à celle que John F.Kennedy aurait voulu faire s'il s'était présenté contre Barry Goldwater en 1964. Au final, le défi lancé par Obama aux médias a été aussi important que celui qu'il a lancé à McCain. Toutes les preuves, et en particulier la sélection de ces deux candidats apparents, suggéraient que le public américain non seulement prenait cette élection très au sérieux, mais était également extrêmement préoccupé par l'état de sa nation et fatigué de la politique habituelle. Le public était également fatigué des médias habituels, fatigué des journalistes qui privilégient le spectacle à la substance. Obama parlait des républicains, mais il aurait pu facilement parler de la presse quand il a dit: "la question n'est donc pas de savoir quel genre de campagne ils vont mener, mais quel genre de campagne nous allons mener. Il s'agit de savoir ce que nous allons faire pour que cette année soit différente. Vous voyez, je ne me suis pas lancé dans cette course électorale en pensant que je pourrais éviter ce genre de politique, mais je me présente à la présidence parce que c'est le moment d'y mettre fin". La politique sera toujours propulsée par la graisse, l'air chaud et la mise en scène. Mais dans l'étonnante prospérité de la fin du 20ème siècle, la vie publique américaine a dérivé vers trop de spectacle, trop peu de substance. Oui, les signaux peu informatifs, le bowling et la consommation de tamale, sont cruciaux; les politiciens doivent montrer qu'ils sont en contact avec la vie des gens ordinaires. Mais un équilibre doit être trouvé entre le populisme de carnaval et les exigences plus élevées de la démocratie, et les États-Unis n'ont pas été très bons ces derniers temps pour ce qui est de la partie sérieuse du programme. En conséquence, le sentiment que le pays est dans le "fossé", comme l'a dit Hillary Clinton, s'envenime. Une campagne électorale, pour la présidentielle de novembre 2008, entre John McCain et Barack Obama n'a pas besoin de battage médiatique. Elle ne serait pas ennuyeuse. La question est de savoir si les hommes politiques et les médias accorderont à cette élection et à cet électorat le respect qu'ils méritent.

LE CANDIDAT PRÉSUMÉ DU PARTI DÉMOCRATE

Même si tout le monde savait déjà qui était le candidat démocrate à la présidentielle de novembre 2008, Hillary Clinton n'a pas encore baissé les bras. "Les personnes, qui me soutiennent, ne veulent certainement pas que tout soit terminé. Ils me disent tout le temps qu'ils veulent que je continue à me battre", a-t-elle déclaré à un journaliste alors qu'elle faisait campagne en Pennsylvanie le 25 mars 2008. Que les partisans de Clinton souhaitent qu'elle reste dans la course électorale est sans aucun doute vrai. C'était aussi largement hors de propos. C'est la raison pour laquelle Hillary Clinton a fait l'objet de pressions pour expliquer sa décision de continuer jusqu'à l'été 2008, malgré l'avance quasi insurmontable que détenait Obama parmi les délégués élus. "Pour que votre maintien dans la course électorale soit considéré comme autre chose que le comportement d'un mauvais perdant, il faut des arguments solides", a déclaré un éminent démocrate non aligné. En effet, le scénario d'un retour d'Hillary Clinton est resté lointain. Même si elle remportait de manière décisive la primaire de Pennsylvanie du 22 avril 2008 et qu'elle profitait de cet élan pour défaire Obama dans l'Indiana et en Caroline du Nord le 6 mai 2008, elle ne parviendrait probablement pas à le battre dans le décompte des délégués. La nouvelle selon laquelle ni le Michigan ni la Floride n'organiseraient de nouvelles élections a porté un nouveau coup aux efforts d'Hillary Clinton. Mais non seulement elle avait l'intention de rester en lice, mais elle et ses conseillers élaboraient une stratégie qui, pensaient-ils, pourrait faire basculer l'investiture en sa faveur. Il s'agissait essentiellement de convaincre les superdélégués qu'ils ne pouvaient pas se permettre de prendre un risque avec Obama, qu'elle était la seule candidate capable de gagner la Maison-Blanche face à John McCain. C'était un pari à couper le souffle et ça pouvait fonctionner. Mais certains démocrates se sont demandés à quel prix.

La question de savoir qui émerge de la saison des primaires en tant que candidat du parti démocrate n'est généralement pas une question subjective. Il existe un processus, aussi sophistiqué soit-il, par lequel les candidats accumulent des délégués; une fois que le dernier État a voté et que les chiffres ont été comptabilisés, celui ou celle qui a le plus de délégués l'emporte. Mais cette élection était différente. Les deux candidats, massivement populaires, avaient tous deux obtenu un grand nombre de délégués, de sorte qu'aucun d'entre eux ne pouvait raisonnablement obtenir le nombre requis de délégués élus qui lui aurait permis de l'emporter. Face à cette tournure inhabituelle des événements, la campagne d'Hillary Clinton a saisi l'occasion de promouvoir un argument fondé non pas sur le nombre mais sur le sentiment. Elle demandait aux superdélégués de prendre une décision subjective quant au candidat le mieux placé pour remporter la Maison-Blanche face à McCain. La première pièce à conviction de son argumentaire était démographique. "J'ai évidemment très bien réussi auprès des femmes, qui constituent la majorité de l'électorat. Je me suis très bien débrouillée avec les Hispaniques. J'ai obtenu de bons résultats auprès des électeurs plus âgés. Nous devons ancrer notre carte électorale dans les États que les démocrates doivent gagner, et je pense être en bonne position pour le faire", a expliqué Hillary Clinton à un journaliste. Il y avait également un revers à la médaille, l'argument selon lequel Obama était dangereusement faible parmi les électeurs démocrates clés et les électeurs influents. La campagne de Clinton avait soulevé des questions quant à la capacité d'Obama à séduire les cols bleus blancs dans des États comme l'Ohio et la Pennsylvanie, ainsi que les Hispaniques dans des endroits comme le Nouveau-Mexique et le Colorado, autant d'États clés qui décideraient très probablement de l'issue du scrutin. Ensuite, il y avait son argument de réserve basé sur l'expérience. Hillary Clinton pensait que le soutien d'Obama était en grande partie un mirage, un groupe de vrais croyants dont la passion pourrait l'aider à obtenir l'investiture, mais qui pourrait s'avérer insuffisant pour remporter une élection générale lorsque le charme pourrait être rompu par des questions concernant les références en matière de sécurité nationale, les plans de politique économique et la riche expérience. Elle n'a pas pu s'empêcher de secouer la tête avec incrédulité lorsque des amis de longue date, qui étaient des élus, l'ont informée qu'ils allaient soutenir Obama et qu'ils étaient surtout convaincus par l'enthousiasme de leurs enfants pour sa candidature.

Mais l'argument sur la riche expérience politique d'Hillary Clinton a été battu en brèche à la fin du mois de mars 2008, lorsque Clinton s'est retrouvée sur la défensive à propos de son expérience de première dame. Sur toute une série de questions nationales et internationales, des informations sont apparues qui ont remis en question l'étendue de l'engagement politique d'Hillary Clinton dans les années 1990. Elle était également embarrassée par des révélations selon lesquelles un voyage en Bosnie en 1996 était beaucoup moins dangereux et dramatique que ce qu'elle avait raconté lors de sa campagne. La stratégie de Clinton consistait donc à essayer de définir Obama selon ses propres termes. Selon ses proches, elle espérait qu'à mesure que le printemps devenait l'été, la possibilité de trouver un ou deux autres squelettes dans le placard d'Obama qui le rendrait inéligible à l'automne. Dans certains cas, sa campagne a même mis en avant des attaques contre l'entourage d'Obama provenant d'endroits improbables comme "The American Spectator", un magazine de droite qui a passé une grande partie des années 1990 à cibler Bill Clinton.

La campagne d'Obama avait également intensifié ses attaques personnelles contre Hillary Clinton, aggravant ainsi le conflit. C'est ce genre de tactique qui inquiète le plus les Démocrates, même ceux qui n'ont pas pris parti. L'un d'entre eux a déclaré: "Le problème avec le maintien d'Hillary Clinton dans la course électorale et l'idée que quelque chose de mystérieux va apparaître pour disqualifier Obama, c'est que la seule façon dont cela va mystérieusement apparaître, c'est si les Clinton sont derrière tout cela. Ainsi, ce qui convainc les gens que Barack Obama ne peut pas gagner doit venir de la main de Bill ou d'Hillary Clinton". Cette perspective n'a pas semblé découragé la sénatrice de New York. Un démocrate qui a été régulièrement à ses côtés tout au long de la campagne a déclaré: "Cette femme n'abandonne jamais, ni elle ni son mari". Contrairement à Barack Obama, Bill Clinton ne croît pas à "l'urgence féroce du moment présent". L'ancien président a un sens exquis et langoureux du déroulement du temps politique. Il comprend que les moments que la communauté politique, et surtout les médias, considèrent comme urgents ne le sont généralement pas. Il a vu sa propre élection et sa réélection, ainsi que l'achèvement de son deuxième mandat, prononcés comme "impossibles" et a vécu pour le raconter. Il se souvient qu'au printemps 1992, il avait pratiquement remporté l'investiture démocrate, mais qu'il était considéré comme un homme mort vivant, se classant troisième derrière George H. W. Bush et Ross Perot. Il sait que le mois d'avril est la saison des bêtises en politique présidentielle, le moment où les candidats engagés dans une bataille des primaires épuisante semblent les plus vulnérables et les plus meurtris, comme l'ont fait Hillary Clinton et Barack Obama en avril 2008. C'est à ce moment-là que les experts ont exigé des mesures entre autres, "Abandon, Hillary!" et proposé des théories insensées. Si cette course continue à déraper, la réponse au dilemme du parti démocrate pourrait bien être Al Gore. Avril 2008 promettait d'être plus cruel que la plupart des autres mois.

Les deux campagnes avaient commencé à s'attaquer mutuellement à la tronçonneuse, tandis que le républicain John McCain prenait de l'avance dans certains sondages nationaux. A ce stade, Hillary clinton ne pouvait remporter l'investiture que si les superdélégués abandonnaient Obama et se tournaient en masse vers elle, ce qui n'était pas impossible, mais pas très probable non plus. Même si Hillary dépassait Obama, il lui serait très difficile de remporter la présidence, car les Afro-Américains ne lui pardonneraient jamais d'avoir "volé" l'investiture. Ils resteraient tout simplement chez eux en novembre 2008, tout comme les jeunes partisans d'Obama. Ce qui ne veut pas dire que la candidature d'Hillary Clinton était entièrement dénuée d'objectif, mais qu'elle poursuivait un jeu de course électorale à la républicaine en mettant en cause la relation qu'entretient Obama depuis 20 ans avec le révérend Jeremiah Wright. Les démocrates allaient bientôt apprendre à quel point cette relation pouvait être dommageable lors des élections générales. Ils verraient également si Obama avait le courage de rebondir, de travailler dur, pas seulement en organisant des rassemblements dans les arènes pour les étudiants, mais aussi d'organiser des tables rondes pour les chômeurs et les personnes âgées dans les salles de l'American Legion, et de changer les esprits qui s'étaient retournés contre lui. La principale raison pour laquelle les superdélégués ne s'étaient pas encore ralliés à Obama était que le parti retenait collectivement son souffle, attendant de voir comment il allait se comporter en Pennsylvanie, en Caroline du Nord et en Indiana. L'un d'eux a dit: "Il s'en sortira probablement assez bien pour obtenir l'investiture. Mais que se passera-t-il s'il s'effondre? Et s'il ne peut pas gagner le vote de la classe ouvrière blanche? Et s'il perd gravement ces trois États et continue à perdre par la suite?" Le parti démocrate lui donnerait quand même l'investiture plutôt que de se tourner vers Hillary Clinton. Mais personne ne serait très heureux, et une année, qui aurait dû être une victoire facile des démocrates étant donné l'état de l'économie et l'impopularité du président sortant, pourrait s'échapper.

Ce qui ramènerait les démocrates à Al Gore, si les anciens du parti démocrate décidaient, une fois les primaires terminées, que ni Barack Obama ni Hillary Clinton n'étaient viables. Tout ce qu'ils auraient à faire, s'ils étaient assez forts et intelligents pour agir, serait de convaincre une fraction significative de leurs amis superdélégués, peut-être moins de 100, d'annoncer qu'ils ne participeront pas au premier tour de scrutin de la convention de Denver, ce qui priverait Obama ou Clinton des 2025 voix nécessaires. Et s'ils approchaient ensuite Al Gore pour lui demander d'être le candidat désigné pour le bien du parti, et lui suggérer de prendre Obama comme colistier? Bien entendu, Obama devrait être impliqué dans l'accord et apporter ses 1900 délégués. Ce scénario avait été envisagé par d'éminents démocrates de divers secteurs du parti, y compris des partisans d'Obama et de Clinton. La plupart ont dit que c'était extrêmement improbable et que c'était une idée plutôt intéressante. Un collecteur de fonds de premier plan a déclaré: "Gore-Obama est le ticket que beaucoup de gens voulaient en premier lieu". Un démocrate du Congrès a dit: "Cela pourrait être notre moyen de nous sortir du pétrin". D'autres ont suggéré qu'Al Gore était douloureusement conscient de ses limites en tant que candidat. "Je ne sais pas s'il serait intéressé même si on le lui tendait", a déclaré un ami de Gore. Il y avait de fortes chances que personne ne lui tende la main.

Après la victoire écrasante de Ronald Reagan sur Jimmy Carter en 1980, les initiés du parti démocrate ont décidé de se donner un rôle plus important dans le choix du candidat. Pour orienter le parti vers des choix plus éligibles, ils ont créé les monstres connus sous le nom de superdélégués. Contrairement aux délégués habituels à la convention nationale, qui sont sélectionnés par les électeurs lors des primaires et des caucus, les superdélégués, du simple fait qu'ils occupent des fonctions publiques ou des postes clés au sein du parti, ont le droit de voter pour le candidat de leur choix. La série de 13 victoires d'Obama aux primaires et aux caucus en février n'a laissé à Hillary Clinton qu'une seule voie vers l'investiture: obtenir une part disproportionnée des plus de 800 superdélégués non élus. Ces superdélégués sont aussi bien célèbres qu'Al Gore, qui avait le statut de superdélégué en tant qu'ancien vice-président, que l'obscur étudiant de 21 ans, Jason Rae, qui a obtenu son poste après avoir milité dans la politique de Wisconsin. Les deux campagnes se sont ruées sur ces fonctionnaires, apprenant leurs opinions, mémorisant leurs passe-temps, les bombardant d'appels pour qu'ils se rallient ou quittent l'autre camp. Et lorsque le charme échouait, les méthodes traditionnelles ne manquaient pas. Pendant plusieurs mois, les superdélégués ont bénéficié d'une attention et d'une notoriété sans précédent depuis plus de 20 ans. Si certains étaient véritablement tiraillés entre la nouvelle star et l'héroïne emblématique du parti, presque tous ont fini par se rallier à la star Barack Obama. La plupart d'entre eux estimaient qu'il avait de meilleures chances de conquérir le coeur des indépendants, de battre John McCain, et ils ne voulaient pas retirer l'investiture à un Afro-Américain qui avait gagné dans les urnes. Par conséquent, les superdélégués ont scellé le sort d'Hillary Clinton.

Depuis le quartier général de la campagne "No Drama Obama", le mot est passé: "ne vous engagez pas, ne vous enflammez pas, ne dites ou ne faites rien qui puisse suggérer qu'Hillary Clinton n'a pas le droit de terminer la campagne". Le 3 juin 2008, le dernier jour de la plus longue saison des primaires, Barack Obama a finalement obtenu suffisamment de délégués pour devenir le candidat présumé du parti démocrate. Ce n'était qu'une des nombreuses ironies que son ascension historique nécessitait de bloquer celle d'Hillary Clinton. L'expérience peut être une vertu, mais elle est aussi synonyme de familiarité, de blessures et de cicatrices, et il était difficile de la regarder sur scène, son mari derrière elle, les rouages visiblement en mouvement, et de la voir comme l'avenir. Beaucoup de ceux, qui considéraient Hillary Clinton comme la victime d'un sexisme virulent, pourraient encore être impatients de passer à quelqu'un qui n'a pas combattu lors de la dernière guerre. L'expérience est également une denrée surestimée dans la politique présidentielle. Mais en général, au moins, l'un des deux grands partis a désigné une personne ayant des liens de longue date avec Washington et bénéficiant du soutien de "l'establishment" du parti.

Toutefois, en 2008, première année depuis 1928 où ni le président ni le vice-président en exercice ne se sont portés candidats à l'élection présidentielle, les dés étant déjà jetés avant même le début des élections générales. Du côté républicain, la décision de Dick Cheney de ne pas concourir a laissé le GOP sans un leader éminent attendant son tour. Ainsi John McCain, qui s'était tellement aliéné de son parti et avait flirté avec la possibilité de devenir le colistier de John Kerry en 2004, s'est retrouvé le favori par défaut, même si de nombreux membres du noyau dur du parti, tels que les grandes entreprises, les conservateurs religieux et les fidèles de Bush, méprisaient sa politique et sa personnalité. Bien que McCain ait fait des efforts pour s'attirer les faveurs de ces groupes, il n'est jamais devenu le type d'initié de l'Establishment que le parti adopte habituellement comme candidat. Mais aucun de ses principaux rivaux, tels que Mike Huckabee, Mitt Romney, Rudy Giuliani et Fred Thompson, n'a été suffisamment agressif ou organisé pour lui ravir la couronne. Du côté démocrate, Hillary Clinton était la favorite attendue plus d'un an avant le début des primaires et des caucus. Mais le charisme de Barack Obama, combiné à la crainte d'une lassitude à l'égard de Clinton, a permis au jeune sénateur de faire fructifier ses premiers succès en inversant son rôle et en devenant le choix des anciens du parti, tels que Edward Moore "Ted" Kennedy et les dirigeants syndicaux. La campagne présidentielle de 2008 a produit son lot de surprises, mais l'une des plus importantes est qu'un nouveau venu de Chicago a mis sur pied, de loin, la meilleure opération politique des deux partis. La campagne d'Obama a été cette machine rare, sans friction, qui a fonctionné avec l'énergie d'une insurrection et l'efficacité d'une entreprise. Son équipe n'avait pas ce dont ses rivaux s'étaient spécialisés. Il n'y avait pas eu de remaniement du personnel, pas de crise financière, pas de changement de plan de match et pas de conflit visible. Même son slogan de campagne, "Un Changement Auquel Nous Pouvons Croire", était resté le même. Comment a-t-il fait? Comment Obama est-il devenu le premier insurgé démocrate depuis plus d'une génération à détrôner le favori de l'Establishment du parti?

Lorsque Betsy Myers a rencontré Barack Obama pour la première fois dans le bureau du Sénat le 3 janvier 2007, environ deux semaines avant qu'il n'annonce la formation d'un comité exploratoire en vue de sa candidature à la présidence, Obama a défini trois principes directeurs pour son future chef des opérations: Mener la campagne avec respect; la construire à partir de la base; et enfin, pas de drame. Myers a été frappée par la façon dont Obama avait étudié de près les deux campagnes de George W. Bush. "Il a dit qu'il voulait gérer notre campagne comme une entreprise", a déclaré Myers. Et dans une bonne entreprise, le client est roi. Très tôt, avant d'avoir les ressources nécessaires pour faire autre chose, la campagne a externalisé un "centre de service à la clientèle" afin que toute personne appelant à n'importe quelle heure du jour ou de la nuit trouve une voix humaine à l'autre bout du fil. Pendant ce temps, le quartier général d'Obama à Chicago a fait de la technologie son colistier dès le départ. Ce n'était pas seulement pour collecter des fonds. Dans chaque État, la campagne a confié ses listes électorales, normalement un joyau de la couronne étroitement gardé, à des bénévoles qui ont utilisé leurs propres ordinateurs portables et les minutes illimitées de leurs forfaits de téléphone portable la nuit et le week-end pour contacter chaque nom et étoffer une organisation politique à partir de la base. "Les outils étaient là, et ils l'ont construit. A bien des égards, la campagne d'Howard Dean était comme celle des frères Wright. Quatre ans plus tard, nous assistons au projet Apollo", a déclaré Joe Paul Trippi, stratège politique démocrate qui a dirigé la campagne de Dean en 2004. Même Obama a admis qu'il ne s'attendait pas à ce que l'Internet soit un si bon ami. "Ce que je n'avais pas prévu, c'est l'efficacité avec laquelle nous pouvions utiliser Internet pour exploiter cette base populaire, tant sur le plan financier que sur celui de l'organisation. Je pense que c'est probablement l'une des plus grandes surprises de la campagne, la puissance de la fusion de notre message avec les réseaux sociaux et le pouvoir de l'Internet", a déclaré Obama.

Mais trois autres éléments fondamentaux ont été déterminants pour faire d'Obama le candidat démocrate à l'élection presidentielle: un nouveau parti courageux (de la base, Obama a construit un nouveau parti en 2008 en s'appuyant sur de nouveaux électeurs), la campagne du porte-clés (le véritable objectif des opérations de "chum" était de constituer une liste de travailleurs, de partisans et de leurs adresses e-mail) et une équipe cohérente. Par conséquent, Hillary Clinton a été contrainte de jouer le rôle de l'outsider. Elle a commencé la course avec toutes sortes d'avantages, mais elle et ses conseillers n'ont jamais compris à quel point la situation avait changé. Malgré tous ses discours sur la "marche à toute vitesse vers la Maison-Blanche", le discours d'Hillary Clinton à Indianapolis, lors de la soirée des primaires, avait un ton résolument élégiaque. Et si l'on avait besoin d'une confirmation supplémentaire que les Clinton, qui ne se sont jamais découragés, réalisent que leur candidature est peut-être terminée, on pouvait facilement remarquer les visages mélancoliques du mari et de la fille qui se tenaient derrière la candidate alors qu'elle parlait de toutes les personnes qu'elle avait rencontrées au cours de son voyage et qui avaient été une bénédiction pour elle. C'était aussi un voyage au cours duquel elle avait commencé avec ce qui semblait être des avantages insurmontables, mais qui se sont évaporés l'un après l'autre au fur et à mesure que la campagne s'éternisait bien plus longtemps que quiconque n'aurait pu le prévoir. Elle a commis de grosses erreurs, qui se sont ajoutées les unes aux autres. Elle a mal évalué l'ambiance et c'est probablement sa plus grande erreur.

Dans un cycle marqué par le changement, Hillary Clinton a opté pour une stratégie de titulaire, en s'appuyant sur l'expérience, la préparation, l'inévitabilité et le pouvoir de la marque la plus forte de la politique démocrate. C'était logique, compte tenu de sa personnalité et des doutes supplémentaires que certains électeurs pouvaient avoir quant à la nomination d'une femme au poste de commandant en chef. Mais en se concentrant sur son positionnement pour remporter l'élection générale en novembre, Hillary s'est complètement trompée sur l'état d'esprit des électeurs des primaires démocrates, qui étaient désespérément désireux de tourner la page. "Ce n'est pas en étant un initié de Washington que l'on veut être dans une année où les gens veulent du changement. Le positionnement stratégique initial d'Hillary Clinton était erroné et a en quelque sorte joué en notre faveur", a déclaré David Axelrod, le stratège en chef de Barack Obama. Mais d'autres erreurs de calcul ont aggravé la situation, car elle n'a pas maîtrisé les règles. Hillary Clinton a choisi les membres de son équipe principalement pour leur loyauté envers elle, plutôt que pour leur maîtrise du jeu électoral. Cela est apparu très clairement lors d'une séance de stratégie en 2007, selon deux personnes qui y ont assisté. Alors que les assistants examinaient le calendrier de la campagne, le stratège en chef Mark Penn a prédit avec assurance qu'une victoire précose en Californie la propulserait en tête, car elle obtiendrait les 370 délégués de l'État. Cela semblait intelligent, mais comme tous les étudiants en éducation civique le savent maintenant, Penn avait tort: Les démocrates, à la différence des républicains, répartissent leurs délégués en fonction du nombre total de voix, et ne permettent pas à un État de les attribuer à l'unanimité. Assis à proximité, le vétéran Harold McEwen Ickes, un initié du parti démocrate, qui avait participé à la rédaction de ces règles, était horrifié et le fit savoir à Penn. "Comment se peut-il que le stratège en chef tant vanté ne comprenne pas l'allocation proportionnelle?", demanda Ickes. Et pourtant, la stratégie est restée la même, la campagne misant sur les victoires dans les grands États. On aurait dit qu'ils n'avaient pas compris.

William Jefferson et Hillary Rodham Clinton avaient tous deux fait remarquer que si les démocrates avaient les mêmes règles que les républicains, elle serait la candidate désignée. Entre-temps, la campagne Clinton a reconnu en privé qu'elle avait sous-estimé les États où se déroulaient les caucus. Alors qu'Hillary Clinton basait sa stratégie sur de grands concours, elle semblait pratiquement ignorer des États comme le Minnesota, le Nebraska et le Kansas, qui choisissent leurs délégués par le biais de caucus. Elle avait une raison, ses principaux partisans, les femmes, les personnes âgées et les cols bleus, étaient moins susceptibles de pouvoir consacrer une soirée de la semaine comme l'exige le processus. Par conséquent, les Clinton ont décidé que les caucus n'étaient pas vraiment leur truc. Mais c'était un peu comme un désarmement unilatéral dans des États représentant 12% des délégués annoncés. En effet, c'est dans les États où se déroulent les caucus qu'Obama a creusé son avance parmi les délégués engagés. "Malgré tout le talent et l'argent dont ils disposaient la-bas, ils semblaient, de manière déconcertante, ne pas comprendre les caucus et l'importance qu'ils allaient prendre", a déclaré David Axelrod. Lorsque les lieutenants d'Hillary Clinton se sont rendu compte de la gravité de leur erreur, ils n'avaient pas les ressources nécessaires pour y remédier, en partie parce qu'Hillary s'appuyait sur de vieux fonds.

L'équipe constituée par Barack Obama était composée de personnes qui, pour la plupart, n'avaient jamais travaillé ensemble auparavant, mais se comportaient comme si elles l'avaient fait. Certaines, comme le stratège en chef David Axelrod et la conseillère Valerie Jarrett, venaient de Chicago et avaient conseillé Obama lors de courses électorales précédentes. Le partenaire commercial d'Axelrod, David Plouffe, avait travaillé dans l'operation de l'ancien leader démocrate de la Chambre des représentants, Richard Andrew Gephardt; le directeur adjoint de la campagne, Steve Hildebrand, qui supervisait l'organisation sur le terrain, venait de l'ancien leader de la majorité au Sénat, Thomas Andrew Daschle. L'ancien chef de cabinet de Daschle, Pete Mikami Rouse, occupait le même poste au sein du bureau sénatorial d'Obama, dont le candidat a également fait appel au directeur de la communication Robert Lane Gibbs, qui avait brièvement travaillé pour John Kerry. Barack Obama a également fait appel au monde des affaires, en confiant des postes opérationnels clés à des cadres ayant travaillé pour Orbitz, McDonald's et d'autres entreprises. Et pourtant, Obama a déclaré qu'ils avaient tous la même philosophie. "Parce que je n'etais pas favorisé par le parti démocrate, cela signifiait que les personnes qui s'étaient engagées dans cette campagne croyaient vraiment en son objectif. Ce n'étaient donc pas des mercenaires, ils ne venaient pas simplement pour s'attacher à une campagne", a-t-il expliqué. Le tempérament a également joué un rôle. "Il était très important d'avoir une équipe cohérente, un cercle de personnes qui collaboraient et qui n'étaient pas sur la défensive", a déclaré Barack Obama.

Comme l'équipe autour de Bush, celle d'Obama était étanche. Les fuites étaient rares et, malgré tous les millions accumulés par Obama, Plouffe gardait un oeil attentif sur la destination des fonds. Considérez les salaires: Le porte-parole de Clinton, Howard Wolfson, a été payé presque deux fois plus en un mois (266000 dollars ont été versés à son cabinet, selon le dossier de campagne de janvier) que les 144000 dollars qu'Obama a versés à Gibbs pour toute l'année 2007. Les membres de l'équipe d'Obama devaient doubler leurs chambres d'hôtel lorsqu'ils étaient en déplacement et étaient remboursés par la campagne s'ils prenaient le métro (environ 2 dollars) de l'aéroport international O'Hare au quartier général de la campagne à Chicago, mais pas s'ils prenaient un taxi (environ 50 dollars). Il était demandé aux volontaires d'apporter leur propre nourriture lorsqu'ils faisaient du porte-à-porte. Comment une équipe, basée sur l'opération de terrain, s'en sortirait-elle face au type d'opération du GOP qui a été si efficace pour attirer la base républicaine traditionnelle en 2004? Le directeur de campagne de John McCain, Richard Davis, a déclaré sans ambages que ce qui avait permis à Obama d'obtenir l'investiture "n'est pas une stratégie d'élection générale" et a affirmé que l'opération de Barack Obama serait faible face à l'attrait de John McCain dans des États comme l'Ohio, le Michigan, le Wisconsin, le Minnesota et le Nevada. Mais par rapport à celle de McCain, l'opération d'Obama a été un modèle d'efficacité et de fonction exécutive. Barack Obama a déjà changé la façon de faire de la politique en Amérique.

Pendant une décennie ou plus, les Clinton ont été la référence en matière de collecte de fonds politiques au sein du parti démocrate, et presque tous les anciens donateurs de Bill Clinton ont renouvelé leur soutien à la candidature d'Hillary Clinton. Sa campagne sénatoriale de 2006 a permis de collecter la somme étonnante de 51,6 millions de dollars, contre une opposition symbolique, dans ce que tout le monde a supposé n'être qu'un galop d'essai pour une compétition bien plus importante. Mais l'équipe Clinton n'a pas vraiment compris qu'avec l'Internet, quelque chose s'était produit dans la collecte de fonds. Bien que le total des fonds récoltés par Clinton dans le cadre du "shrimp-cocktail circuit" reste impressionnant à tous points de vue, ses donateurs sont généralement de gros bailleurs de fonds. Et une fois qu'ils avaient donné jusqu'aux 2300 dollars autorisés par la loi, il leur était interdit de donner plus. Le puits autrefois sans fond de Clinton s'est asséché. Barack Obama s'est appuyé sur un modèle différent: les plus de 800000 personnes qui s'étaient inscrites sur son site Web et qui pouvaient continuer à lui envoyer de l'argent à raison de 5, 10 ou 50 dollars par jour. La campagne avait recueilli plus de 100 millions de dollars en ligne, soit plus de la moitié de son total.

Pendant ce temps, les Clinton ont été obligés de puiser dans la fortune de plus de 100 millions de dollars qu'ils avaient acquise depuis qu'ils avaient quitté la Maison-Blanche, d'abord pour 5 millions de dollars en janvier 2008 pour se rendre au Super Tuesday, puis pour 6,4 millions de dollars pour lui faire traverser l'Indiana et la Caroline du Nord. Et cela reflète une dernière erreur: elle n'a jamais compté sur un long parcours. La stratégie d'Hillary Clinton était basée sur le fait de porter un coup fatal tôt. Si elle pouvait gagner l'Iowa, croyait-elle, la course électorale serait terminée. Hillary Clinton a dépensé sans compter dans l'Iowa et a pourtant terminé à une décevante troisième place. Ce qui a surpris les stratèges d'Obama, c'est le temps qu'il a fallu à la campagne d'Hillary Clinton pour se réorganiser. Elle s'est battu contre Obama à égalité dans les concours de Super Tuesday du 5 février 2008, mais n'avait pas de troupes en place pour les États qui ont suivi. Barack Obama, quant à lui, était un train qui roulait à fond sur deux ou trois rails. Quel que soit ce que le quartier général de Chicago dévoilait pour gagner le concours immédiat, il avait toujours une opération distincte mettant en place des organisations dans les États suivants. Le 21 février 2008, le directeur de campagne d'Obama, David Plouffe, a été aperçu à Raleigh, en Caroline du Nord. Il a déclaré au News Observer que les primaires de cet État, qui se déroulaient alors dans plus de deux semaines, pourraient s'avérer très importantes dans la lutte pour l'investiture. À l'époque, l'idée paraissait risible.

Bien sûr, la question n'était pas de savoir si Hillary Clinton allait se retirer de la course électorale, mais quand. Elle a continué à remplir son agenda de visites de campagne, alors même que les appels à l'abandon se faisaient de plus en plus pressants. Mais la voix, qu'elle écoutait, était celle qu'elle avait dans sa tête, a expliqué un collaborateur de longue date. Les calculs d'Hillary Clinton portaient autant sur l'histoire que sur la politique. Première femme à être allée aussi loin, elle avait dit à ses proches qu'elle voulait, que les personnes qui avaient placé leurs espoirs en elle, voient qu'elle avait donné le meilleur d'elle-même. Il semble évident qu'Hillary Clinton s'est convaincue elle-même qu'elle était désormais la représentante de cet électorat à la table des négociations et que la manière dont elle allait quitter la campagne n'était pas vraiment à propos d'elle mais plutôt d'eux. Comme elle l'a déclaré à Indianapolis, "Quoi qu'il arrive, je travaillerai pour le candidat du parti démocrate, car nous devons gagner en novembre". Lorsque la tâche à accomplir consiste à apaiser les divisions au sein du parti démocrate, le perdant peut avoir autant d'influence que le gagnant.

Les proches d'Hillary Clinton étaient amers et se sont mis à ressasser de petits griefs déformés par la chambre d'écho de la campagne: les assistants d'Obama avaient exploité la gaffe d'Hillary lorsqu'elle avait évoqué de manière inappropriée le spectre de l'assassinat de Robert Kennedy; Obama n'avait pas suffisamment défendu Hillary Clinton après l'attaque scandaleuse du père Michael Pfleger du haut de la chaire de la Trinity United Church of Christ; la campagne de Barack Obama avait été trop brutale lors de la bataille de la commission du règlement du parti démocrate qui avait accordé une demi représentation aux délégations contestées du Michigan et de la Floride. Mais Hillary Clinton devait trouver un moyen de savourer sans se mettre en travers de l'avenir de son parti. Il semblait évident que si elle insistait trop sur sa candidature improbable à la vice-présidence, Obama devrait la refuser. Un certain nombre des principaux conseillers de Clinton, en particulier dans les domaines de la finance et de la politique, pensaient que la meilleure ligne de conduite à adopter était de se rendre immédiatement indispensable: Offrir à Obama son équipe de collecte de fonds, proposer de l'accompagner dans les États où elle a obtenu de bons résultats, comme l'Ohio et la Pennsylvanie, proposer de mobiliser ses principaux électeurs, comme les femmes et les Latinos, pour Obama dans une série de rassemblements communs.

Ensemble, le parti démocrate que Hillary Clinton et Barack Obama avaient assemblé, ferait une sacrée armée: Les travailleurs de Franklin Delano Roosevelt plus les jeunes diplômés de John Fitzgerald Kennedy et les militants des droits civiques. C'était une coalition qui semblait ne se rassembler que dans les mauvais moments, poussée par les dépressions économiques, les croisades pour la justice sociale ou les guerres malavisées. En 2008, alors que plus de 80% de la population pensait que le pays allait dans la mauvaise direction, et que même John McCain reconnaissait l'anxiété nationale, l'armée démocrate semblait prête à se rassembler de nouveau.

CHAPITRE II

APPEL AUX MODÉRÉS

AVEC LE DÉPART D'HILLARY CLINTON et la campagne électorale maintenant entre Barack Obama et John MacCain, la question du caractère a pris une dimension intéressante. D'une part, nous avions en Barack Obama, un homme qui avait eu une carrière politique relativement courte, et pas le temps de commettre des erreurs flagrantes, et dans le cas duquel l'absence de fautes de caractère était prise comme une preuve de caractère, un cadeau des plus généreux. Et, d'autre part, il y avait John McCain qui bénéficiait d'un cadeau encore plus extraordinaire: ses excuses occasionnelles pour divers écarts de conduite étaient considérées comme la preuve d'un grand caractère. Qu'il s'agisse de ses excuses à propos du scandale des "Keating Five" (dans lequel il était l'un des cinq sénateurs présumés avoir été soudoyés par Charles Keating pour faire passer une loi en faveur des sociétés d'épargne et de prêt. Keating possédait lui-même une société d'épargne et de prêt. Lorsque McCain s'est abondamment excusé pour son implication dans l'affaire Keating, le journal de sa ville natale l'a félicité pour sa courageuse acceptation de la responsabilité), jusqu'à ses excuses tout aussi abondantes après son abandon de la course présidentielle de 2000 finalement remportée par George W. Bush, pour avoir prétendument menti, lorsque pendant la campagne, il a affirmé que le déploiement du drapeau confédéré au-dessus du Capitole de Caroline du Sud était une question de "droits de l'État" et non le symbole inacceptable de racisme qu'il devait savoir que c'était le cas.

Des deux, Obama était clairement le candidat que le caractère favorisait. Il a mené sa campagne avec une foi inébranlable en lui-même, en sa cause et en son message, ce qui était à la fois impressionnant et inspirant. Les experts ont tous estimé que la course aux primaires démocrates était terminée avant même qu'elle ne commence et qu'elle allait à Hillary Clinton. La seule question était de savoir quel candidat républicain elle affronterait lors de l'élection présidentielle de novembre 2008. Obama a vu les choses différemment et, avec une détermination sans faille, a mené une course électorale digne de la promesse de sa présidence. Et contrairement à ce que suggère Andrew Young, plus que le fait qu'un président dispose d'un réseau de soutien pour le protéger et le défendre contre les critiques, c'est le fait qu'il ait le caractère nécessaire pour persévérer lorsqu'un membre de ce réseau de soutien lui fait défaut, comme c'est invariablement le cas. Barack Obama l'a démontré lorsqu'il a finalement, et seulement selon ses propres termes, accordé une large place à un pasteur qu'il considérait comme ayant des opinions étroites. Contre l'avis de ses amis et conseillers les plus proches, ceux-là mêmes dont Andrew Young a parlé, Obama a travaillé seul jusque tard dans la nuit et a rédigé un discours largement acclamé comme le meilleur qu'il ait jamais prononcé, méritant d'entrer dans le canon des grands discours prononcés par des américains. Un discours qui sera lu et étudié dans les écoles longtemps après la mort de tous ceux qui l'ont entendu. Confronté au plus grand défi de sa campagne, Obama a fait face à un problème que tout autre politicien aurait contourné et évité, et il l'a fait avec une grâce, une intelligence, une éloquence et une honnêteté rares dans tous les domaines de la vie, et encore plus en politique. Si cela n'est pas du caractère, rien d'autre dans la vie publique américaine ne l'est.

En passant du statut de candidat débutant à celui de candidat présomptif, Barack Obama a fini par ressembler dangereusement, aux yeux de certains de ses anciens fervents admirateurs, aux politiciens de Washington qu'il a si souvent décriés. Vous vous inquiétez de son patriotisme? Il a alors porté une épingle du drapeau américain à chaque fois. Mal à l'aise avec son église? Il l'a quittée. Trop libéral? Il a officiellement adopté des déclarations politiques approuvant les droits des armes à feu, appelant à des négociations commerciales et soutenant les restrictions sur l'avortement tardif. De tels glissements tactiques vers le centre sont un rituel des élections générales pour les candidats démocrates à la présidence, une défense préventive contre la machine d'attaque républicaine. Mais Obama n'était pas comme les autres candidats. Dans son best-seller de 2006, "The Audacity of Hope", Obama écrivait à son sujet: "Je sers d'écran vierge sur lequel des personnes d'horizons politiques très différents projettent leurs propres opinions". Alors que son côté pragmatique remplissait cet écran, ces fidèles soldats, habitués à voir leur propre reflet, commençaient à crier à la trahison. Les membres du mouvement d'Obama avaient le sentiment d'avoir une ligne ouverte directement vers lui, et ces jours-là, beaucoup voulaient que leurs objections soient entendues. "C'est un signal d'alarme sur la marge de manoeuvre dont il dispose", a déclaré Stephen Hess, spécialiste des questions présidentielles.

Les grondements du mécontentement libéral ont commencé, après qu'Obama se soit prononcé en faveur de la décision de la Cour suprême annulant l'interdiction des armes de poing dans l'État de Whashington. Cette prise de position a été suivie d'une conférence de presse au cours de laquelle il a semblé revenir sur son engagement en faveur d'un retrait rapide d'Irak et d'un discours devant un ministère de l'Ohio dans lequel il s'est engagé à étendre le programme d'initiatives confessionnelles de George Walker Bush. Dans une interview accordée à Fortune, il a déclaré que sa critique du libre-échange, pendant les primaires, avait été "surchauffée et amplifiée". Au moment où Obama a voté pour le projet de loi sur les écoutes, Rosinski et ses compagnons rebelles étaient devenus le plus grand groupe sur le site Web du sénateur. Se faire accuser de volte-face par les républicains était une routine; exaspérer les fidèles était une entreprise risquée. Obama a nié qu'il sacrifiait ses principes pour séduire les modérés. "Ne supposez pas que si je ne suis pas d'accord avec vous sur quelque chose, c'est forcément parce que je le fais politiquement. Il se peut que je ne sois pas d'accord avec vous simplement", a-t-il déclaré à un public de Powder Springs, en Géorgie le 8 juillet 2008. Il est vrai que cetaines des "réorientations" d'Obama ont davantage consisté en un changement d'accentuation qu'en un changement de politique. En ce qui concerne l'Irak, par exemple, Barack Obama avait longtemps déclaré: "Nous devons être aussi prudents en sortant de l'Irak que nous avons été négligents en y entrant". Mais la différence est qu'il insiste désormais autant sur la "prudence" que sur la "sortie". Et pourtant, le camp Obama savait qu'il ne pouvait pas ignorer le tollé libéral. C'est pourquoi Obama a publié sa propre réponse aux critiques de sa position sur les écoutes et la campagne a mis en place un forum avec trois conseillers politiques pour répondre aux questions à ce sujet. Cela a contribué à apaiser certains à gauche. "Nous pouvons être en désaccord avec lui sur une question, mais il ne va pas fermer la discussion, et il ne va pas se cacher comme George W. Bush", a déclaré Markos Moulitsas Zuniga, fondateur du blog libéral Daily kos. Obama comptait sur les libéraux déçus pour être aussi pragmatiques qu'ils étaient passionnés. Il se peut qu'ils n'aiment plus tout ce qu'ils ont vu en le regardant. Mais ils voteraient quand même pour lui.

Bien que l'on ait pensé qu'Obama avait un "problème catholique" lors des primaires démocrates, au cours desquelles Hillary Clinton a remporté la majorité des votes catholiques, il était arrivé à égalité avec John McCain parmi cet électorat. Obama a alors obtenu 44% contre 45% pour son adversaire républicain. Il y avait 47 millions d'électeurs catholiques. Le vainqueur de huit des neuf dernières élections a obtenu une majorité de votes catholiques (ils ont voté pour Al Gore en 2000), et il y avait de grandes concentrations de catholiques dans des États clés comme la Floride, l'Ohio et le Nouveau-Mexique.

L'astuce consistait à déterminer ce que les catholiques voulaient. Pendant des décennies, ils ont fait partie de la coalition du New Deal de Roosevelt et se sont surtout préoccupés d'économie et de politique étrangère. Plus récemment, les républicains ont réduit cet avantage en attirant les catholiques sur les questions sociales, une cour qui a culminé avec la victoire de George W. Bush en 2004. Cette majorité de catholiques (59%) peut être définie comme pro-vie (opposée à l'avortement sauf pour protéger la vie ou la santé d'une femme en cas de viol ou d'inceste). Mais ces catholiques pro-vie étaient en fait divisés en deux camps de vote. De nombreux catholiques conservateurs considéraient l'avortement comme le facteur déterminant de leurs décisions électorales et, par conséquent, ils soutenaient presque toujours les candidats républicains. Mais pour d'autres catholiques, les questions sociales peuvent passer au second plan en période d'insécurité économique et nationale.

Les républicains sont entrés dans cette élection en position de désavantage auprès des catholiques: l'économie, les prix élevés de l'essence et la guerre en cours en Irak. Mais ils n'avaient pas non plus réussi à adopter le modèle d'engagement catholique que Bush a passé six ans à mettre en place. La campagne d'Obama a profité de cette opportunité. Tout comme Ronald Reagan avait amené une grande partie des démocrates catholiques dans le parti républicain dans les années 1980, Barack Obama espérait les faire revenir et créer une nouvelle catégorie de catholiques: les républicains d'Obama. Ce qui était intéressant dans cette élection, c'est que les catholiques comme Douglas Kmiec soutenaient le candidat démocrate. Douglas Kmiec est le genre d'électeur catholique auquel le parti républicain n'a généralement pas à réfléchir à deux fois. Ce professeur de droit de Pepperdine et ancien avocat du ministère de la justice de Ronald Reagan va à la messe tous les matins. Il s'est activement opposé à l'avortement pendant la majeure partie de sa vie adulte, travaillant avec des centres de crise pour femmes enceintes afin de persuader les femmes de ne pas subir cette procédure. Il est membre de l'organisation conservatrice "Federalist Society" et envoie de temps en temps une contribution à "Focus on the family". Mais il est devenu un fervent partisan de Barack Obama. Douglas Kmiec a fait des vagues dans le monde catholique à la fin du mois de mars 2008 lorsqu'il a apporté son soutien à Barack Obama. Mais Kmiec a insisté sur le fait que, même s'il se considère toujours comme un républicain, son choix était clair cette année électorale 2008. "J'ai de sérieux doutes moraux sur la guerre, de sérieux doutes sur la voie économique suivie par les républicains au cours des sept dernières années et je pense que les réformes en matière d'immigration ne seront pas le fait des républicains. Le sénateur McCain ne serait pas le plus ardent défenseur de l'équilibre des choses qui me tiennent à coeur", a-t-il déclaré.

La rivalité en tête-à-tête entre les sénateurs Hillary Clinton et Barack Obama n'a duré qu'environ trois mois du début à la fin. Leurs désaccords politiques ont été négligeables. Pour de nombreux partisans de Clinton, la possibilité d'élire un président afro-américain représentait l'aboutissement d'une cause pour laquelle ils s'étaient battus toute leur vie. Pourtant, près de la moitié des partisans de Clinton ont déclaré aux sondeurs qu'ils ne voteraient pas pour Obama. Et les gros bailleurs de fonds d'Hillary Clinton détournaient l'argent et l'énergie du candidat désigné de leur parti. Quel était leur problème ? Les partisans mécontents de Clinton étaient en colère contre le sexisme présumé dans la couverture de sa campagne, tandis que d'autres démocrates étaient contrariés par des récents mouvements d'Obama vers le centre. Assurer sa base et se déplacer ensuite vers le centre est le mouvement fondamental de la politique, comme les étapes de base du "fox-trot", la danse de salon. Obama n'était guère responsable de la couverture médiatique de Clinton, mais il n'y avait aucun moyen facile pour ces gens de décharger leur colère contre Christopher John Matthews, dit Chris Matthews, le commentateur politique. Ils se sont donc vengés sur les personnes sans soins de santé, les femmes qui avaient besoin d'avorter et d'autres personnes qui, selon eux, seraient lésées par une victoire républicaine à l'automne. Si vous avez écouté beaucoup les radios de droite, Obama était le gauchiste le plus radical depuis la Révolution française. C'était un niveleur fanatique qui détestait les riches et méprisait la réussite. De plus, c'était un snob élitiste. Mais la haine de George W. Bush au sein de la gauche et l'impatience de le voir partir étaient à ce stade aussi extrêmes que tout ce que la droite avait à offrir. Le désir de gagner pour gagner était également assez profond. Mais la véritable absence de scrupules professionnels ne se limite pas à l'expression d'une certaine aversion. Parfois, en fait, il faut faire le contraire : mettre de côté son aversion, ses déceptions, sa colère, ses sentiments de trahison. Dans le cas des anciens partisans d'Hillary Clinton, tous ces sentiments semblaient exagérés. Mais il n'y avait pas lieu d'en débattre. C'était en fait le moment de s'en remettre.

Il était minuit lorsque l'avion d'Obama a décollé du Minnesota, un État qu'il devait garder bleu en novembre 2008. Le candidat venait de prononcer un discours enthousiaste. Si jamais il y avait un moment pour faire la fête, c'était celui-là. Mais Obama était préoccupé par l'AIPAC (l'American Israel Public Affairs Committee). Les électeurs juifs âgés de Floride, un État clé en novembre, ont déclaré aux journalistes qu'ils se méfiaient d'Obama, que certains d'entre eux n'étaient pas prêts à voter pour un Afro-Américain. La véritable campagne avait commencé. Avec un président radioactif et une économie fragile, on peut dire que le résultat de l'élection présidentielle de novembre 2008 n'aurait jamais dû faire de doute. Soixante-dix pour cent de personnes de plus ont voté dans les primaires démocrates que dans les primaires républicains; 9 personnes sur 10 ont déclaré que le pays était sur la mauvaise voie. Dans cette optique, McCain était l'agneau sacrifié de son parti, un héros américain certifié à qui l'on accordait une dernière chance de servir, avec suffisamment de crédits rebelles sur son CV pour avoir une chance de gagner les électeurs mécontents si, d'une manière ou d'une autre, Obama implosait. S'il ne s'agissait peut-être pas vraiment d'une course électorale au final, il s'agissait certainement d'un choix: pas seulement entre Noirs et Blancs, entre Rouges et Bleus, entre Jeunes et Vieux, bien qu'une génération entière les sépare.

Au fil du temps, il est devenu évident que ces deux candidats avaient une vision très différente du changement. John McCain voyait le changement comme une épreuve, une mise à l'épreuve de sa dureté; Barack Obama le voyait comme une opportunité, une mise à l'épreuve de sa polyvalence. McCain voyait le changement comme une réforme du système et brandissait à chaque occasion les valeurs qui ne changent jamais avec les circonstances: le devoir, l'honneur, le pays d'abord; Obama parlait de le reconstruire à partir de zéro. Le cercle restreint de McCain a modifié le style, le sentiment et l'orientation de la campagne. Le meilleur espoir du candidat était de faire tomber Obama. McCain n'était pas un orateur naturel sur le terrain. Il avait du mal à lire sur un téléprompteur et avait une façon étrange de sourire à des moments inappropriés, affichant une expression qui ressemblait plus à un rictus figé qu'à un sourire amical. McCain pouvait être de mauvaise humeur, et il ne faisait pas beaucoup d'efforts pour dissimuler ses humeurs. L'un de ses conseillers a utilisé le mot "capiteux" pour décrire le candidat. Il voulait dire que sa façon de parler était facilement influencée par ses émotions. Son personnel essayait d'éviter les distractions trop stimulantes, mais c'était sans espoir. Pourtant, Obama, que l'on a qualifié d'éthéré par rapport à McCain qui a fait ses preuves, était le réaliste lucide de la salle; il était l'enfant du changement, il a changé de pays, de culture et de carrière, et son nom même, Barry, est redevenu Barack. "On ne peut pas empêcher le changement de se produire. On ne peut que l'accompagner et en définir les modalités. Si vous êtes intelligent et un peu chanceux, vous pouvez en faire votre ami", a-t-il affirmé. McCain aurait dû bénéficier d'un avantage en obtenant l'investiture du GOP en mars, alors que Barack Obama et Hillary Clinton se sont accrochés pendant trois mois supplémentaires. Mais la presse a largement ignoré le candidat du parti républicain, qui a été handicapé par un travail préparatoire médiocre ainsi que par sa propre performance apathique ou grincheuse.

Par moments, McCain semblait s'amuser du manque de rigueur de sa propre organisation. Il plaisantait sur la "machine bien huilée que nous avons dans cette campagne". Paradoxalement, une partie du problème de McCain derrière le poduim résidait dans son talentueux rédacteur de discours et plus proche conseiller, Mark Salter. Ce dernier, co-auteur de ses livres à succès dont "Faith of My Fathers" et "Why Courage Matters", idéalisait McCain et voulait qu'il soit la figure héroïque qu'il incarnait dans ses livres. Salter écrivait des discours nobles et éloquents pour McCain, des paroles de haute volée qui évoquaient un esprit d'altruisme et de patriotisme. Pourtant, ces sentiments, que McCain, plus que tout autre candidat, incarnait personnellement, semblaient parfois guindés et ridicules lorsqu'ils sortaient de sa bouche pendant la campagne électorale.

Mark Salter et le consultant Steve Schmidt formaient un drôle de couple. Schmidt était un produit de la campagne Bush-Cheney 2004. Collaborateur de niveau intermédiaire chargé de diriger l'unité de réaction rapide, Schmidt souhaitait ardemment participer aux réunions exclusives du "breakfast club" organisées par Karl Rove, le cerveau politique de Bush. L'entrée de Schmidt au club était due à sa maîtrise de "l'oppo", terme de campagne désignant les dossiers de "recherche de l'opposition" sur les faiblesses d'un rival. Les campagnes négatives sont aussi vieilles que les États-Unis d'Amérique, par exemple, Thomas Jefferson (le troisième président américain) a amoché John Adams (le second président), bien que, tous deux, Pères fondateurs faisant partie des cinquante-six signataires de la Déclaration d'Indépendance du 4 juillet 1776. Mais dans les campagnes nationales modernes, les républicains ont été meilleurs à ce jeu que les démocrates. La politique de la peur a été perfectionnée par le légendaire stratège politique américain Harvey LeRoy "Lee" Atwater dans les années 1980 et il existe désormais un livre de jeu bien rodé pour battre les candidats démocrates. Lee Atwater, spécialiste de la publicité négative, surnommé le "Dark Vador" du Parti républicain pour son machiavélisme, était l'un des plus grands stratèges politiques de sa génération. Il a amélioré un grand nombre de techniques modernes de la politique électorale aux États-Unis, en particulier, en faisant circuler des rumeurs infondées sur ses adversaires ou en enquêtant sur leur vie privée. Il était le chef de la campagne présidentielle de George H. W. Bush en 1988. D'après plusieurs observateurs politiques, s'il n'était pas mort à 40 ans d'un cancer foudroyant au cerveau en 1991 et avait pu participer à la campagne de George H. W. Bush en 1992, Bill Clinton n'aurait pas été élu président des États-Unis d'Amérique. La politique de la publicité négative, instituée par Atwater, a été suivie par un grand nombre de stratèges politiques, entre autres Karl Rove, Mary Matalin et Steve Schmidt. Bien que Schmidt ne soit pas aussi diabolique qu'Atwater, il a compris le pouvoir d'isoler une petite faiblesse apparemment insignifiante de l'adversaire et de la matraquer.

Au début du mois de juin 2008, Stephen Edward "Steve" Schmidt a pris le contrôle des opérations quotidiennes de la campagne de John McCain et la presse a interprété cette décision comme un nouveau bouleversement majeur de la campagne. La goutte d'eau qui a fait déborder le vase, selon la presse, a été un discours aigre et médiocre de McCain le 3 juin, le jour où Obama a officiellement obtenu l'investiture démocrate. McCain avait l'air d'un vieil homme grincheux. L'ascension de Schmidt allait profondément modifier le style, l'ambiance et l'orientation fondamentale de la campagne. McCain aimait vraiment les échanges informels. Il n'avait peur de rien dans les assemblées publiques, qu'il s'agisse de répondre aux questions de citoyens ordinaires ou de s'asseoir avec les journalistes dans le Straight Talk Express. Début juin 2008, il a envoyé une lettre à Obama pour inviter le sénateur de l'Illinois à participer à une série de réunions publiques conjointes. John McCain avait l'idée romantique de parcourir le pays avec un adversaire de valeur, engagé dans un dialogue significatif qui éduquerait et interpellerait les électeurs. L'idée avait été abordée par Mark David McKinnon, un ancien conseiller de George W. Bush, qui, à son tour, s'était inspiré d'une idée lancée par John F. Kennedy avant son assassinat en 1963. JFK voulait faire une tournée nationale pour débattre avec son probable adversaire républicain, Barry Morris Goldwater, avant les élections de 1964. C'était une idée noble, qui aurait pu civiliser et rehausser l'élection de 2008. Mais cela ne s'est pas produit. McCain a proposé de débattre chaque semaine jusqu'au jour de l'élection, soit à 20 semaines du 4 novembre 2008. Les conseillers d'Obama se méfiaient de l'idée d'affronter le candidat républicain dans des forums qui semblaient favoriser le style impétueux et conversationnel de McCain. Ils ont contre-proposé deux débats de style "Lincoln-Douglas", où chaque candidat prononcerait un discours d'une heure et disposerait d'une demi-heure pour la réfutation, en plus des trois débats traditionnels de l'automne. Ce format favorisait Obama, l'orateur. Très vite, l'idée s'est effondrée dans les récriminations. Le cercle rapproché de McCain était furieux lorsque la presse semblait donner à Obama un laissez-passer ou lui attribuer une part égale de responsabilité. La façon dont la presse a traité toute l'affaire a renforcé l'impression, parmi les assistants de McCain, que l'establishment médiatique libéral était déterminé à faire élire Obama.

John McCain, qui entretenait autrefois d'excellentes relations avec les journalistes, critiquait la presse. Même lorsque les primaires ont pris fin, le déséquilibre a persisté: Obama bénéficiait d'une couverture massive tandis que McCain peinait à attirer l'attention sur autre chose que ses erreurs occasionnelles. Lorsque Barack Obama s'est rendu à Jérusalem en juillet 2008, McCain s'occupait d'un déversement de compote de pommes dans un supermarché de Pennsylvanie. Quand Obama s'est exprimé dans le Tiergarten de Berlin, McCain commandait des choux à la crème au chocolat à emporter dans un restaurant allemand de Columbus (Ohio). Un conseiller principal de McCain a déclaré: "le voyage à l'étranger d'Obama était la dernière preuve dont nous avions besoin. Les médias ont décidé que la course électorale ne concernait que lui". Frustré par son incapacité à attirer l'attention au milieu de la couverture médiatique de la campagne de Barack Obama, John McCain a lancé une publicité sur le Web accusant les journalistes d'avoir le béguin pour le démocrate. Parmi les points forts de la publicité, on trouve un clip dans lequel le journaliste de NBC, Lee Cowan, avoue qu'il est presque difficile de rester objectif lorsqu'on couvre Obama, car l'énergie de sa campagne est tellement "contagieuse". Le spot était léger, mais la frustration de l'équipe McCain était évidente. À l'insistance de McCain, son nouvel avion de campagne de l'été 2008 avait été équipé d'un grand canapé de style banquette pour recréer l'espace du bus Straight Talk Express, où le candidat avait passé des heures à discuter avec les journalistes, une demi-douzaine à la fois, même si ces derniers n'ont jamais été invités à s'y asseoir.

Si les médias se sont entichés de Barack Obama, c'est en partie parce que son ascension rapide, du statut de sénateur d'État à celui de candidat à la présidence en quatre ans, en faisait une histoire fascinante. Mais John McCain était une figure familière, impliquée dans la politique présidentielle depuis près de dix ans. Il était la coqueluche de la presse lorsqu'il était un franc-tireur en désaccord avec le parti républicain. Obama l'était devenu en réussissant en tant que libéral pur et dur. Lorsque McCain a décidé de courtiser les électeurs républicains conservateurs, ainsi que les journalistes libéraux, la couverture médiatique est devenue plus critique. Il n'avait pas besoin que les journalistes se désintéressent d'Obama, mais il avait besoin qu'on lui permette de présenter ses arguments contre le démocrate. C'est pourquoi l'équipe de McCain a décidé de ne pas se laisser faire. Sous la direction du stratège politique Steve Schmidt, le nouvel objectif de la campagne était de faire passer Obama pour un politicien inexpérimenté doté d'un talent rhétorique considérable, tout en présentant McCain comme le réformateur indépendant que les électeurs connaissaient déjà. Schmidt, qui a pris en charge les opérations quotidiennes de la campagne le 2 juillet 2008, est un vétéran de la campagne 2004 de Bush et de la campagne de réélection du gouverneur de Californie Arnold Schwarzenegger. Il a ordonné à la cellule de crise de la campagne McCain de cesser d'envoyer des e-mails à son personnel chaque fois qu'un blogueur ou un expert s'exprimait sur les divers problèmes de la campagne McCain. "Nous laissions la presse nous prendre la tête. Maintenant, nous allons dire quel est le message", a déclaré Mark Salter, l'un des plus proches collaborateurs de McCain.

Lorsque Barack Obama s'est rendu à Paris dans le cadre d'une tournée européenne à l'été 2008, il a pu être surpris de découvrir que le président français Nicolas Sarkozy et lui-même avaient beaucoup en commun, notamment leur statut d'outsiders. Sarkozy en a fait tout un plat: "En Europe", a-t-il dit en s'adressant à Obama, "il y a beaucoup de gens qui viennent d'horizons différents, qui ont des histoires différentes et qui ne sont pas tout à fait des Français classiques. Tout le monde ici ne s'appelle pas Sarkozy, et je suis bien conscient que tout le monde aux Etats-Unis d'Amérique ne s'appelle pas Obama", a déclaré le fils d'un immigrant hongrois. Le 24 juillet, après avoir effectué une tournée au Moyen-Orient et en Europe, rencontré ses dirigeants étrangers et impressionné de manière générale la presse américaine et internationale, Barack Obama s'est adressé à une foule immense à Berlin. Sa campagne était désireuse de faire écho au voyage de John F. Kennedy à Berlin en 1963, le jeune leader dynamique qui avait enthousiasmé le monde par son défi au communisme soviétique. Une équipe préparatoire a étudié la possibilité qu'Obama prenne la parole à la porte de Brandebourg, près de l'endroit où Ronald Reagan avait défié les soviétiques de "démolir ce mur " dans les derniers jours de la guerre froide. Mais Obama a opposé son veto à ce site. Il ne voulait pas paraître "présomptueux", a-t-il dit à David Axelrod, en s'exprimant sur un site normalement réservé aux chefs d'État. Pourtant, il a fini par s'exprimer sur une plate-forme surélevée devant l'imposante colonne de la Victoire, non loin de la porte de Brandebourg, et l'effet était à la fois spectaculaire et grandiose. Le sénateur Lindsey Graham regardait à la télévision. L'ami de McCain, qui avait des instincts politiques aiguisés, a vu une opportunité. Comme il s'en souviendra plus tard, il a appelé McCain qui regardait également à la télévision. "Pour qui ce type se prend-il? Et qui sont tous ces Allemands, et pourquoi applaudissent-ils?" Pour Graham, le discours d'Obama ne concernait qu'Obama, bluffant et faisant l'important pour impressionner et épater une bande d'étrangers. D'autres conseillers de McCain ont eu des pensées et des inspirations similaires.

Ce week-end là, l'équipe stratégique principale s'est réunie dans un hôtel près de la maison de McCain à Phoenix pour réfléchir à la manière de retourner le grand moment d'Obama contre lui. McCain, sa femme et Graham se sont réunis à la fin de la réunion pour voir ce qu'ils avaient trouvé. Steve Schmidt a pris la tête. Obama volait si haut que les armes de McCain pouvaient à peine l'atteindre, dit-il. Ils ont donc dû le faire voler un peu plus haut jusqu'à ce que les électeurs voient qu'il n'était rien que la plus grande célébrité du monde. Mais ensuite, ils ont dû demander aux électeurs: "Voulez-vous qu'une célébrité dirige les États-Unis d'Amérique"? Graham et McCain ont approuvé et Schmidt s'est rapidement mis au travail sur une publicité. Le 30 juillet, la publicité de la "célébrité" a été diffusée et a rapidement fait le tour du pays dans les journaux télévisés et sur YouTube. "Il est la plus grande célébrité du monde", déclare un présentateur essoufflé tandis que des images du discours d'Obama à Berlin sont juxtaposées à des clichés de Paris Hilton et Britney Spears. La plupart des experts ont qualifié l'annonce de triviale et de coup bas. Mais elle a dominé le cycle de l'information pendant plusieurs jours, ce que McCain n'avait pas réussi à faire depuis des mois.

Le voyage d'Obama à l'étranger n'a pas eu beaucoup d'effet de rebond, en dépit de la couverture médiatique abondante et majoritairement admirative dont il a fait l'objet. La publicité de la "célébrité" avait contribué à freiner l'élan d'Obama et, auprès de certains électeurs, à susciter des doutes quant à la profondeur de son expérience. En conséquence, le statut de Schmidt s'est amélioré. Son mode d'attaque agressif et direct a semblé fonctionner. De temps à temps, McCain s'irritait contre ses collaborateurs, mais comme l'a expliqué un de ses proches collaborateurs, il ne voyait pas d'inconvénient à ce que sa campagne prenne une tournure soudaine. C'était un pilote de chasse, un improvisateur, et non un marin "régulier". Au début du mois d'août, les vrais croyants de la campagne d'Obama commençaient à avoir quelques doutes. Ils s'inquiétaient du fait que la publicité de la "célébrité" de McCain avait apparemment percé l'armure de l'image d'Obama, même si leurs propres sondages internes semblaient encore tenir la route. L'approche d'Obama a été, comme d'habitude, de jouer la carte du calme. En avril 2008, alors qu'Hillary Clinton commençait à pousser le bouchon en affirmant qu'elle représentait les "Américains blancs qui travaillent dur", Obama a déclaré à une foule réunie à Raleigh, en Caroline du Nord, que lorsqu'on est candidat à la présidence, il faut s'y attendre et laisser faire... Il s'est interrompu, a haussé les épaules et a fait un mouvement de balayage avec sa main droite, comme pour enlever la poussière de son épaule droite, puis de sa gauche. La foule, qui comprenait de nombreux Afro-Américains, a éclaté de rire et d'applaudissements, et beaucoup se sont levés pour applaudir lorsque

Obama a esquissé un sourire de satisfaction et un hochement de tête exagéré, avant de déclarer: "C'est ce qu'il faut faire". Avec la publicité de la "célébrité" de McCain, le camp Obama a vu un coup de semonce. Les collaborateurs d'Obama ne pensaient pas que la campagne de McCain jouerait explicitement la carte de la race. Mais en soulevant des questions sur l'expérience d'Obama, les concepteurs du message de McCain espéraient alimenter les craintes selon lesquelles Obama n'était pas digne de confiance et qu'il était en quelque sorte "différent" des électeurs traditionnels, en particulier des blancs âgés de la classe ouvrière. C'est du moins ce que pensaient les stratèges politiques d'Obama, qui ont donc commencé à lui fournir des messages visant à immuniser les électeurs.

À Springfield, dans le Missouri, le 30 juillet, le jour même de la première diffusion de la publicité de la "célébrité", Obama a déclaré à la foule: "Personne ne pense vraiment que Bush ou McCain ont la vraie réponse aux défis auxquels nous sommes confrontés, alors ce qu'ils vont essayer de faire, c'est de vous faire peur. Vous savez, il n'est pas assez patriote. Il a un drôle de nom. Il ne ressemble pas à tous les autres présidents qui figurent sur les billets de dollars. Il est risqué". Obama a répété le même message lors de deux autres rassemblements organisés sur la route des électeurs du Missouri, majoritairement blancs. Au quartier général de McCain, des voix se sont élevées contre Obama pour avoir osé suggérer que McCain utilisait des insinuations raciales. Il a été décidé d'attaquer et de demander à Rick Davis d'accuser Obama de jouer lui-même la carte raciale. "Barack Obama a joué la carte raciale, et il l'a jouée depuis le bas de l'échelle", a déclaré Rick Davis dans un communiqué de presse. Lors de la campagne électorale, McCain a été interrogé sur les remarques de Davis concernant la "carte raciale". John McCain a semblé mal à l'aise et a approuvé tièdement les remarques de son directeur de campagne, tout en déclarant que la campagne devait revenir à un débat de fond. Beaucoup de gens avaient des doutes et commençaient à se demander si la campagne de Mccain n'avait pas attaqué Obama pour qu'il joue la carte de la race, précisément pour soulever toute la question de la race. Il y avait une certaine logique dans ces soupçons.

Dans de nombreux sondages, le démocrate générique a battu le républicain générique de 10 points ou plus, simplement parce que les électeurs étaient prêts pour un changement après huit années de règne républicain. Pourtant, Obama et McCain, au milieu de l'été 2008, étaient pratiquement à égalité. Mais pourquoi Obama ne faisait-il pas mieux? Les partisans de McCain ont fait valoir que ce dernier avait surpassé le candidat républicain type en obtenant de meilleurs résultats parce qu'il était un non-conformiste attirant les électeurs indépendants et parce qu'il était un leader plus expérimenté qu'Obama. Mais y avait-il autre chose? Bien qu'ils n'aient pas pu le prouver puisque les sondages sur la race sont si difficiles, certains experts en sondages ont soupçonné qu'Obama était freiné par la couleur de sa peau. Cependant compte tenu de l'humeur nationale, McCain allait avoir du mal à persuader une majorité d'Américains de voter républicain en novembre 2008. La procédure habituelle des consultants politiques confrontés à une telle réalité est d'adopter une attitude négative. Il est vrai que les publicités négatives peuvent faire baisser la cote du candidat. Mais si elles sont bien faites, elles font encore plus baisser la cote de l'adversaire. Le meilleur espoir de McCain était donc de faire tomber Obama.

Il ne faisait aucun doute que Steve Schmidt et d'autres conseillers avaient adopté la politique de la publicité négative de Lee Atwater, et que McCain était plutôt d'accord. Cependant ils se sont violemment opposés à toute suggestion selon laquelle ils utilisaient la race de quelque manière que ce soit pour affaiblir Obama. Il y avait une véritable frustration de la part des conseillers de McCain, qui se plaignaient de se voir reprocher par la presse de jouer sur les peurs raciales, quoi qu'ils fassent. McCain était en quelque sorte sincère. Il ne voulait pas gagner en jouant sur l'anxiété raciale. Il avait le souvenir trop vif d'avoir été dénigré en Caroline du Sud en 2000. Sa femme Cindy en avait un souvenir encore plus brûlant. Elle reprochait personnellement à Karl Rove, le gourou politique de Bush, d'avoir déclenché la vieille machine d'attaque de Lee Atwater, en utilisant des diffamateurs anonymes pour diffuser des tracts suggérant que sa fille adoptive, Bridget, était l'enfant de John McCain et d'une prostituée noire. Entre-temps, la puissance de l'opération Obama a pu être mesurée en doublant le taux de participation aux caucus de l'Iowa, en collectant deux fois plus d'argent que n'importe quel autre candidat dans l'histoire et en organisant des millions de bénévoles. Rien qu'en Floride: 65 bureaux, 350 employés rémunérés, une liste d'e-mails active de 650000 personnes, 25000 bénévoles le week-end. Toutefois, le test ultime aura lieu le 4 novembre 2008. Entre-temps, il y a des signes d'une grande tempête qui se prépare. À la fin du mois d'août 2008, alors que l'ouragan Gustav menaçait les côtes du Texas, la campagne Obama a appelé la Croix-Rouge pour lui annoncer qu'elle allait acheminer les dons via la page d'accueil de la Croix-Rouge. "Préparez vos serveurs, nos gars peuvent être assez fous", a déclaré l'équipe Obama. "Bien sûr, bien sûr, peu importe", a répondu la Croix-Rouge. Ils ont dit qu'ils avaient traversé le 11 septembre, Katrina, et qu'ils pouvaient gérer ça. L'afflux de dollars d'Obama a fait sauter le site de la Croix-Rouge en moins de 15 minutes et les assistants d'Obama ont craint que les Clinton ne leur volent la vedette.

Puis, au milieu de l'été, les ordinateurs de la campagne d'Obama ont été attaqués par un virus. Les experts techniques de la campagne l'ont repéré et ont pris les précautions d'usage, notamment en installant un pare-feu. Au début, la campagne a pensé qu'il s'agissait d'une attaque de "phishing" de routine, utilisant des méthodes courantes, ou du moins c'est ce qu'il semblait. En fait, la campagne avait été la cible d'un cyber-espionnage étranger sophistiqué. C'est pourquoi le FBI et les services secrets se sont rendus au quartier général d'Obama. "Vous avez un problème bien plus important que ce que vous comprenez. Vous avez été compromis, et une quantité importante de fichiers ont été chargés depuis votre système", a déclaré un agent du FBI. Les fédéraux ont été enigmatiques et n'ont pas répondu à beaucoup de questions. Mais le lendemain, David Plouffe, chef de la campagne d'Obama, a eu des nouvelles de Joshua Brewster Bolten, chef de cabinet de la Maison-Blanche. "Vous avez un vrai problème. Il est beaucoup plus important que vous ne le pensez et vous devez y faire face", a déclaré Bolten à l'assistant de Barack Obama. En fin d'après-midi, le directeur technique de la campagne, Michael Slaby, était au téléphone avec l'agent du FBI qui dirigeait l'enquête depuis Los-Angeles. Michael Slaby a appris que les pirates avaient transféré des documents du système d'Obama à un rythme rapide. Potentiellement, l'ensemble du réseau informatique d'Obama avait été compromis. La campagne a fait appel à une société de sécurité informatique de premier plan pour nettoyer son système et a finalement réussi à éliminer le virus. Heureusement, les dossiers de collecte de fonds de la campagne étaient conservés sur un autre système informatique et n'ont jamais été compromis.

Le 18 août 2008, un fonctionnaire de Barack Obama a été convoqué au siège du FBI à Chicago pour un briefing, pour s'entendre dire que la Maison-Blanche avait ordonné au FBI de ne pas faire ce briefing. Le représentant d'Obama a voulu en savoir la cause et on lui a répondu que, trois heures plus tôt, les Fédéraux avaient appris que la campagne de McCain avait également été compromise. Mais, le 20 août 2008, la campagne d'Obama a reçu son briefing du FBI. L'équipe Obama a appris que son système informatique avait été piraté par une "entité étrangère". Le fonctionnaire fédéral n'a pas voulu préciser de quelle "entité étrangère" il s'agissait, mais a indiqué que les services de renseignement américains pensaient que les deux campagnes avaient été la cible d'espionnage politique de la part d'un pays ou d'une organisation étrangère qui souhaitait observer l'évolution des camps Obama et McCain sur des questions de politique générale, informations qui pourraient être utiles dans toute négociation avec une future administration Obama ou McCain. Il n'a pas été suggéré que des terroristes étaient impliqués. Cependant, les experts techniques engagés par la campagne Obama ont émis l'hypothèse que les pirates étaient russes ou chinois. Barack Obama lui-même a été informé, et son ordinateur portable personnel a été examiné et il s'est avéré qu'il n'avait pas été piraté. La campagne d'Obama a pris des mesures pour mieux sécuriser son système informatique, notamment en cryptant tous les documents utilisés par l'équipe politique ainsi que par l'équipe de transition. Les autorités fédérales ont assuré à l'équipe Obama qu'elle n'avait pas été piratée par ses adversaires politiques, ce qui était plutôt rassurant. En outre, un haut responsable de McCain a confirmé à certains journalistes que la campagne avait été piratée et que le FBI était intervenu.

LES CONVENTIONS

Pour David Axelrod, la période du mois d'août entre la tournée triomphale d'Obama à l'étranger et la convention démocrate ont été des semaines perdues. En regardant en arrière après la convention, le stratège en chef d'Obama a estimé que la campagne s'était engagée dans une "voie" tant espérée. Si la campagne s'est publiquement moquée de la publicité de McCain sur la "célébrité" comme un coup de baguette désespéré de la part des conseillers de McCain, les conseillers d'Obama, plus honnêtes, ont concédé qu'Obama avait été un peu déstabilisé et rendu plus prudent. Axelrod a décidé d'atténuer l'aspect rock-star de la campagne. Le candidat n'était plus programmé dans des méga-rallies mais se produisait plutôt lors d'événements plus petits et plus discrets. Axelrod était un peu inquiet à propos de la prochaine convention démocrate de Denver, car la campagne avait déjà déclaré qu'Obama s'adresserait à un stade de football rempli de supporters à Denver le dernier soir. L'intention était d'imiter John F. Kennedy, qui, en 1960, avait quitté la salle de convention bondée pour prononcer son discours d'acceptation sous les lumières de l'immense colisée de Los Angeles.

Le camp Obama voulait également profiter de l'événement pour créer une banque téléphonique géante. Tous les participants étaient censés utiliser leur téléphone portable pour appeler leurs amis et leur famille. Des tours de téléphonie mobile supplémentaires devaient être installées pour répondre à l'avalanche d'appels et de textos. À Invesco Field, à Denver, le personnel de production du Comité national démocrate a proposé d'ériger d'énormes colonnes blanches de part et d'autre du podium, avec toutes sortes de lumières et d'ornements. Pour Axelrod, l'ensemble du dispositif ressemblait à une version exagérée de la Grèce antique ou, plus vraisemblablement, à un décor du film

"Star Wars". Par conséquent, il a demandé quelque chose de plus modeste et de plus sobre, de simple mais présidentiel. Les concepteurs sont revenus avec des colonnes blanches qui ressemblaient vaguement à l'arcade entre l'aile ouest et la Maison-Blanche, peut-être encore un peu présomptueux, mais mieux que d'essayer de recréer le mont Olympe.

La campagne d'Obama s'est toujours targuée de rester à l'écart de l'atmosphère de Washington, où se côtoient les membres des partis et les lobbyistes. Mais les conventions d'investiture sont traditionnellement des célébrations géantes de l'establishment du parti. Inévitablement, il y a eu quelques tensions entre les habitués du parti démocrate et les insurgés d'Obama sur la route de Denver. Les délégués et les membres du Congrès, qui bénéficient normalement de billets gratuits, n'en ont reçu que très peu afin de faire de la place aux organisateurs de terrain. Le gel des billets gratuits s'est ajouté au concert de plaintes émanant du Capitole et du K Street Corridor (Centre de lobbying et siège de nombreux groupes de pression, cabinets d'avocats, associations commerciales et groupes de réflexion), mais la campagne d'Obama n'écoutait pas, ne prêtait pas attention, ne demandait pas leur avis, ce qui était essentiellement vrai. La campagne a fait appel à Peter Mikami Rouse, qui avait été l'un des principaux conseillers de Thomas Andrew Daschle, l'ancien leader de la majorité au Sénat et proche conseiller d'Obama. Rouse se qualifiait à moitié en plaisantant de "fixateur". Il a proposé un programme élaboré de sensibilisation des membres du Congrès, mais l'idée a été rejetée car jugée trop lourde et pas vraiment nécessaire. Comme l'a expliqué un conseiller de haut niveau, "tout le monde aime les gagnants". Si Obama gagnait, tout serait pardonné. Et s'il perdait, eh bien, cela n'aurait aucune importance. La campagne d'Obama ne voulait pas se laisser entraîner à essayer de satisfaire tous les groupes d'intérêt qui composent le parti démocrate moderne, celui qui avait perdu sept des dix dernières élections présidentielles. En 2004, la campagne de John Kerry a mis en place des bureaux de liaison élaborés, dédiés aux groupes ethniques, aux syndicats, aux groupes de handicapés, aux femmes, aux gays et aux lesbiennes. À contrecoeur, la campagne d'Obama a accepté qu'un seul membre de son personnel se consacre à chacun de ces groupes d'intérêt, mais elle a ensuite décidé que tout cela était un gaspillage de main-d'oeuvre et a dispersé les agents de liaison avec les groupes d'intérêt pour qu'ils aillent travailler sur le terrain à des opérations de mobilisation des électeurs.

Il y avait une certaine nervosité à l'idée que les Clinton, dans la perspective de 2012, ne tentent de voler la vedette, peut-être en exigeant un vote bruyant en salle qui montrerait à quel point Hillary Clinton a été proche de l'investiture.

Le camp Obama pensait que les Clinton feraient juste ce qu'il fallait pour dire qu'ils avaient essayé d'aider Obama, mais peut-être pas assez pour qu'il gagne en novembre 2008. D'ailleurs, l'équipe Obama était pétrifiée parce que personne n'avait vu une copie du discours de Bill Clinton, se souvient Michael Sheehan, le vétéran des discours démocrates. Il y avait deux explications possibles: premièrement, Bill Clinton avait prévu de dire quelque chose de controversé qu'il ne voulait pas partager à l'avance; et deuxièmement, Bill Clinton réécrivait continuellement son discours. Connaissant les habitudes de travail de Clinton, Sheehan leur a assuré que c'était la deuxième explication. En vérité, Hillary Clinton était en meilleurs termes avec John McCain qu'avec Barack Obama. L'ancienne première dame et le sénateur de l'Arizona, qui a fait quatre mandats, ont bu des verres ensemble lors de voyages organisés par le Sénat; ils se considéraient l'un l'autre comme des vétérans endurcis des guerres politiques et partageaient un certain dédain pour Obama, qu'ils considéraient comme tape-à-l'oeil et sans expérience. Début juin, le soir où elle a officiellement perdu l'investiture démocrate, Hillary Clinton a eu une longue et amicale conversation téléphonique avec McCain. Lorsque Hillary a finalement rencontré Obama au domicile de la sénatrice Diane Feinstein quelques jours plus tard, elle a dit à Obama qu'elle ne voulait pas passer par un processus complet de sélection pour la vice-présidence à moins qu'il ne veuille sérieusement la choisir. Le processus de vérification était onéreux, exigeant une divulgation financière très complète, et comprenait même des questions sur les indiscrétions amoureuses et conjugales. Lorsque la crise financière s'est aggravée au cours de l'été, Eric Himpton Holder, le veepvetter en chef d'Obama, a ajouté d'autres questions sur les prêts hypothécaires et les transactions financières problématiques. Obama n'était pas enclin à choisir Hillary Clinton, non pas tant parce qu'elle avait été sa rivale acharnée pendant la campagne, mais à cause de son mari. "Vous n'avez pas seulement Hillary, vous avez Bill", a déclaré un haut conseiller d'Obama. Le camp Obama avait profité du fait que Bill Clinton était un électron libre pendant la campagne des primaires. Ils ne voulaient pas être blessés par lui lors de l'élection générale. Pourtant, de temps en temps, alors que le nom d'Hillary revenait dans les discussions sur le veep, et que les conseillers d'Obama donnaient toutes les raisons pour lesquelles elle devait être écartée du ticket, Obama s'arrêtait et demandait: "Sommes-nous sûrs?" Il avait besoin d'être convaincu une fois de plus que les Clinton feraient plus de mal que de bien.

La prudence qui s'est installée dans la campagne à la suite de la publicité de la "célébrité" s'est glissée dans les délibérations d'Obama sur la vice-présidence.

Le favori d'Obama était Timothy Michael Kaine, dit Tim Kaine, le jeune gouverneur de Virginie, un réformateur qui pouvait gagner les votes des États rouges. Comme Obama, Kaine est issu d'un milieu pauvre mais diplômé de la faculté de droit de Harvard. "J'aime vraiment ce type", a déclaré Obama à propos de Kaine. Le gouverneur de Virginie, qui n'a fait qu'un seul mandat, était le plus facile à sélectionner. "Il est aussi pur que cela", a déclaré Holder en agitant une feuille blanche. Mais, les républicains reprochant à Obama d'être trop inexpérimenté, Kaine a été jugé comme un choix trop risqué. Dès le début du processus, Barack Obama a annoncé: "Je me tourne vers Joe Biden", le sénateur à six mandats du Delaware. Joseph Robinette Biden avait de l'expérience en tant que président de la commission sénatoriale des relations étrangères, et une attitude de gars ordinaire qui jouait bien auprès du vote des cols bleus. Il parlait trop et pouvait se mettre les pieds dans les plats, mais il n'y avait aucune méchanceté en lui. Holder, ancien procureur général adjoint de l'administration Clinton et vieux routier de Washington, a été frappé par les manières mi-ouvertes, mi-inscrutables d'Obama au cours des huit premières heures de réunion qu'ils ont passées ensemble à examiner les candidats potentiels. Obama s'est montré diligent, soulevant de petites bouchées d'informations cachées dans les gros cahiers d'information. Il s'est comporté comme un professeur de droit qui fait appel à des élèves réticents. "Je n'ai pas eu de nouvelles de vous", disait-il à tous ceux qui, autour de la table, étaient restés trop longtemps silencieux. Beaucoup d'hommes politiques prétendent être inclusifs. Obama l'était en réalité, mais à la fin, personne ne savait où il en était. "Au moment du jugement final, j'avais un sentiment, mais je n'avais aucune sorte de certitude", a déclaré Holder. Il pense qu'Obama a été malin en ne signalant pas ses intentions trop clairement, car les gens veulent dire ce que le patron veut entendre, et s'ils ne savent pas, vous obtiendrez des conseils plus honnêtes.

Lors de la convention démocrate de Denver, il n'y a pas eu de mauvaises surprises. Hillary et Bill Clinton ont tous deux prononcé d'excellents discours qui ont enthousiasmé la base, les vrais croyants présents dans la salle et les millions de démocrates qui les regardaient à la télévision. Mais le camp Obama a remarqué que, vers la fin de la convention, Hillary aurait réuni ses plus proches conseillers dans une chambre d'hôtel pour discuter de ses perspectives pour 2012. Bien consciente qu'elle serait regardée dans certains salons d'un oeil froidement critique, Michelle Obama a fait en sorte que son discours soit terminé un mois à l'avance et l'a mémorisé. Qu'il n'y ait aucun doute, dans son discours, elle a clairement déclaré combien elle aimait son pays. Lors de la soirée d'ouverture, elle était visiblement nerveuse devant les caméras, mais néanmoins élégante et belle. Michelle et ses deux filles se sont livrées par vidéo à des échanges mignons mais de pure forme avec Barack Obama, qui s'était réfugié dans le salon d'une famille blanche de la classe moyenne du Midwest pour assister à son discours. Quant à Barack Hussein Obama, il a fait ses nuits blanches habituelles pour rédiger son discours du jeudi soir. Il répétait enfin le discours le plus important de sa vie avec un téléprompteur dans sa suite du Hyatt quand on a frappé à la porte. Le candidat a interrompu son discours pour aller à la porte. C'était le room service. "Très bien", a dit Obama. "Qui a commandé la salade?" Axelrod a levé le doigt en signe d'humilité et tout le monde a ri. Quelques heures plus tard, à 19h30 précises, Obama marchait lentement dans un couloir à rideaux, sombre et claustrophobe, vers une petite salle d'attente située derrière la scène. La veille, Axelrod avait demandé à ce que le décor soit un peu plus tamisé, qu'il y ait moins de lumières et plus de drapeaux américains. Obama faisait tranquillement les cent pas en cercle, la main sur le menton, les yeux baissés. Il s'est arrêté, a croisé les bras, s'est tourné vers la scène pendant quelques instants, puis il est sorti à grands pas, sous les hurlements des 80000 personnes qui l'entouraient.

Son discours d'acceptation du 28 août 2008 était solide, professionnel, parfois inspirant, mais loin d'être aussi enthousiaste que ceux qu'il avait prononcé lors des primaires. Mais il était d'autant plus poignant qu'il a été prononcé le jour du 45e anniversaire du discours "I have a dream" de Martin Luther King au Lincoln Memorial sur le National Mall, et de ce discours légendaire sur un rêve dont certains voient la réalisation en Obama lui-même. Debout devant les faux piliers de la scène d'Invesco Field, Obama a brièvement fait référence à "un jeune prédicateur de Géorgie", mais il n'a pas mentionné le nom de Martin Luther King. Ses conseillers n'ont pas voulu dire s'il était simplement poétique ou s'il évitait d'utiliser un nom qui polarise encore certains électeurs blancs de la classe ouvrière. Mais ses plus proches collaborateurs étaient profondément émus, peut-être moins par le discours que par le chemin parcouru. Axelrod, qui a pleuré pendant tout le discours, semblait épuisé par la longue marche vers cette nuit historique. Plouffe, le stoïque directeur de campagne, avait l'air plus tendu que jamais. Mais il a avoué: "J'ai pleuré et j'ai juste secoué la tête. Vous repensez à tout ce que vous avez vu pendant au moins 19 mois, et c'est tout simplement difficile à décrire. Maintenant, nous avons neuf semaines et demie pour faire de ce projet une réalité". Dans les secondes qui ont suivi le discours d'Obama à Denver, le camp McCain a diffusé ce qu'il considérait comme une correction des affirmations trompeuses d'Obama. Parmi celles-ci, la déclaration de Barack Obama selon laquelle John Mccain ne pensait pas que les familles américaines souffraient, et qu'aux yeux de McCain, le pays avait fait de grands progrès sur le plan économique.

Le chef de cabinet d'Obama, Jim Messina, n'avait dormi que quelques heures lorsque son téléphone portable a sonné. Il faisait encore nuit le matin du 29 août 2008. Messina et quelques autres membres du personnel étaient allés dans un bar pour faire la fête après le discours d'Obama. Messina ne pouvait pas se tromper sur la voix de Plouffe, le directeur de campagne. Plouffe le réveille pour qu'il rassemble son équipe car les républicains ont choisi Sarah Palin comme vice-présidente. Messina sort du lit en titubant, pensant que les républicains doivent vraiment paniquer, qu'ils ne choisiraient jamais quelqu'un comme Sarah Palin à moins d'être désespérés. L'avion d'Obama décolle de l'aéroport de Denver vers 9 heures quand Axelrod reçoit la confirmation que McCain a bien choisi Palin comme colistière. Il s'est rendu dans la cabine avant pour l'annoncer à Obama et à son nouveau colistier, Joe Biden. Biden n'avait jamais entendu parler de Sarah Palin et a demandé qui elle était. McCain avait initialement voulu Joseph Isadore Lieberman. Les deux sénateurs étaient des compagnons romantiques, profondément imprégnés du sens de la droiture et de l'honneur. À la mi-août 2008, alors qu'un journaliste interviewait McCain à bord de l'avion de campagne, la discussion a porté sur "The Winds of War", le méga-bestseller d'Herman Wouk sur la Seconde Guerre mondiale. Le personnage principal, un commandant de la marine nommé Pug Henry, était l'un des préférés de McCain. Il s'avère que Lieberman, assis de l'autre côté de l'allée et écoutant l'interview, était un ami d'Herman Wouk. McCain était très heureux lorsque Lieberman lui a proposé de rendre visite à Herman Wouk. Les deux hommes ont commencé à planifier un voyage en voiture jusqu'à la maison de Wouk en Californie. McCain aimait voyager avec Lieberman, un autre franc-tireur qui avait tenu bon sur l'Irak, presque au risque de perdre son siège de sénateur dans le Connecticut libéral. L'autre compagnon de route de McCain, Lindsey Graham, l'exhorte à choisir Lieberman, toujours démocrate nominal, pour montrer que McCain fait passer la patrie avant l'étiquette du parti et pour répondre au choix des démocrates de désigner le premier candidat afro-américain à l'élection présidentielle. "Nous devons faire correspondre l'histoire avec l'histoire", a déclaré Lindsey Graham.

Mais lorsque John McCain a évoqué le nom de Joe Lieberman lors d'une réunion secrète de haut niveau qui s'est tenue à Sedona, en Arizona, pour examiner le choix de la veep le dimanche 24 août 2008, ses principaux assistants ont hésité. Ils ont prévenu que le soutien de McCain parmi les évangéliques était déjà faible. Lieberman est pro-choix sur l'avortement, et un choix "pro-choix" contrarierait profondément la droite religieuse, voire provoquerait une bagarre à la Convention républicaine. Lieberman était trop impopulaire auprès du puissant flanc droit du GOP. Le sondeur Bill McInturff a déclaré au groupe qu'un colistier pro-choix avait le potentiel de faire chuter de 20 points le soutien des électeurs de base de McCain. Une petite augmentation des électeurs indépendants ou des démocrates de passage ne suffirait pas à combler la différence. Il serait très difficile pour McCain de guérir le parti dans les deux mois qui précèdent le jour du scrutin. Lieberman a été mis sur la glace. Tout comme l'ancien gouverneur de Pennsylvanie, Thomas Joseph "Tom" Ridge, un autre favori de McCain qui était également pro-choix.

Sur la liste restreinte qui reste, Timothy James Pawlenty, le gouverneur du Minnesota, Willard Mitt Romney, l'ancien gouverneur du Massachusetts, et un candidat inattendu, le gouverneur de l'Alaska, Sarah Louise Heath Palin. John McCain avait dédaigné Mitt Romney comme colistier potentiel, le considérant comme trop rusé et opportuniste. Cependant, il n'aime pas être considéré comme un rancunier et il comprend que Romney a un certain sens; le pays se dirige vers une période économique sombre et Romney, un ancien homme d'affaires, pourrait compenser le manque de connaissances économiques de McCain. Mais McCain n'aimait viscéralement pas Romney pendant les primaires, entre autres, parce qu'il possédait trop de maisons, au moins quatre, ce qui signifie qu'à eux deux, McCain et Romney en possédaient dix. En fin de compte, un conseiller de McCain a déclaré que McCain et ses assistants craignaient que toutes ces vidéos de McCain et Romney s'en prenant l'un à l'autre lors des débats soient rediffusées sans fin par les démocrates. Pawlenty, le populaire gouverneur d'un État clé dont les républicains avaient grandement besoin pour gagner en novembre, était le choix le plus sûr. Salter a particulièrement apprécié les qualités de Tim Pawlenty, conservateur sur les questions de société. Mais McCain ne voulait pas d'un choix sûr. Un conseiller de haut niveau rappellera plus tard que dire à McCain que Pawlenty était sûr, revenait à garantir que McCain ne le choisirait pas.

Poussé par Steve Schmidt et Rick Davis, John McCain a commencé à poser des questions sur Sarah Palin, gouverneur pour la première fois, qui avait secoué l'establishment politique de l'Alaska en s'attaquant aux anciens de son propre parti, et qui était intrépide, provocante et un peu comme McCain. Le choix du vice-président promettait d'être compliqué pour un pilote solitaire qui s'opposait à l'idée d'un partenaire à tout bout de champ, mais la Constitution l'obligeait désormais à choisir un allié. Il n'était pas du genre à chercher quelqu'un pour l'aider à gouverner, mais pourquoi pas quelqu'un pour l'aider à gagner? Il a appelé Sarah Palin le dimanche matin, 24 août 2008, alors qu'elle assistait à la foire d'État de l'Alaska. C'était un appel rapide, d'environ cinq minutes seulement, et Palin avait du mal à entendre McCain par-dessus la foule bruyante. Mais McCain était intrigué, même s'il la connaissait à peine. Il l'avait brièvement rencontrée l'hiver 2007, lorsqu'il avait pris la parole devant la conférence de la National Governors' Association à Washington. Mais il a aimé ce qu'il a appris d'elle par d'autres personnes, notamment sa volonté de s'attaquer à son propre parti, comme McCain le fait souvent lui-même. Il a demandé à Salter et Schmidt de la faire venir en Arizona, afin de l'examiner de près.

Steve Schmidt et Mark Salter l'ont rencontrée dès son arrivée à Flagstaff, mercredi, 27 août 2008. Les trois ont parlé tard dans la nuit. Schmidt et Salter ont sondé, pressé et cherché les écarts entre ses opinions et celles de McCain. Palin a ignoré les différences substantielles. Elle a demandé: "Quel est le problème?", en souriant et, à la manière d'une fille de la campagne, en défiant et en flirtant avec ses interrogateurs. Avec son accent plat et son charme folklorique, Palin était rafraîchissante et terre à terre, a estimé Mark Salter. Il s'était méfié; il avait préféré Pawlenty, qui dégageait une chaleureuse solidité du Midwest. Schmidt a été pro-Palin dès le début. Il a vu son potentiel en tant que populiste conservatrice, le genre de femme politique qui n'a pas peur de dire ce qu'elle pense, et qui a enthousiasmé la base républicaine que Karl Rove avait si soigneusement entretenue pendant les années Bush. En choisissant Palin, Schmidt a fait valoir que McCain pourrait ravir le titre de "changement" à Barack Obama. Ce n'était pas la première fois que Salter se ralliait à la façon de penser de Schmidt. Dans la maison d'un des associés de Cindy McCain, les deux hommes ont essayé de faire comprendre à Palin à quel point les mois à venir pourraient être épuisants. Elle n'a pas semblé intimidée le moins du monde. Elle n'a pas hésité à parler de sa famille et à dire aux assistants de McCain que sa fille célibataire de 17 ans, Bristol, était enceinte.

Palin est restée à Flagstaff le mercredi soir. Tôt le jeudi matin, 28 août 2008, le jour du discours d'acceptation d'Obama, Schmidt et Salter l'ont conduite à la cabane de Sedona, où elle a rencontré McCain pendant environ une heure et bavardé brièvement avec Cindy. Le face-à-face avec McCain et sa femme, jeudi, s'est bien passé. Par la suite, McCain et sa femme ont fait une promenade le long d'un ruisseau qui traverse la propriété. Ensuite, McCain a consulté une dernière fois Schmidt et Salter. Palin pourrait être le choix courageux et elle est un franc-tireur, ont conseillé les deux plus proches collaborateurs à McCain.

Mais elle n'a aucune expérience de la politique étrangère et est toute nouvelle sur la scène politique nationale. Alors que la télévision par câble se livre à un jeu de devinettes haletant, McCain ne met pas longtemps à se décider. À 11 heures ce jeudi matin, il demande à Palin de rejoindre son équipe. Sarah Palin n'a pas hésité un instant avant de dire oui.

La campagne a été obsessionnellement secrète sur ce choix. Charles R. Black, l'un des principaux conseillers de McCain, qui a participé aux premières discussions sur Palin, n'a été informé que très tard le jeudi soir. Le rédacteur de discours Matt Scully et l'assistante de communication Nicole Wallace ont reçu l'ordre de prendre un vol secret pour Cincinnati, dans l'Ohio, et ont reçu le nom d'un petit hôtel indescriptible, le Manchester Inn, où Palin a passé la nuit dans une chambre à 89 dollars. À leur arrivée, ils ont trouvé Salter assis sur le trottoir, en train de fumer, tandis que Schmidt fixait son BlackBerry. Les deux hommes les ont escortés à l'étage, en ne disant pratiquement rien. En sortant de l'ascenseur, Scully s'est demandé qui pouvait bien se trouver derrière la porte. "Collin Powell?" a-t-il pensé. Schmidt a ouvert la porte de la suite et a dit: "Rencontrez notre candidat à la vice-présidence". Scully a mis quelques secondes à comprendre qui elle était. Wallace, encore un peu abruti par les analgésiques d'une opération du canal radiculaire, n'en avait aucune idée. Le choix de Palin avait l'air d'un raid de guérilla, d'une opération secrète. Salter, Schmidt et le gouverneur Palin s'étaient enregistrés à l'hôtel sous de faux noms, prétendant qu'ils étaient en ville pour une réunion de famille. Le clan Palin est arrivé d'Alaska en jet privé, avec plusieurs membres de l'équipe McCain, et s'est enregistré sous le nom des "Uptons". "Une réunion de famille", a expliqué un collaborateur intérimaire au réceptionniste de l'hôtel.

Depuis sa nomination en tant que candidat républicain, McCain n'a eu d'autre choix que de suivre ce que ses conseillers voulaient qu'il fasse: diffuser des publicités negatives, éviter les journalistes et se contenter de lire ce fichu téléprompteur. Muselé et sommé de se comporter comme un politicien ordinaire, McCain s'est rebellé à sa manière en choisissant une autre subversive, une mère de hockey insolente, à l'esprit vif, qui s'est autoproclamée mère de hockey et qui a montré à ces Big Oil boys une chose ou deux en Alaska. C'était romantique, mais aussi un peu impulsif. L'opération du choix de la candidate Sarah Palin à la vice présidence s'était appuyée en grande partie sur des recherches sur Internet pour vérifier les antécédents. Rick Davis avait gardé un oeil sur Palin pendant des mois, mais il ne semblait pas que la campagne ait fait des interviews et des recherches approfondies en Alaska. Certains assistants de McCain sont un peu nerveux quant à la qualité du choix de McCain.

Ensuite, il a fallu tromper la presse et faire monter le suspense pour détourner les caméras de Barack Obama dès la fin de son discours jeudi soir. Alors que le candidat du GOP présentait son colistier au monde entier, le vendredi 29 août 2008 au matin, dans le gymnase d'un lycée de Dayton, dans l'Ohio, l'un de ses assistants, observant la scène depuis les coulisses, marmonnait: "Nous venons de faire long feu". D'autres conseillers de campagne se sont réjouis tandis que les experts s'efforçaient de donner un sens à tout cela. Certains journalistes ne savaient même pas comment prononcer le nom de Palin. Le choix de Palin a choqué certains experts conservateurs, comme Charles Krauthammer, qui avait espéré que McCain jouerait la carte de la sécurité et choisirait un colistier quelconque mais solide comme le gouverneur Tim Pawlenty de Minnesota. Néanmoins, le choix de Palin était historique, mais il a permis d'atténuer les attaques de McCain contre Obama qu'il considérait comme un débutant manquant d'expérience, notamment sur les affaires étrangères. Sarah Palin allait devoir suivre un cours accéléré sur les affaires étrangères avant le débat vice-présidentiel du 2 octobre 2008 contre Joe Biden, président de la commission des affaires étrangères du Sénat. Son meilleur espoir serait que Joe Biden dise quelque chose de condescendant ou de loufoque, ce qui est une possibilité compte tenu de son passé. Dans un groupe de réflexion de Washington, des membres du personnel plaisantaient en disant que la meilleure stratégie de Palin dans le débat serait de céder tout son temps à Biden. Pourtant, les alliés de McCain ont fait preuve d'autant de créativité qu'ils le pouvaient. "Si elle peut tenir tête à Theodore Fulton Stevens, sénateur de l'Alaska au Congrès des États-Unis, en s'opposant à son idée d'exploration pétrolière dans un des vastes parcs nationaux de l'Alaska, elle peut tenir tête aux Russes. Elle est le commandant de la Garde nationale de l'Alaska. Qu'est-ce que Biden a commandé, bon sang?", a déclaré Graham.

Quant au camp Obama, il s'est montré narquois sur le choix par les Républicains du candidat à la vice-présidence: "Aujourd'hui, John McCain a placé l'ancien maire d'une ville de 9000 habitants, sans aucune expérience en matière de politique étrangère, à deux doigts de la présidence", a déclaré le porte-parole Bill Burton. Mais plus tard, Obama a déclaré aux journalistes: "Elle semble être une personne fascinante, avec une histoire personnelle formidable". Il a semblé rejeter les commentaires de son propre porte-parole. Obama a peut-être joué le rôle du bon flic, ou bien il a simplement dit la vérité. Cependant le samedi soir, 30 août 2008, quelques journalistes ont commencé à poser des questions sur Bristol. Certains d'entre eux l'avaient aperçue et ont expliqué à un assistant de campagne qu'elle avait l'air bien enceinte. L'assistant a nié être au courant, mais Schmidt a chargé l'un des amis de McCain, Steve Duprey, d'aller avoir une conversation gênante avec Sarah Palin. Informée que les journalistes fouinaient, elle a regardé brièvement par la fenêtre et a répondu à Steve Duprey: "Nous avons une famille forte. Nous avons déjà fait face à cette situation. Nous allons le dire à Bristol. Nous allons nous en sortir. Passons à autre chose. Qu'est-ce que vous avez d'autre?" Palin est restée flegmatique le lendemain, lorsque les blogs de gauche ont commencé à spéculer que Trig, 5 mois, était en fait l'enfant de Bristol, et que Palin couvrait sa fille. Lorsqu'un assistant lui a dit qu'il avait commencé à recevoir des appels "d'organes de presse respectables" exigeant des preuves physiologiques que Trig était bien le fils de Palin, elle a plaisanté: "Quoi, je dois leur montrer mes vergetures?".

Lors de la convention à St. Paul, Palin n'a pas du tout été impressionnée par le club de garçons qu'elle venait de rejoindre. Une nuit, Schmidt et Salter sont allés dans sa chambre d'hôtel pour la briefer. Au bout d'une minute, Palin est entrée dans la chambre vêtue seulement d'une serviette, avec une autre sur ses cheveux mouillés. Elle leur a dit de discuter avec son mari laconique, Todd. "Je serai là dans une minute", a-t-elle dit. Salter tente d'engager la conversation. Il sait que Todd est à moitié originaire d'Alaska et qu'il est champion de course de motoneige. "Quelle est la différence entre une motoneige et un scooter des neiges?", demande Salter. "C'est la même chose", a répondu Todd. "D'accord, alors pourquoi ne pas l'appeler une motoneige?" se moque Salter. "Parce que c'est une machine à neige", a encore répondu Todd. Plus tard, Schmidt et Salter sont sortis, pour que Salter puisse fumer une cigarette. "Alors, que pensez-vous de son mari? Est-il à la hauteur?" a demandé Schmidt. Salter s'est contenté de hausser les épaules et a pris une nouvelle bouffée. Mais, McCain aimait toute la famille Palin. Ils semblaient offrir un certain soulagement, voire une touche d'anarchie, au Straight Talk Express qui était devenu un peu sans joie. Piper, la petite fille de 7 ans du gouverneur, n'a pas hésité à ramper sur les genoux de Joe Lieberman pour rejoindre sa mère. Lindsey Graham a malicieusement pris plaisir à faire boire à l'enfant du Mountain Dew, une boisson à laquelle il était légèrement accro. McCain se réjouissait de parler à son colistier d'armes à feu et de chasse dans la nature. Duprey a confectionné un tee-shirt sur lequel on pouvait lire: Notre candidat à la vice-présidence sait chasser, tirer, s'habiller et préparer son dîner. Joe Biden commande un plat à emporter. Palin a mis le t-shirt et l'a serré dans ses bras. "J'adore ce t-shirt", a-t-elle dit.

Le lendemain de son propre discours d'acceptation, McCain était plus motivé que ses assistants ne l'avaient vu depuis des semaines. Il avait travaillé dur sur le discours. Après s'être disputé avec Salter, il avait accepté de parler de son expérience de prisonnier de guerre. McCain est un aristocrate de la marine de troisième génération. Son père et son grand-père ont été les premiers amiraux quatre étoiles père-fils de l'histoire des États-Unis, et il a eu des ancêtres directs dans toutes les grandes guerres américaines, de la Révolution américaine à la Seconde Guerre mondiale. Salter craignait en privé que McCain ne s'étouffe, mais ce dernier lui a simplement dit: "Assieds-toi là où je peux te voir, ok?" Le discours s'est terminé par un coup de théâtre, McCain implorant la foule: "Levez-vous, levez-vous, levez-vous et battez-vous!" Salter bondit au premier rang, applaudissant et faisant furieusement des gestes pour que McCain "surfe sur la vague" de la réaction de la foule. McCain était trop énervé pour aller se coucher, il a appelé Graham à 1 heure du matin. Il était encore en pleine forme huit heures plus tard. À Cedarburg, dans le Wisconsin, il a fait un geste en direction de Palin et s'est exclamé devant la foule: "N'est-ce pas la plus merveilleuse colistière de l'histoire de cette nation?" Les foules de McCain sont maintenant de la taille de celles d'Obama, 5000, 10000, 15000 personnes. Cela ne dérangeait pas McCain que les gens soient là pour voir Palin.

Patti Solis Doyle, Neera Tanden et Karen Dunn, des assistantes de Hillary Clinton travaillant maintenant pour Obama, ont regardé à la télévision le discours de Palin à la convention. Elles se sont regardées. "Cette femme est un problème", a dit l'une d'elles. Si quelqu'un s'imaginait qu'il pourrait traverser une élection générale entière sans une guerre culturelle totale, l'arrivée de Sarah Palin s'en est chargée. Elle s'est présentée comme un nouveau visage qui avait hâte de s'attaquer aux hommes politiques de la vieille école. Sarah Palin est arrivée avec la force d'une grenade propulsée par fusée. Elle a stimulé la candidature de John McCain et a bouleversé le processus présidentiel comme aucun candidat à la vice-présidence ne l'avait fait depuis que Thomas Francis Eagleton avait fait exactement le contraire en coulant son parrain, George Stanley McGovern, en 1972. Elle a stimulé l'enthousiasme, les foules et les caisses de la campagne pratiquement du jour au lendemain. Elle a fait remonter McCain dans les sondages et plongé Obama dans la confusion. Elle a vraiment vécu une histoire de Cendrillon comme il n'en existe aucune autre dans l'histoire politique récente. L'effet Palin était déjà mesurable. Depuis que McCain l'a choisie dans les jours précédant la convention de St. Paul (Minnesota), les sondages nationaux ont montré que McCain était à égalité avec Obama dans la plupart des enquêtes statistiques en tête-à-tête et qu'il avait pris de l'avance dans plusieurs d'entres elles. Dans le même temps, les femmes blanches se sont détournées d'Obama de près de 20 points. Pendant des mois, McCain a été très en retard dans ce groupe. Mais brusquement, comme par enchantement, sa campagne électorale a finalement décollé, alors que celle d'Obama semblait désemparée quant à la manière de faire face à l'attrait de Palin et à la résurgence de McCain.

De toute évidence, quelque chose qui dépasse la politique se passait ici. Les gens ne connaissaient pas encore vraiment Palin en tant que femme politique, qu'elle soit sage ou imprudente, substantielle ou vide. La fascination de l'Amérique pour elle, un phénomène non partisan, était motivée par quelque chose de plus primaire. La vague de Palin a mis en lumière le pouvoir mythique du message du parti républicain depuis l'avènement de Ronald Reagan. Les foules de la campagne de McCain, autrefois âgées et masculines, ont ensuite été envahies par des mamans portant des enfants. Des grands-mères ont raconté avoir eu la chair de poule lorsqu'elle a parlé. Lors de chaque meeting, John McCain doit attendre pour monter sur scène, alors qu'elle est encore assaillie par les foules au bout de la corde. À Lee's summit, dans le Missouri, lorsqu'il attaque Barack Obama en lui reprochant d'être "mauvais pour l'Amérique", la foule ignore John McCain et scande son nom à la place. La file d'attente pour entrer dans un événément à Lancaster, en Pennsylvanie, s'étendait sur un demi-kilomètre à travers un parking, où des milliers de personnes ont attendu jusqu'à 90 minutes pour l'apercevoir. Après avoir conduit près d'une heure pour assister à son tout premier rassemblement politique, Suzanne Cook, de Coatesville, en Pennsylvanie, a donné une explication: "Le fait qu'elle soit une femme".

Mais loin de façonner l'avenir, Palin a joué des accords profonds du passé. La mère de cinq enfants, originaire d'une ville frontalière, a invoqué les valeurs d'une Amérique plus simple et plus sûre que l'Amérique de marché des idées multiculturel, compétitif au niveau mondial et en proie à des difficultés budgétaires, dans lequel vit Obama. Certainement, malgré la crise financière, la notion de marché des idées, qui est étroitement liée à la liberté de presse et à la liberté d'expression, permet la circulation et l'échange d'idées à tous les niveaux et dans tous les domaines. C'est le pivot d'une société véritablement libre permettant la démocratie de prospérer. Mais Sarah Palin semblait se délecter de ce contraste: elle affirmait que "nous ne connaissons pas vraiment Barack Obama" avant même d'avoir enlevé son manteau. Elle a prévenu de toute urgence qu'il n'était pas qualifié pour être président, alors même que les dirigeants de son propre parti se moquaient de son manque de préparation; elle s'est réjouie de visiter la "vraie Amérique", les "régions pro-américaines de cette grande nation". Par contre, Obama a saisi cette opportunité pour montrer tout le chemin parcouru par le pays. "Il n'y a pas de vraies ou fausses parties de ce pays", a répliqué Obama. "Nous sommes une seule nation, nous sommes tous fiers, nous sommes tous patriotes... "

Il n'y a pas eu de véritable panique au quartier général d'Obama, situé sur North Michigan Avenue, où l'émotivité, normale dans la plupart des campagnes, était taboue. Mais l'ambiance avait été survoltée lorsque la nouvelle du choix de McCain pour la vice-présidence a été annoncée pour la première fois. Palin était un choix tellement inattendu que certains membres du personnel ont été déstabilisés. Alors cet assistant, un vétéran de certaines campagnes désagréables, allait vers les membres du personnel et leur disait: "Sortez-la de votre tête! C'est McCain!" C'était un effort pour forcer les membres du personnel légèrement étourdis à voir qu'ils devaient rester concentrés sur McCain, pas sur sa colistière. Cependant l'anxiété s'est vite installée. David M. Axelrod a été offensé, lorsqu'un membre du personnel a osé suggérer que Palin était presque aussi bonne en politique qu'Obama. Il a dit qu'il était sûr que le nouveau gouverneur de l'Alaska, qui n'avait pas fait ses preuves, finirait par imploser. Plouffe, lui, a joué son rôle habituel de "No-Drama Obama", exhortant tout le monde à se calmer et à attendre que la folie Palin passe. Un collaborateur de haut rang se souviendra plus tard que lorsque Barack Obama a baissé dans les sondages et que John McCain a semblé prendre de l'avance, en grande partie grâce à l'afflux de nouvelles femmes, il ne s'est pas tant inquiété des sondages que de l'impact sur le quartier général d'Obama. "Les gens sont devenus un peu Kerry et Dukakis pendant quelques jours", se souvient-il. Ils ont semblé revenir sur leurs pas, ne sachant pas comment riposter à une femme qui s'était si joyeusement moquée d'Obama dans son discours de convention.

Le parti démocrate a vraiment eu une de ses crises périodiques. Certains de ses membres craignaient surtout que Barack Obama ne soit pas assez fort pour le poste, même s'il avait émergé de la dureté et de la turbulence de la politique de Chicago, même s'il avait déjoué la machine Clinton et même s'il était le premier Afro-Américain à obtenir l'investiture d'un parti. Ils craignaient qu'il n'essaie de courir après le temps imparti, comme si les désastres causés par huit années d'économie de l'offre et de géopolitique néoconservatrice étaient si évidents qu'il pouvait simplement remporter la victoire grâce à une opération massive de mobilisation des électeurs et à la sagesse collective du peuple américain. En outre, John McCain avait pris de l'avance dans quelques sondages, et les démocrates inquiets craignaient de voir Barack Obama gâcher une élection qu'il ne pouvait pas perdre, en restant à la traîne des démocrates génériques au cours d'une année démocrate générique. Ils craignaient qu'il ne soit trop professoral, trop nuancé, trop dépassionné et trop cool. Ils voulaient qu'il s'attaque directement aux distorsions de McCain, qu'il lance quelques balles rapides et qu'il montre aux électeurs qu'il est un battant. Ils craignaient que son message de changement ne soit plus d'actualité, que ses efforts pour dépeindre McCain comme un autre George W. Bush ne fonctionnent pas, et que Sarah Palin ne lui ait carrément volé son mojo. Ils remettaient même en question ses décisions tactiques: Pourquoi a-t-il envoyé du personnel dans l'État de Géorgie? Pourquoi ne s'est-il pas servi de l'effondrement de Wall Street pour dénoncer le soutien de McCain à la privatisation de la sécurité sociale? Et pourquoi s'est-il rendu à Beverly Hills pour une collecte de fonds de luxe avec Barbara Streisand?

De toute évidence, de nombreux Américains ne connaissaient pas grand-chose de John McCain au-delà de son héroïsme au Vietnam. C'est pourquoi ces démocrates inquiets voulaient qu'Obama le présente comme une marionnette des grandes compagnies pétrolières, un rêve de lobbyiste, un dangereux belliciste et un menteur sans honneur. Ils voulaient voir le mot "républicain" dans les publicités d'Obama. Ils voulaient voir le feu dans son ventre. Ce à quoi Obama avait répondu: Détendez-vous. "Cette campagne doit rester concentrée", a déclaré Barack Obama à ses partisans nerveux lors d'une conférence téléphonique. La course électorale, a-t-il dit, est toujours "à nous de la perdre". Appelez cela de la confiance ou de l'arrogance, de la discipline ou de l'entêtement, mais Obama n'est pas du genre à paniquer. Il est toujours convaincu qu'il s'agit d'une élection pour le changement et qu'il est le candidat du changement; en matière de stratégie, il a essentiellement l'intention de maintenir le cap et d'encourager ses partisans à se détendre. "Les gens s'interrogent parfois, il a l'air assez calme", a déclaré Obama devant un parterre de stars lors de la soirée de collecte de fonds organisée par Barbara Streisand. "La raison pour laquelle je suis calme, c'est que j'ai confiance dans le peuple américain". McCain a certainement adopé le mantra du "changement" et s'est détourné de "l'expérience", après avoir placé Sarah Palin sur le ticket. Mais Obama y voit la preuve que l'élection se jouera sur son terrain. Sa campagne fait des ajustements, notamment en se concentrant davantage sur les électrices et en lançant des attaques plus dures par son colistier Joe Biden et par le biais de publicités télévisées. Mais le message principal d'Obama serait toujours une version du rouge à lèvres sur un cochon: le républicain de 72 ans qui a soutenu les politiques étrangères et économiques de Bush n'est pas celui qui apporte réellement le changement. "Personne ne le fera dévier de son message dans un moment de folie", a déclaré Claire McCaskill, sénatrice démocrate du Missouri, qui soutient Obama.

L'argument d'Obama contre la panique était le suivant: Bush est le président le moins populaire de l'histoire moderne, et McCain se vantait à la télévision pendant les primaires républicaines d'avoir voté avec Bush dans plus de 90% des cas. L'économie était en train de s'effondrer, et McCain insistait encore sur la solidité des fondamentaux; il avait également toujours voté contre la réglementation financière; il était un fervent partisan de l'investissement des prestations de sécurité sociale en bourse et s'était récemment converti aux réductions d'impôts de Bush. Les électeurs préféraient les positions d'Obama à celles de McCain sur presque toutes les grandes questions politiques, et la marque républicaine semblait toxique. L'équipe d'Obama était convaincue, comme l'a dit le directeur de campagne David Plouffe, "qu'au bout du compte, cela se résumera à un choix : Est-ce que je veux le programme de McCain ou celui d'Obama?" David Plouffe aurait pu ajouter qu'en 2007, les "Chicken Littles" du parti avaient prédit la chute d'Obama, lorsqu'ils avaient déclaré qu'Hillary Clinton l'enterrerait à moins qu'il ne devienne méchant. Avant les primaires de l'Iowa, ils ont douté de sa capacité à attirer les électeurs blancs; avant son voyage en Irak, ils ont prévenu qu'une gaffe pourrait condamner sa candidature; avant la convention démocrate, ils ont dit que les rancoeurs persistantes de la primaire pourraient éclipser son couronnement. Le 8 septembre 2008, le New York Times a fait état des craintes des démocrates concernant les difficultés d'Obama à collecter des fonds, peu de temps avant qu'il n'annonce une collecte record de 66 millions de dollars pour le mois d'août. Alors pourquoi n'était-il pas en tête des sondages? Si les fondamentaux étaient si solides pour Obama, pourquoi McCain avait-il effacé son avance? Les arguments en faveur du calme dans le monde démocrate ont commencé par l'idée qu'Obama n'était pas assuré de remporter la Maison-Blanche simplement parce que les fondamentaux penchaient en sa faveur.

Quelle que soit l'humeur, les vétérans démocrates ont prévenu que les campagnes étaient importantes. Et la campagne de McCain a été beaucoup plus agressive pour tenter de définir le débat et de s'emparer des cycles d'information. Lorsqu'on a demandé à Charles Joseph "Joe" Scarborough, de la chaîne MSNBC, lors de la première querelle du rouge à lèvres sur le cochon, de quoi les médias allaient parler dans deux jours, il a répondu: "Tout ce dont la campagne de McCain veut que nous parlions, parce que la campagne de McCain s'affirme". Les médias avaient consciencieusement vérifié les faits concernant les déclarations erronées de la campagne de McCain sur les projets fiscaux d'Obama et son affirmation selon laquelle Obama voulait enseigner la sexualité aux enfants des écoles maternelles. Mais le camp Obama a souvent semblé rester les bras croisés face à des politiques qui ne sont pas des sacs de haricots, comme s'il ne pensait pas qu'il devait répondre aux calomnies des républicains. "Obama veut que la campagne porte sur les questions qui préoccuppent les américains, parce qu'il gagne sur des questions. Mais il ne peut pas toujours décider de l'orientation de la campagne", a déclaré un consultant démocrate qui pensait qu'Obama finirait par l'emporter.

Mais Barack Obama n'a pas fait de combustion spontanée. Et il était parfaitement conscient du danger plus profond que représentait le feu pour le premier candidat afro-américain à la présidence des États-Unis. Au cours de la campagne présidentielle, il a été accusé d'être un novice naïf, un homme vide, un libéral dépensier, un élitiste cultivant la roquette et un politicien corrompu. Mais les attaques qui ont failli le faire dérailler étaient celles du révérend Jeremiah Wright, des attaques visant à dépeindre Obama comme un homme noir en colère. L'Amérique blanche a adopté des Afro-Américains non menaçants comme Tiger Woods, Oprah Winfrey, Will Smith et Colin Powell, mais il s'agit toujours d'un pays majoritairement blanc, et Obama ne voulait pas être stéréotypé comme un homme de race comme Malcolm X. Dans un climat médiatique où les électeurs "ordinaires", de la "classe ouvrière" et des "petites villes sont toujours des électeurs blancs, les candidats blancs en colère peuvent être étiquetés comme des "populistes", mais les candidats noirs en colère sont étiquetés comme des "militants". Obama n'avait aucun intérêt à essayer de savoir si l'Amérique était prête pour un homme noir en colère. Il était plus enclin à essayer d'envoyer des messages négatifs avec humour, comme il l'a fait dans une nouvelle publicité qui se moque de la méconnaissance de McCain en matière de courrier électronique tout en mettant en scène un Rubik's cube, un téléphone portable préhistorique et d'autres reliques de 1982, année de l'arrivée de McCain au Congrès.

Le trésorier de la campagne, Martin Hughes Nesbitt, a déclaré qu'Obama était parfaitement conscient de la pression exercée pour "riposter et être plus méchant, combattre le feu par le feu", mais le candidat ne s'est pas laissé influencer. "Il laisse faire tout ce bruit", a déclaré Nesbitt. Les assistants d'Obama étaient sensibles à son image de marque; ils ne voulaient pas affaiblir sa prétention à représenter un nouveau type de politique. C'est pourquoi ils n'ont pas utilisé le mot "républicain" dans les publicités; ils pensaient que les électeurs étaient fatigués des attaques partisanes. Et c'est la raison pour laquelle ils ont initialement demandé aux groupes démocrates de ne pas diffuser de publicités indépendantes au nom d'Obama; ils voulaient contrôler eux-mêmes la marque. Mais le Service "Employees International Union" a diffusé une publicité anti-McCain, et d'autres groupes étaient sur le point de faire de même. Les sondages précédents avaient donné lieu à "un excès de confiance inconsidéré de la part de nos donateurs", a déclaré un responsable démocrate, mais cet excès de confiance a disparu. Alors que les candidats se préparaient à leur premier débat, le 26 septembre 2008, le camp Obama restait convaincu qu'il pouvait gagner un débat sur la question de savoir qui serait capable d'apporter le changement. Comme l'a dit Plouffe, le directeur de la campagne Obama: "McCain et Palin ont beau utiliser le mot "changement" ou tenter de réinventer leur propre bilan, une chose ne change pas: en matière d'économie, d'éducation, d'Irak ou de mainmise des intérêts spéciaux sur Washington, ils sont tous deux des défenseurs obstinés des huit dernières années, et ils promettent tous deux de continuer sur la même voie". C'était un argument puissant dans une année démocrate. C'était l'argument que le candidat Obama faisait valoir depuis des mois. Mais ce n'était pas encore un argument gagnant.

Depuis l'entrée en scène de Sarah Palin, les assistants d'Obama semblaient ne pas savoir comment réagir face à elle, et presque aveugles à son pouvoir culturel en tant que mère de classe moyenne avec cinq enfants et une carte de la NRA. Ils n'arrivaient apparemment pas à décider s'il fallait l'attaquer en tant qu'extrémiste de la famille Bush du Nord, qui bannit les livres et introduit la partisanerie et le copinage dans le gouvernement d'une petite ville, la rejeter en tant que novice provinciale dépassée par les événements, l'accuser de tenir un double langage et de ne s'opposer à la viande de porc que lorsque ce n'était pas la sienne, ou tout simplement l'ignorer. Selon un sondage réalisé par Time du 11 au 15 septembre 2008, McCain avait presque effacé l'avance d'Obama avant la convention auprès des femmes. McCain détenait une avance de 18 points parmi les électrices les plus âgées et les moins éduquées. "Franchement, c'est parce qu'elles sont en conflit avec Obama. Ces femmes aimeraient voter pour un démocrate, mais elles ne sont pas sûres qu'Obama soit le bon", a déclaré le sondeur Geoff Garin, qui a été le stratège en chef de la campagne d'Hillary Clinton dans ses derniers jours. Cela s'explique en partie par le fait que de nombreuses mamans au maximum de leurs capacités étaient plus âgées qu'Obama, ce qui les rendait plus sceptiques quant au fait qu'il ait l'expérience nécessaire pour être président. Nombre d'entre elles étaient plus conservatrices que lui sur le plan culturel, et elles étaient plus susceptibles que leurs jeunes soeurs d'être "sensibles à la question raciale". En outre, le mantra du changement d'Obama n'était pas très attrayant pour un groupe qui essayait déjà de faire face à tous les changements qui bouleversaient leur vie.

Pendant ce temps, le choix surprenant de McCain d'un gouverneur maman de cinq enfants pour partager son ticket avait attiré l'attention des mamans les plus endurcies. "Elles voient leur vie reflétée dans la sienne. C'est une personne qui mène une vie qu'elles mènent", a déclaré un stratège de McCain. Dans le sondage du Time, 68% des femmes plus âgées et n'ayant pas fait d'études supérieures ont exprimé une opinion favorable à son égard. Mais pour d'autres femmes, Palin n'a fait qu'ajouter à la confusion et les bavards du Beltway ont ressassé les questions qu'ils se posaient lors des primaires sur la capacité d'Obama à se rapprocher des électeurs de la classe ouvrière. Pourtant, à la mi-septembre, McCain, avec Palin à ses côtés, avait comblé l'écart entre les sexes, enflammé sa base, ravi les ultraconservateurs comme Rush Hudson Limbaugh, l'éditorialiste politique américain et semblait s'amuser pour la première fois depuis des lustres. Mais les choses se précisaient à mesure que les électrices modérées apprenaient à mieux connaître Palin. "Lorsqu'elles voient une femme sur le ticket, la première réaction est de dire: 'Tant mieux pour elle'. Mais lorsqu'elles commenceront à se concentrer sur les problèmes préoccupant les américains, elles verront que Sarah Palin n'est pas à la hauteur", a déclaré Ellen Malcolm, directrice de la liste d'Emily, qui oeuvre pour l'élection de femmes démocrates pro-choix. Près de 7 femmes sur 10, interrogées par Time, n'étaient pas d'accord avec la sugestion de Sarah Palin selon laquelle l'homme n'est pas responsable du réchauffement de la planète; deux tiers se sont opposées à son opposition à l'avortement en toutes circonstances, sauf lorsque la vie de la mère est en danger; et une majorité ne partageait pas son soutien à la guerre en Irak. 54% ont déclaré que Joe Biden était mieux préparé que Palin pour prendre la relève en tant que président.

L'effet de nouveauté de Sarah Palin s'estomperait. Mais Barack Obama ne pouvait pas se permettre d'attendre. Depuis le choix de Sarah Palin, la campagne d'Obama a intensifié ses efforts auprès de l'ensemble des électrices. Pendant la convention républicaine, l'équipe Obama a diffusé des publicités à la radio et envoyé des courriers directs sur la question de l'avortement dans les États clés. Elle a dépêché un plus grand nombre de ses partisans féminins les plus éminents, dont Hillary Clinton, pour faire campagne pour Obama et plaider sa cause sur les ondes. En Pennsylvanie, l'opération de terrain d'Obama a mis sur pied une journée "Emmenez votre fille faire du porte-à-porte"; en Floride, elle a organisé l'une des méga-rassemblements caractéristiques d'Obama à l'intention des femmes, en offrant des billets aux sororités (associations composées exclusivement de femmes), aux organisations de lutte contre le cancer du sein, au planning familial, aux organisations d'enseignants et aux groupes d'infirmières. Pendant ce temps, les deux campagnes dépensaient beaucoup pour atteindre ces femmes sur les ondes. Selon le New York Times,

Oprah recevait plus de publicité politique que n'importe quelle autre émission d'information, McCain ayant acheté plus de spots le mois dernier qu'Obama, bien que ce dernier ait reçu le soutien d'Oprah Winfrey. Les deux candidats savaient qu'il existait des femmes comme Deborah Anderson à Urbandale, dans l'Iowa. "Je vais continuer à regarder et voir ce qui se passe. Les choses changent tellement", a-t-elle déclaré.

Le vaste flux d'informations déclenché par la révolution technologique des médias a défini les problèmes et les personnages à une vitesse vertigineuse. Pendant des mois, les pires rumeurs et théories du complot ont visé Obama: le sénateur de l'Illinois avait été eduqué dans une madrassa musulmane, il avait prêté serment sur le Coran et était très ami avec un ancien poseur de bombes, membre du groupe politique d'extrême gauche américain "The Weather Underground" des années 60-70. Pourtant les assistants d'Obama ont commencé à remarquer que les médias et la blogosphère bruissaient alors de commentaires attribués à Palin, selon lesquels elle voulait privatiser la sécurité sociale, elle lisait le magazine de la société ultra-droitière "John Birch Society" et elle avait été membre d'un parti politique qui voulait que l'Alaska fasse sécession des États-Unis d'Amérique. Palin avait ensuite eu mauvaise presse pour avoir tenté d'étouffer une enquête en Alaska, pour avoir affirmé à tort qu'elle avait visité l'Irak et s'était opposée au "pont vers nulle part", pour avoir semblé floue au sujet de la doctrine Bush. Toutefois, Obama ne parlait plus d'elle. La campagne d'Obama n'a rien eu d'autre à faire que de regarder les rumeurs circuler. "Une grande partie de ces rumeurs sont générées par des personnes du monde extérieur", a noté l'assistant d'Obama, ajoutant avec un sourire que "je crois que nos rumeurs sont, au pire, véridiques", empruntant au comique Stephen Colbert la définition d'une information qui semble vraie, même si elle ne l'est pas.

La rumeur commençait à peser sur Palin dans certains endroits clés, comme l'État clé de Floride, où elle était considérée dans les résidences pour presonnes âgées comme une dangereuse extrémiste de droite. L'autre métaphore de cet assistant de Barack Obama rapprochant deux réalités différentes pour créer une image. Il a essayé de substituer le monde des experts de la télévision et des blogueurs de l'Internet à un match de football pour enfants. L'essaim se déplaçait d'un sujet à l'autre, et d'une cible à l'autre, en meute, on dirait un troupeau d'enfants glapissant à la poursuite du ballon lors d'un match de football du samedi matin. L'astuce consistait à essayer de pousser le ballon dans une certaine direction pour que tous les enfants le suivent. Parfois, il s'agissait simplement de relier des articles d'actualité et de les envoyer sur des sites Web. Lorsque les journalistes se sont rendus en Alaska pour enquêter sur les accusations selon lesquelles Palin avait démis de ses fonctions le chef de la police de l'État de l'Alaska parce qu'il avait refusé de renvoyer l'ex-beau-frère de Palin, la campagne Obama n'a eu qu'à s'assurer que les articles soient largement diffusés. Alors que la nomination de Sarah Palin suscitait une véritable frénésie, les journalistes ont détourné leur attention d'Obama vers Palin. "Avec l'arrivée des journalistes d'investigation, il n'y a plus de raison pour nous d'être sur ce sujet, bien que nous ayons semé le terrain avec quelques recherches d'informations pertinentes sur Palin", a noté l'assistant d'Obama à la mi-septembre 2008.

Quoi qu'il en soit, la convention nationale républicaine, tout comme la convention démocrate, a été une vitrine pour les rêves, et les discussions sur la manière de les réaliser. Il ne s'agissait pas de savoir qui était le meilleur orateur, mais plutôt qui était le meilleur marchand de rêves. Les deux candidats et les deux partis avaient des rêves à vendre. Ou plus exactement, ils avaient différentes versions du même rêve: le rêve américain. Les deux candidats ont affirmé être les enfants du rêve. Tous deux ont été éloquents en présentant leur version de ce qu'il a fait pour eux, et de ce qu'il pourrait faire pour les autres américains. La version républicaine de McCain mettait l'accent sur la réflexion, l'individualité et la loyauté envers le pays. La convention républicaine, dont le thème "Le pays d'abord", a enveloppé cette vision dans un drapeau américain. Elle a présenté le récit d'un authentique héros de guerre luttant pour diriger une Amérique qui, bien qu'ayant traversé des moments difficiles, était fondamentalement saine. C'était aussi une célébration de la ténacité et de l'ingéniosité du peuple américain qui, selon McCain, était assez intelligent pour savoir qu'un jeune homme à la langue d'argent mais à la maigre expérience ne pouvait pas les conduire vers un avenir radieux.

La version démocrate du rêve d'Obama était moins axée sur la célébration de la réussite individuelle que sur la protection des personnes vulnérables. Mais Obama croyait aussi en quelque chose que McCain ne croyait pas: que le rêve lui-même était en danger. Le colistier d'Obama, Joe Biden, a déclaré que le rêve "semble s'éloigner lentement". De nombreux partisans d'Obama partageaient son inquiétude et pensaient que des mesures radicales étaient nécessaires. Comme l'a dit Bernard E. Anderson (secrétaire adjoint au travail dans l'administration Bill Clinton et délégué d'Obama), "Le processus fondamental de mobilité ascendante s'est effondré". Comme toutes les campagnes, celle-ci ne se résume pas à des rêves et des propositions contradictoires. Il était également question de caractère, de maturité et de leadership, et de la manière dont ces éléments étaient mesurés, sur les opérations de terrain dans les États décisifs, et de qui était le plus fort. Et elle a donné lieu à des débats sans fin sur des questions qui n'avaient sans doute aucune importance: la race, l'âge, la profondeur des croyances religieuses et les sentiments sur des sujets allant du bowling aux homosexuels. Mais d'une manière intéressante, cette élection pourrait être la plus pure depuis 1980, lorsque Reagan a réduit l'essence de l'élection à une simple question: "Votre situation est-elle meilleure qu'il y a quatre ans"?

Par conséquent, le choix d'un colistier a été la première décision importante prise par les deux candidats à la présidence. Cette élection plus que les autres, les sélections ont été plus révélatrices du caractère des candidats. Barack Obama est un homme prudent, peut-être à tort. Son processus de sélection du vice-président a été calme, ordonné et complet. Le choix de Joe Biden n'a pas été une grande surprise. Il a ajouté de l'expérience au ticket, un loyaliste fiable et un chien d'attaque jubilatoire, un catholique de la classe ouvrière avec une histoire personnelle formidable. Le processus était conforme au reste de la candidature d'Obama: il n'avait pas pris de grands risques. Ses positions politiques étaient mûrement réfléchies et éminemment raisonnables, reflétant le solide terrain d'entente d'un parti démocrate plus uni sur le fond. C'était le reflet de ce qu'Obama était vraiment: un homme qui n'aime pas décevoir qui que ce soit, qui est obsédé par la recherche d'un terrain d'entente. Cela pourrait être un grand avantage pour un président en ce moment peu glorieux de l'histoire des États-Unis. Mais la faiblesse d'Obama pour une prudence excessive semblait tout à fait vertueuse comparée à l'imprudence dont John McCain a fait preuve en choisissant Sarah Palin comme colistière. Il a eu des mois pour faire ce choix, mais il l'a laissé se résumer à un cafouillage chaotique, en réaction au fait que les anciens du parti républicain avaient opposé leur veto à ses deux premiers choix, le sénateur Joe Lieberman et l'ancien gouverneur Tom Ridge.

Au lieu de donner aux anciens du GOP le choix qu'ils voulaient, Mitt Romney comme candidat à la vice-présidence, il a jeté un coup d'oeil et s'est décidé pour Sarah Palin à la dernière minute. Il lui avait parlé à plusieurs reprises. Son équipe de campagne ne l'avait pas très bien examinée. Lors de sa première apparition aux côtés de McCain, elle a affirmé s'opposer au "pont vers nulle part", cette icône alaskienne de la mythologie porcine, mais elle a soutenu le pont jusqu'à ce qu'il devienne évident que le tapage médiatique l'empêcherait d'être construit. Au fil de la semaine, il est devenu évident que Palin était diamétralement opposée à McCain sur les questions plus ou moins importantes. Elle a fait passer une taxe sur les bénéfices exceptionnels des compagnies pétrolières, le type même de taxe que McCain reprochait à Obama de favoriser, ce qui a permis de gonfler les caisses du trésor public de l'Alaska. Elle ne croyait pas que le réchauffement de la planète était un phénomène d'origine humaine. Elle était proche du sénateur Ted Stevens, un méga-porker corrompu, adversaire fréquent de McCain et champion du pont mythique. Plutôt que de faire passer son pays en premier, son mari a été membre d'un groupe local marginal sécessionniste appelé "Alaskan Independence Party", dont le slogan est "l'Alaska d'abord", et Palin a apparemment assisté à plusieurs réunions de ce groupe où elle y a pris la parole. Son manque d'intérêt pour la politique étrangère et la sécurité nationale était à l'opposé de l'obsession de McCain pour ces questions. Elle a qualifié la guerre en Irak de "tâche qui vient de Dieu". En fait, Palin et McCain n'avaient de points communs que sur deux questions très médiatisées, à savoir une admirable rébellion à l'égard de la hiérarchie de leur parti et leur opposition au droit à l'avortement. Le choix de Palin était un autre exemple de la préférence de McCain pour la politique du geste plutôt que pour la politique de la substance.

LE NOUVEAU PATRIOTISME

Lorsque les critiques ont mis en doute le patriotisme de Barack Obama, ses partisans avaient une réponse toute prête: "Le véritable patriotisme n'a rien à voir avec les petits drapeaux accrochés à la boutonnière sur des politiciens. Il ne s'agit pas de symboles, mais d'actions. Il ne s'agit pas d'odes à la grandeur de l'Amérique; il s'agit d'affronter son gouvernement lorsqu'il s'égare". Mais voilà qu'Obama, dans sa première publicité télévisée de la campagne pour les élections générales, parle de sa "foi profonde et constante dans le pays que j'aime". Et là, perché sous son épaule gauche, se trouvait un rappel subtil, mais pas trop: un minuscule drapeau américain. Obama n'est pas dupe. Il ne croit peut-être pas que des choses comme les épingles à drapeau doivent avoir une importance politique, mais il connaît la différence entre "devoir" et "faire". Depuis le Vietnam, la capacité à s'associer à des symboles patriotiques a souvent fait la différence entre les démocrates qui gagnent et les démocrates qui perdent. Pourquoi George McGovern n'a-t-il pas pu acheter le vote de la classe ouvrière blanche en 1972? En partie, comme l'a noté le grand chroniqueur de campagne Theodore White, parce que pratiquement tous les membres du cabinet de Richard Nixon portaient un revers de drapeau et que personne dans l'entourage de McGovern n'en portait. Michael Dukakis a perdu en 1988 parce qu'en tant que gouverneur du Massachusetts, il a opposé son veto à un projet de loi obligeant les enseignants à faire réciter le Serment d'allégeance aux élèves, veto que les républicains ne lui ont jamais fait oublier. Obama essayait de suivre une autre voie, celle tracée par Robert Kennedy, qui, en 1967, alors qu'il s'opposait à la guerre du Vietnam, a coparrainé une loi prévoyant des peines plus lourdes pour les manifestants qui profanent le drapeau. Pour sa part, John Sidney McCain est un drapeau américain ambulant, sa biographie héroïque étant à la base de toute sa campagne.

Ce que les deux campagnes ont compris, c'est que le patriotisme américain a deux visages: un patriotisme d'affirmation, qui plaît davantage aux conservateurs, et un patriotisme de dissidence, particulièrement apprécié des libéraux. Les deux marques sont précieuses, et les deux sont dangereuses. Et dans cette campagne, le candidat, incarnant le meilleur des deux, gagnerait problablement. Le patriotisme a toujours été la plus abstraite des vertus américaines, ce qui explique peut-être pourquoi les Américains se disputent si férocement les symboles qui contribuent à le définir. Trop souvent, ces symboles (drapeaux, hymnes, slogans) qui sont censés unir les Américains finissent par les diviser. Pour beaucoup de gens, la signification du patriotisme est simple: l'amour de la patrie, mais l'amour d'une patrie qui est dédié à des idéaux, et non à un roi ou à une religion. Une nation fondée sur les idées, et non sur le sang, a toujours créé un type différent de citoyen. Le patriotisme américain s'exprime le plus véritablement dans les actions, pas dans les mots. Ce genre de patriotisme façonne les responsabilités de son peuple en tant que citoyen, la façon dont il navigue dans le monde et, en fin de compte, ce que cela signifie d'être un Américain. Il n'y a rien de plus important que ces idéaux, et les Américains étaient au milieu d'une course présidentielle historique qui allait contribuer à les redéfinir pour le 21ᵉ siècle.

Il y a toujours eu deux courants de patriotisme dans l'histoire des États-Unis, deux définitions différentes de l'exceptionnalisme américain: le sentiment que la grandeur du pays repose sur sa provenance et sur ce que ses habitants ont accompli, et la conviction que la grandeur de l'Amérique réside dans sa promesse et dans la manière dont elle s'efforce d'être à la hauteur de ses idéaux. Les conservateurs et les libéraux se disputent ces deux courants depuis des années, et ce débat est devenu le pivot de la politique américaine. Les républicains affirment qu'ils sont les véritables légataires de l'héritage de la nation et attaquent les démocrates qui ont honte de l'Amérique. Les démocrates, quant à eux, dépeignent les républicains comme des nationalistes fanatiques qui empêchent l'Amérique de vivre selon ses idéaux. Dans les deux cas, il s'agit de caricatures.

Avec Barack Obama, le premier candidat afro-américain à l'élection présidentielle, enfant métis d'une mère célibataire, les États-Unis disposaient d'un candidat dont le point de vue et l'expérience de l'Amérique étaient différents de ceux de tout autre candidat de l'histoire. En la personne de John McCain, les Américains avaient le fils et le petit-fils d'amiraux qui a beaucoup souffert pour son pays et qui a passé sa vie à servir sa patrie. Dire que l'un d'entre eux représentait le rêve américain et pas l'autre, c'était poser un faux choix. Néanmoins, les deux hommes incarnent les grandes traditions du patriotisme américain. Ce dont les États-Unis ont besoin pour l'avenir, c'est d'un patriotisme de troisième voie, un nouveau patriotisme qui allie la foi de ses pères avec, comme l'a dit Abraham Lincoln, le travail inachevé qui reste à la nation. Le nouveau patriotisme, comme l'écrivent Eric Lui et Nick Hanauer dans "true Patriot", signifie "apprécier non seulement ce qui fait la grandeur de notre pays, mais aussi ce qu'il faut faire pour créer et maintenir cette grandeur". Cette formulation est l'objet de cette campagne: définir le cap de l'Amérique au 21e siècle.

Les candidats peuvent avoir des points de vue différents sur ce qui rend les Américains fiers d'être américains, mais ils partagent la même croyance en un exceptionnalisme américain moderne: l'Amérique a une grandeur d'âme qu'aucune autre nation ne possède, et malgré toutes ses réalisations, ses plus grandes tâches restent à accomplir par son peuple. En apparence, la définition du patriotisme est simple. C'est l'amour et la dévotion envers son pays. La question est de savoir pourquoi les gens l'aiment et comment ils expriment leur dévotion. C'est là que les débats commencent. La réponse conservatrice est implicite dans le titre du livre de McCain de 1999, "Faith of My Fathers". Pourquoi les Américains devraient-ils aimer les États-Unis d'Amérique? En partie, du moins, parce que leurs ancêtres l'aimaient. Les conservateurs veulent généralement préserver l'environnement, ce qui exige une révérence pour le passé. Ce que le titre de John McCain implique, c'est que ce type de patriotisme n'est pas un choix; c'est un héritage. Naître dans une nation, c'est comme naître dans une religion ou une famille. Vous pouvez être appelé à réaffirmer votre engagement à l'âge adulte, comme l'a fait John McCain en s'engageant dans l'armée. Mais cet engagement vous est inculqué très tôt, par ceux qui vous ont précédé. C'est pourquoi les conservateurs ont tendance à croire que pour aimer l'Amérique aujourd'hui, il faut aimer son passé.

Dans son livre "A Cause Greater Than Self", John McCain a écrit: "Le patriotisme ne se limite pas à mettre la main sur le coeur pendant l'hymne national. Cela signifie plus que d'entrer dans un isoloir tous les deux ou quatre ans et à tirer sur un levier. Le patriotisme est un amour et un devoir, un amour de la patrie qui s'exprime par une bonne citoyenneté, c'est à dire le civisme. Le patriotisme et la citoyenneté qu'il exige doivent motiver la conduite des fonctionnaires, mais il se développe également dans les espaces communautaires où le gouvernement est absent, partout où les Américains se réunissent pour gouverner leur vie et leur communauté, dans les familles, les églises, les synagogues, les musées, les symphonies, la Little League, les Boy Scouts, les Girl Scouts, l'Armée du Salut ou la VFW (Veterans of Foreign Wars), une organisation officielle de vétérans de l'armée américaine. Ce sont les habitudes et les institutions qui préservent la démocratie. Ce sont les moyens, petits et grands, par lesquels nous nous rassemblons en un seul pays, indivisible, où règnent la liberté et la justice pour tous. Ils constituent l'exercice responsable de la liberté et sont indispensables au bon fonctionnement d'une démocratie. Le patriotisme, ce sont les innombrables actes d'amour, de bonté et de courage qui n'ont pas de témoignage ou d'héraldique et qui sont particulièrement louables parce qu'ils ne sont pas enregistrés. Le patriote doit non seulement accepter, mais aussi protéger à sa manière les idéaux qui ont donné naissance à notre pays: s'opposer à l'injustice et défendre les droits de tous et pas seulement ses propres intérêts. Le patriote honore les devoirs, les loyautés, les inspirations et les habitudes d'esprit qui nous lient en tant qu'Américains. Nous sommes les héritiers et les gardiens de la liberté, un bienfait préservé par le sang des héros à travers les âges. On ne peut se rendre au cimetière d'Arlington et voir nom sur nom, tombe sur tombe, rangée sur rangée, sans être profondément ému par le sacrifice consenti par ces jeunes hommes et femmes. Et ceux d'entre nous qui vivent à cette époque, qui sont les bénéficiaires de leur sacrifice, doivent faire leur part, plus modeste et moins dangereuse, pour protéger ce qu'ils ont tout donné pour défendre, sous peine de perdre notre propre amour de la liberté. L'amour de la patrie est une autre façon de dire l'amour de ses compatriotes, une vérité que j'ai apprise il y a longtemps dans un pays très différent du nôtre. Le patriotisme est une autre façon de dire le service d'une cause plus grande que l'intérêt personnel. Si vous trouvez des défauts à notre pays, faites-en un meilleur. Si vous êtes déçu par les erreurs du gouvernement, rejoignez ses rangs et travaillez à les corriger. J'espère que davantage d'Américains envisageront de s'engager dans nos forces armées. J'espère qu'ils seront plus nombreux à envisager de se présenter aux élections ou de travailler dans les administrations fédérales, régionales et locales. Mais il existe de nombreuses causes publiques où votre service peut faire de notre pays, un pays plus fort et meilleur que celui dont nous avons hérité. Le bon citoyen et le patriote savent que le bonheur est plus grand que le confort, plus sublime que le plaisir. Les cyniques et les indifférents ne savent pas ce qu'ils manquent. Car leur erreur est une entrave non seulement à notre progrès en tant que civilisation, mais aussi à leur bonheur en tant qu'individus".

Les conservateurs s'inquiètent souvent de l'éducation, qui oblige les étudiants américains à ressasser les péchés du passé. Ils écrivent sans cesse des livres comme "America: The Last Best Hope" (par William J. Bennett) et "America: A Patriotic Primer" (par Lynne Cheney), qui enseignent aux enfants qu'historiquement, les États-Unis étaient un endroit plutôt chouette. Ces livres sont fondés sur la conviction que les ancêtres nationaux sont un peu comme les mères et les pères réels: si les gens les déshonorent, ils se déshonorent eux-mêmes. C'est la raison pour laquelle les conservateurs se sont tellement énervés lorsque Michelle Obama a déclaré que "pour la première fois de ma vie d'adulte, je suis vraiment fière de mon pays". Aux yeux des conservateurs, ces propos suggéraient un manque de gratitude envers la nation qui, selon eux, lui a tant donné, à elle et à tous les Américains. Les conservateurs savent que l'Amérique n'est pas parfaite, bien sûr, mais ils attribuent des notes en fonction d'une courbe. Cela s'explique en partie par le fait qu'ils ont généralement une vision plus sombre de la nature humaine que leurs homologues de gauche. Lorsqu'ils évaluent l'Amérique, ils sont plus enclins à se souvenir que, pendant la majeure partie de l'histoire de l'humanité, la tyrannie a été la norme. Selon cette norme, l'Amérique semble plutôt bonne. Les conservateurs craignent que si les Américains n'apprécient pas et ne célèbrent pas les réalisations passées de leur nation, ils supposeront que le pays peut être facilement et radicalement amélioré. Et ils finiront par empirer les choses. Mais si les conservateurs pensent que l'Amérique est, comparativement, un grand pays, ils pensent aussi que comparer l'Amérique à d'autres pays est hors sujet. C'est comme votre famille: il importe peu qu'elle soit objectivement meilleure que celle de quelqu'un d'autre. Vous l'aimez parce que c'est la vôtre.

Le président qui a le mieux incarné cette forme de patriotisme est Ronald Reagan. Après l'humiliation du Vietnam, la stagflation et la crise des otages en Iran, Reagan a servi de lien vivant avec une Amérique plus forte, plus fière et plus ancienne. "Je voudrais être président parce que je voudrais voir ce pays redevenir un pays où une petite fille de 6 ans peut grandir en connaissant la même liberté que celle que j'ai connue quand j'avais 6 ans, en grandissant en Amérique", a-t-il déclaré un jour. En fait, cette déclaration est tout à fait bizarre. Lorsque Reagan avait 6 ans, en 1917, les femmes et la plupart des Afro-Américains n'avaient pas le droit de vote, et l'entrée de l'Amérique dans la Première Guerre mondiale suscitait une frénésie anti-allemande si virulente que certaines villes du Midwest natal de Reagan ont interdit l'écoute de Beethoven et de Brahms. Mais pour Reagan, qui confondait parfois films et vie réelle, l'histoire était généralement synonyme de mythe. Dans son esprit, l'histoire américaine était la saga d'hommes et de femmes courageux, au grand cœur, luttant contre des obstacles considérables mais essayant toujours de faire ce qui est juste. Ce n'est pas étonnent que sa série télévisée préférée soit La Petite Maison dans la Prairie.

Le président Reagan a convaincu de nombreux Américains qu'ils vivaient à nouveau dans ce pays mythique. Il était passé maître dans l'art de s'associer aux symboles chers à l'Amérique. Les images de son spot publicitaire "Morning in America" de 1984 (le jeune homme au visage frais qui distribue ses journaux, la mère fière dans une église simple qui regarde sa fille descendre l'allée, l'homme costaud qui hisse doucement le drapeau américain) ont humidifié même les yeux de nombreux libéraux. En fait, Ronald Reagan est pratiquement devenu lui-même l'un de ces symboles: le président cow-boy, assis sur son cheval, encadré par un paysage occidental accidenté. John McCain est un peu plus rude sur les bords. Contrairement à Reagan, qui, pendant la Seconde Guerre mondiale, n'a joué que des soldats sur grand écran, McCain a réellement participé à des combats. Et comme pour Bob Dole, cette expérience l'a rendu un peu plus ironique et un peu moins sentimental. Dole a essayé de jouer le rôle de Reagan en 1996, demandant aux Américains, dans son discours d'acceptation de la convention, de "me laisser être le pont vers une Amérique que seuls les ignorants appellent un mythe", mais il n'a pas réussi. Mais si McCain n'est pas Reagan, il incarne néanmoins de nombreux thèmes clés du patriotisme conservateur. Il a suivi les traces de ses ancêtres; il a mis de côté sa jeunesse bien élevée et a appris à obéir. Il a servi au Vietnam, une guerre impopulaire dont les vétérans sont honorés aux États-Unis non pas parce que leur service a nécessairement rendu le monde meilleur, mais simplement parce qu'ils sont Américains.

Cependant sur la question clé, l'immigration, la vision du patriotisme de McCain diffère de celle de beaucoup de gens de droite. Les conservateurs ont tendance à croire que si les Américains sont liés par les idéaux inscrits dans la Déclaration d'indépendance, ils sont également liés par un ensemble de traditions héritées que les immigrants doivent être encouragés, voire obligés, à adopter. Et ils craignent que si les nouveaux arrivants ne s'assimilent pas à cette culture commune, ils ne soient pas vraiment patriotes. McCain évoque rarement les dangers de l'immigration de masse, mais pour de nombreux conservateurs, le fait que certains immigrants mangent du vindaloo plutôt que de la dinde à Thanksgiving n'est pas charmant; c'est inquiétant et dangereux. Ils considèrent le multiculturalisme comme la célébration de diverses cultures ethniques aux dépens de la culture nationale. Et lorsque cette célébration est liée à l'affirmation que les traditions de la nation américaine sont racistes, comme c'est parfois le cas sur les campus universitaires, les conservateurs commencent à soupçonner que le multiculturalisme mène à la déloyauté pure et simple. C'est pourquoi les talk-shows conservateurs et Fox News se sont déchaînés il y a quelques années lorsque des activistes immigrés ont défilé dans les villes américaines en brandissant des drapeaux mexicains. Cela a confirmé leur crainte profonde que, si vous laissez les gens conserver leur langue maternelle et les laissez rejeter la culture américaine pour la culture de leur pays natal, ils resteront politiquement loyaux envers leur pays natal également.

Si les conservateurs ont tendance à considérer le patriotisme comme un héritage d'un passé glorieux, les libéraux le voient souvent comme la promesse d'un avenir qui rachète le passé. Considérez la réponse originale d'Obama au sujet de l'épingle du drapeau: "Je ne porterai pas cette épingle sur ma poitrine", a-t-il déclaré pendant la campagne. "Au lieu de cela, je vais essayer de dire au peuple américain ce qui, selon moi, fera la grandeur de ce pays, et j'espère que cela témoignera de mon patriotisme". Ce qui fera la grandeur de ce pays? Il ne l'était pas dans le passé? Il ne l'est pas aujourd'hui? La réponse libérale est: "Pas assez grand". Pour les libéraux, l'Amérique est moins une culture commune qu'un ensemble d'idéaux sur la démocratie, l'égalité et l'État de droit. L'histoire de l'Amérique est une chronique de la distance entre ces idéaux et la réalité. Et le patriotisme américain est la lutte pour réduire cet écart. Ainsi, le patriotisme ne consiste pas à honorer et à reproduire le passé, mais à le dépasser.

Si Ronald Reagan évoque le mieux le patriotisme conservateur, de nombreux libéraux identifient encore leur marque à John F. Kennedy, un leader à jamais associé à une promesse non tenue. Si Reagan évoquait le passé, Kennedy le minimisait, exhortant les Américains à se tourner vers l'avenir. Il aimait citer Goethe, qui "nous dit dans son plus grand poème que Faust a perdu la liberté de son âme lorsqu'il a dit à l'instant qui passe, 'Reste, tu es si belle'. Les Américains risquent de connaître le même sort. Si nous nous arrêtons au moment qui passe, si nous nous reposons sur nos acquis, si nous résistons au rythme du progrès... Ceux qui ne regardent que le passé ou le présent sont certains de manquer l'avenir", a averti John F. Kennedy. La personnalité politique d'Obama est aussi profondément liée à la jeunesse, à la promesse et à la libération des contraintes du passé. Dans la vie de John McCain, le patriotisme consiste à reproduire et à honorer ce qui a précédé: le fils et le petit-fils d'amiraux devient un héros de guerre. Dans celle de Barack Obama, le patriotisme consiste à échapper à ce qui a précédé: le petit-fils d'un agriculteur africain devient l'incarnation du rêve américain. Si l'identité de McCain a été largement façonnée par la tradition héritée, celle d'Obama est en grande partie le résultat d'une invention personnelle, un concept profondément américain. Obama a choisi une profession, une ville, une identité religieuse, voire raciale, essentiellement de son propre chef. Comme l'a dit Obama dans un récent discours sur le patriotisme, "Pour un jeune homme comme moi, métis, sans ancrage solide dans une communauté particulière, sans même la main ferme d'un père, c'est cette idée américaine essentielle, que nous ne sommes pas contraints par le hasard de la naissance, mais pouvons faire de nos vies ce que nous voulons, qui a défini ma vie".

Dans son livre intitulé "A Faith in Simple Dreams", Barack Obama a écrit: "Lorsque j'étais enfant, j'ai vécu à l'étranger pendant un certain temps avec ma mère. Et l'un de mes premiers souvenirs est qu'elle m'a lu les premières lignes de la Déclaration d'indépendance, m'expliquant comment ses idées s'appliquaient à chaque Américain, qu'il soit noir, blanc ou brun. Elle m'a appris que ces mots, ainsi que ceux de la Constitution des États-Unis, nous protégeaient des injustices brutales dont nous étions témoins chez d'autres personnes pendant ces années à l'étranger. Cela m'a été rappelé récemment lorsque j'ai suivi l'injustice brutale entourant les prétendues élections au Zimbabwe. Pendant des semaines, le parti d'opposition et ses partisans ont été silencieusement chassés, torturés et tués. Ils ont été traînés hors de leurs maisons au milieu de la nuit et étranglés sous le regard de leurs enfants. La femme d'un maire nouvellement élu a été si violemment battue que son propre frère ne l'a reconnue que par la jupe qu'elle portait le jour où elle a été tuée. Même les électeurs soupçonnés de déloyauté envers le président ont été rassemblés et battus pendant des heures, pour le simple fait d'avoir voté. Nous sommes une nation aux convictions et aux croyances fortes et variées. Nous discutons et débattons de nos différences vigoureusement et souvent. Mais au bout du compte, nous nous rassemblons toujours en un seul peuple et prêtons allégeance non pas à un endroit sur une carte ou à un certain dirigeant, mais aux mots que ma mère m'a lus il y a des années: que tous les hommes sont créés égaux, qu'ils sont dotés par leur Créateur de certains droits inaliénables, que parmi ceux-ci se trouvent la vie, la liberté et la recherche du bonheur. C'est là le véritable génie de l'Amérique, une foi dans les rêves simples, une insistance sur les petits miracles. C'est l'idée que nous pouvons border nos enfants le soir et savoir qu'ils sont nourris, vêtus et à l'abri du danger; que nous pouvons dire ce que nous pensons, écrire ce que nous pensons, sans entendre frapper soudainement à la porte; que nous pouvons avoir une idée et lancer notre entreprise sans payer de pot-de-vin; que nous pouvons participer au processus politique sans craindre de représailles; et que nos votes seront pris en compte. Pour moi, c'est l'amour et la défense de ces idéaux qui constituent le véritable sens du patriotisme. Ce sont des idéaux qui n'appartiennent à aucun parti ou groupe de personnes en particulier, mais qui appellent chacun d'entre nous à servir et à se sacrifier pour le bien commun. J'écris ces lignes en sachant que si les générations précédentes n'avaient pas répondu à cet appel, je ne serais pas là où je suis aujourd'hui. En tant que jeune homme métis, sans ancrage solide dans une communauté, sans même la main ferme d'un père, cet idéal américain essentiel (que nos destins ne sont pas écrits avant notre naissance) a défini ma vie. Et c'est la source de mon amour profond pour ce pays: parce qu'avec une mère du Kansas et un père du Kenya, je sais que des histoires comme la mienne ne peuvent se produire qu'en Amérique".

Si certains conservateurs s'inquiètent de voir la récente vague d'immigration fracturer la nation américaine, Barack Obama représente la foi libérale selon laquelle l'assimilation est relativement facile et que les nouveaux arrivants ne divisent pas l'Amérique, ils l'améliorent. L'élection d'Obama représenterait, comme celle de Kennedy, un triomphe sur les préjugés du passé. L'élection d'un Afro-Américain, comme celle d'un catholique, serait le signe que l'Amérique est, comme l'a laissé entendre Michelle LaVaughn Obama, une nation différente et meilleure qu'avant, une nation plus digne du patriotisme de tous ses citoyens. Les libéraux sont plus à l'aise en pensant à l'Amérique de cette manière: comme une nation qui doit gagner la dévotion de ses citoyens en réalisant ses idéaux. Pour les conservateurs, le dévouement doit venir en premier; la politique est secondaire. Mais pour les libéraux, la dévotion patriotique sans lutte politique est souvent vide. Les libéraux pensent que les épinglettes sont bien si elles incitent les Américains à lutter pour réaliser la promesse de la nation. Mais ils craignent que ces symboles ne deviennent, surtout lorsqu'ils sont brandis par des personnes au pouvoir, des substituts de cette lutte et donc des emblèmes d'hypocrisie et de complaisance. Les conservateurs ont tendance à être particulièrement émus par les histoires d'Américains faisant preuve d'une dévotion extraordinaire envers les symboles patriotiques. John McCain en raconte une particulièrement puissante, celle d'un camarade prisonnier au Nord-Vietnam, Mike Christian, qui a cousu un drapeau américain à l'intérieur de sa chemise et a été brutalement battu par ses geôliers en réaction, mais qui a immédiatement recommencé à le coudre, même avec des côtes cassées et des yeux gonflés presque fermés. Bien sûr, n'importe quel libéral sain d'esprit trouverait également cette histoire émouvante. Mais les libéraux font plus souvent l'éloge des personnes qui font preuve de patriotisme en reprochant aux États-Unis d'Amérique de violer ses idéaux les plus élevés.

Pour les libéraux plus que pour les conservateurs, il y a quelque chose d'authentiquement patriotique dans le célèbre discours de Frederick Douglass de 1852. Douglass, leader de la communauté afro-américaine du 19e siècle, orateur et écrivain abolitionniste, a refusé de célébrer l'anniversaire de la fondation des États-Unis d'Amérique, déclarant à une foule à Rochester, dans l'État de New York, "Qu'est-ce que le 4 juillet pour l'esclave? Qu'au-dessus de votre joie nationale et tumultueuse, j'entends le cri de deuil de millions de personnes dont les chaînes, lourdes et douloureuses hier, sont aujourd'hui rendues plus intolérables par les cris de jubilation qui leur parviennent". À l'examen, les marques libérales et conservatrices de patriotisme présentent toutes deux des défauts. Dans un pays où les nativistes d'aujourd'hui sont les immigrants d'hier et où le changement est pratiquement une religion nationale, le patriotisme conservateur peut sembler anachronique. Être espagnol, russe ou japonais, c'est imaginer que l'on partage une ascendance commune et des traditions communes qui remontent à la nuit des temps. Mais aux États-Unis d'Amérique, où la plupart des gens viennent d'ailleurs, ce genre de patriotisme du sang et du sol n'a aucun sens. Il y a quelque chose de vaguement farfelu dans la panique des conservateurs à propos des drapeaux mexicains à Los Angeles, alors que les drapeaux irlandais ornent depuis longtemps les rues de Boston le jour de la Saint-Patrick. Lier trop étroitement le patriotisme à un respect de la tradition héritée contredit l'une des traditions les plus puissantes des États-Unis d'Amérique, à savoir que son avenir ne doit pas être dicté par son passé. En définissant le patriotisme de manière trop étroite et rétrograde, l'américanisme risque de devenir clubby, accueillant pour ceux qui en font partie et hostile pour ceux qui n'ent font pas partie. Et en célébrant l'Amérique sans rétenue, sans tenir suffisamment compte des péchés de l'Amérique, il risque de dégénérer du patriotisme en nationalisme, une idéologie moralisatrice qui célèbre l'Amérique aux dépens du reste du monde.

Mais si le patriotisme conservateur peut s'avérer trop excluant, le patriotisme libéral peut être superficiel si les libéraux aiment l'Amérique uniquement parce qu'elle incarne des idéaux comme la liberté, la justice et l'égalité. Pourquoi ne devraient-ils pas aimer encore plus le Canada, qui, d'un point de vue libéral, va souvent plus loin dans la réalisation de ces principes. Et que font les libéraux lorsque ces idéaux universels entrent en collision avec l'intérêt personnel de l'Amérique? Donner le budget fédéral à l'Afrique augmenterait probablement la somme nette de justice et d'égalité sur la planète, après tout. Mais cela nuirait aux Américains et serait donc antipatriotique. D'éminents penseurs, de Léon Nikolaïevitch Tolstoï à des philosophes contemporains comme Martha Craven Nussbaum et George Kateb, ont dénoncé le patriotisme exactement pour ces raisons: il est erroné de préférer ses compatriotes à ceux d'autres pays. Le patriotisme, selon Kateb, est illibéral; c'est une attaque contre les Lumières (courant de pensée philosophique, littéraire et intellectuel du 17e siècle dont l'objectif était d'éclairer les esprits par la connaissance et de les sortir des ténèbres de l'ignorance). Il y a beaucoup de vérité dans ces propos. Les libéraux peuvent aimer l'Amérique en partie parce qu'elle aspire à certains idéaux, mais s'ils l'aiment uniquement parce qu'elle aspire à ces idéaux, alors ce qu'ils aiment vraiment, ce sont les idéaux, pas les États-Unis. Les conservateurs ont raison. Dans une certaine mesure, le patriotisme doit signifier aimer son pays pour la même raison que l'on aime sa famille: simplement parce que c'est le sien.

En matière de patriotisme, les conservateurs et les libéraux ont besoin les uns des autres, car l'amour de la patrie exige à la fois l'affirmation et la critique. C'est une bonne chose que les Américains arborent le drapeau le 4 juillet. Dans un pays aussi diversifié que les États-Unis, les symboles patriotiques sont un baume puissant. Et si les gens cessaient de faire flotter le drapeau chaque fois que le gouvernement fait quelque chose qui ne leur plaît pas, il deviendrait un emblème non pas d'unité mais de division. D'un autre côté, brandir un drapeau, comme tenir la Bible, est censé être une incitation à l'action. Lorsqu'il devient une fin en soi, l'Amérique a besoin de personnes prêtes à suivre les traces des prophètes et à rappeler à tous que le rituel complaisant peut être l'ennemi de la véritable dévotion. Le patriotisme doit être fier mais pas aveugle, critique mais aimant. Et les libéraux et les conservateurs devraient convenir que si le patriotisme n'implique aucun sacrifice, s'il n'est que foi et pas d'oeuvres, alors quelque chose a mal tourné.

L'Américain qui se porte volontaire pour aller combattre en Irak et l'Américain qui proteste contre la guerre expriment tous deux un patriotisme plus vrai que l'Américain qui traite la guerre en Iraq comme un spectacle lointain n'ayant aucun droit sur ses talents ou sa conscience. Et quelle que soit leur définition du patriotisme, les Américains devraient trembler avant de suggérer qu'un de leurs concitoyens en est dépourvu. L'erreur originelle d'Obama n'a pas été de refuser de porter l'épingle du drapeau, mais de dire qu'il avait cessé de la porter parce qu'il voyait "des gens porter une épingle du drapeau mais ne pas agir de manière très patriotique". Et c'est ce qui a rendu son adoption du symbole si astucieuse. En s'opposant à la guerre en Irak dans l'année fébrile qui a suivi le 11 septembre, alors que certains partisans de Bush qualifiaient les colombes d'antipatriotiques, il avait déjà exprimé une compréhension particulièrement importante pour les conservateurs qu'il courtisait: le patriotisme en tant que dévotion symbolique.

John McCain s'était également opposé à son camp, le Parti Républicain. Il avait refusé de s'en prendre aux immigrants illégaux. Il s'était fait le champion du service national, une idée généralement plus prisée par les libéraux, qui permet aux Américains de se dévouer à leur pays sans endosser son uniforme. Et en partant en croisade contre la corruption de Washington, il avait reconnu à quel point la démocratie américaine est souvent défectueuse, ce que Ronald Reagan, avec son patriotisme édulcoré, faisait rarement. Alors, le port d'épingle du drapeau est-il bon ou mauvais? Les deux; tout dépend du lieu et de la raison. Si vous vous rendez à une réunion des "Young Americans for Freedom", où les gens pensent que le patriotisme signifie "mon pays, qu'il soit bon ou mauvais", laissez-le à la maison et parlez-leur de Frederick Douglass, qui ne voulait pas célébrer le 4 juillet alors que ses compatriotes américains étaient en esclavage. Et si vous allez à une réunion du département des études culturelles de l'université de gauche, où le patriotisme signifie souvent "mon pays à tort et à travers", mettez-le et parlez-leur de Mike Christian, qui gisait à moitié mort dans une prison nord-vietnamienne, en train de coudre un drapeau américain. Et si quelqu'un vous donne du fil à retordre, dites-lui qu'il ne sait pas ce qu'est le vrai patriotisme.

LA CRISE FINANCIÈRE

"Je pense que les batailles idéologiques des années 60 ont continué à façonner notre politique pendant trop longtemps", a déclaré Barack Obama à un journaliste. "Le baby-boomer moyen, je pense, a dépassé depuis longtemps certains de ces arguments abstraits sur le thème: Êtes-vous de gauche? Êtes-vous de droite? Êtes-vous un grand gouvernement ou un petit gouvernement? Les gens sont très pratiques. Ce qui les intéresse, c'est de savoir si vous êtes en mesure de fournir des écoles qui fonctionnent". Cet aspect d'Obama, la promesse de "rompre avec certains de ces vieux arguments", a fortement touché de nombreux jeunes américains, qui se sont déplacés en nombre record pour voter et prospecter pour lui. Obama était le premier homme politique national à refléter leur sentiment général que le temps avançait, mais pas la politique, que les baby-boomers des groupes d'intérêt et des médias étaient en effet pris au piège dans une distorsion du temps, rejouant leurs arguments sans issue année après année. Ce thème est revenu dans les conversations avec les partisans d'Obama: "il a l'air d'être quelque chose de nouveau". Sur le terrain, Obama soulignait constamment cette idée. Comme il l'a déclaré lors d'une réunion publique dans le gymnase d'un lycée du Nouveau Mexique, "nous ne pouvons pas continuer à faire ce que nous faisons et espérer un résultat différent".

C'était un message que son organisation de campagne avait pris à coeur. Si Obama pouvait traverser une campagne d'élection générale sans s'engager dans les guerres culturelles, il gagnerait en crédibilité en tant qu'élément nouveau. Cela pourrait l'empêcher de s'enliser dans le piège de la politique identitaire. En se présentant comme le visage de l'avenir, il pourrait neutraliser la question de l'inexpérience. Et s'il parvenait à construire son propre réseau politique suffisamment fort pour remporter une élection nationale, il donnerait de la crédibilité à sa croyance quasi mystique dans le pouvoir de l'organisation. Les bannières d'Obama vantaient le "Changement auquel nous pouvons croire", et ce slogan allait droit au coeur de la tâche qui l'attendait. Le mot clé n'était pas "changement", contrairement à ce que des légions de commentateurs n'ont cessé de répéter. Le mot clé était "croire". Avec la hausse du prix de l'essence et la baisse du prix des maisons, avec l'impuissance de Washington à s'attaquer à des problèmes tels que les soins de santé, l'énergie et la sécurité sociale, avec la politique embourbée dans une impasse entre deux partis impopulaires, beaucoup d'Américains étaient prêts à essayer un nouveau remède.

A la mi-septembre 2008, John McCain se trouvait en Floride lorsque la crise financière a éclaté. D'abord, la vénérable banque d'investissement Lehman Brothers a annoncé qu'elle allait déposer le bilan, puis le candidat a ressorti une phrase bien connue de son discours de campagne. "Les fondamentaux de notre économie sont solides", a insisté McCain, comme il le faisait depuis des mois. "Mais ce sont des temps très, très difficiles... Je vous promets que nous ne mettrons plus jamais l'Amérique dans cette position. Nous allons nettoyer Wall Street. Nous allons réformer le gouvernement". Il a martelé qu'il était le seul à avoir été mis à l'épreuve dans une crise. Ça marchait très bien, jusqu'à ce qu'il soit testé dans une crise. Tout au long de l'année, l'hypothèse était que si les Furies apportaient des bouleversements à la porte de cette élection, le pays se replierait sur le choix le plus sûr et ne prendrait pas le risque d'une nouvelle recrue. Au quartier général d'Obama, "the oppo team" n'a pas perdu de temps. "Nous nous emparons de YouTube, nous le diffusons partout", se souvient un assistant. "McCain dit que l'économie est forte", peut-on lire dans un courriel du Comité national démocrate.

Dans le Colorado, Barack Obama s'est ouvertement moqué de John McCain, d'une manière qui ne dépeint pas trop subtilement le sénateur de 72 ans comme étant mentalement hors de lui. "Ce n'est pas que je pense que McCain ne se soucie pas de ce qui se passe dans la vie de la plupart des Américains. Je pense simplement qu'il ne le sait pas. Sinon, pourquoi aurait-il déclaré, aujourd'hui même, il y a quelques heures à peine, que les fondamentaux de notre économie sont solides? Sénateur, de quelle économie parlez-vous? C'est maintenant au tour de McCain de sembler pris au dépourvu, d'apparaître déstabilisé et instable. Sa campagne a tenté d'expliquer que par "fondamentaux", il entendait les travailleurs américains, et que si Obama n'était pas d'accord avec cela, eh bien, le sénateur de l'Illinois était clairement contre les travailleurs américains. Ce tour de passe-passe était si scandaleux que la presse itinérante ordinaire en a ri aux éclats. John McCain, le pilote de chasse, se met à piquer du nez et à virer. Lors de l'émission "Today Show", il a déclaré: "Nous sommes en crise. Nous sommes en crise totale". Il a demandé une commission du type de celle du 11 septembre pour enquêter sur ce qui s'était passé exactement. Il improvise, son équipe est prise par surprise. Obama a attaqué à nouveau, se moquant de McCain qui proposait "le plus vieux coup du monde, celui de renvoyer la balle à une commission pour étudier un problème". John McCain n'a plus jamais mentionné cette commission. Mais il a continué à tergiverser. Il annonce qu'en tant que président, il licencierait Charles Christopher Cox, le président de la "US Securities and Exchange Commission". On lui a fait remarquer que le président n'a pas le pouvoir de limoger le président de la SEC, dont le mandat est fixe. McCain, désormais en mode pardon, a qualifié Cox "d'homme bon", mais il a déclaré qu'il demanderait de toute façon sa démission.

Le slogan de la campagne de John McCain, "Country First", était plus qu'un slogan pour lui. C'était sa vie et l'héritage de sa famille. Aussi, lorsque la crise s'est aggravée et que le secrétaire d'État au Trésor, Henry Merritt "Hank" Paulson, a annoncé que l'administration demanderait au Congrès d'adopter un projet de loi de 700 milliards de dollars pour sauver les institutions financières en perdition, l'instinct de McCain a été de se jeter à l'eau. Il se voyait comme Theodore Teddy Roosevelt Jr (président des États-Unis 1901-1909), "l'homme dans l'arène", mais il est devenu la cible des moqueries de fin de soirée. Le matin du 24 septembre 2008, Barack Obama a essayé d'appeler John McCain pour discuter d'une déclaration commune, une sorte de déclaration de "dépassement politique", approuvant le projet de loi sur le renflouement. Obama s'était entretenu par téléphone avec Paulson et le président de la Réserve fédérale, Benjamin Shalom Bernanke. L'instinct de prudence d'Obama lui disait qu'il devait rester en dehors des négociations entre le Congrès et le gouvernement. Il a dit à ses assistants qu'il ne voulait rien dire d'autre que d'énoncer quelques grands principes comme la nécessité d'un contrôle bipartisane, d'aider Main Street aussi bien que Wall Street, de mettre fin aux parachutes dorés des dirigeants qui sollicitent l'aide fédérale.

Obama avait été impressionné par la sincérité et la profonde inquiétude des grands argentiers de l'administration, et il ne voulait pas politiser le délicat processus de négociation. Il a qualifié avec mépris le règne de George W. Bush "d'incroyable présidence rétrécie". À sa manière délibérée, il voulait essayer d'engager son adversaire dans un moment d'apaisement non partisan. Mais McCain a pris son temps pour répondre à l'appel téléphonique d'Obama. Les assistants de McCain diront plus tard qu'il ne voulait pas parler à Obama avant d'avoir affermi ses propres plans. Vers 14h30 cet après-midi-là du 24 septembre 2008, McCain a appelé Obama pour lui dire qu'il envisageait de suspendre sa campagne, de demander le report du premier débat, prévu deux jours plus tard, et de se rendre à Washington pour participer aux négociations. Environ cinq minutes après que les deux hommes ont raccroché, McCain a rendu ses plans publics. Les conseillers d'Obama sont sidérés. Dans la vision toujours paranoïaque des campagnes rivales, ils pensaient que McCain essayait d'une manière ou d'une autre de piéger Obama, en refusant d'abord son appel téléphonique, puis en lui présentant ce plan élaboré pour retourner à Washington et suspendre la campagne.

Lors d'une rencontre avec les journalistes, barack Obama a semblé légèrement perplexe face au va-et-vient de John McCain, déclarant qu'il ne voyait pas la nécessité de reporter le débat, que les présidents devaient être capables de faire deux choses à la fois et que l'Amérique avait plus que jamais besoin d'entendre les candidats. Prévu pour passer chez David Letterman le soir même, McCain a annulé. Mais à la place, il a donné une interview à Katie Couric de CBS. Par conséquent, l'humoriste de fin de soirée est impitoyable, se moquant de McCain pour avoir dit qu'il rentrait précipitamment à Washington alors qu'il était en fait dans la salle de maquillage de CBS. Letterman a dépeint McCain comme un imbécile viellissant, dont le Metamucil avait été corsé. McCain était dans une situation difficile. Comme Barack Obama, il avait pris au sérieux les avertissements selon lesquels l'ensemble du système financier était en péril, et que si le Congrès ne parvenait pas à adopter un plan de sauvetage d'ici lundi, une crise catastrophique du crédit se profilait. En même temps, il savait, grâce à ses amis du Capitole, que les républicains de la Chambre des représentants se méfiaient du plan de sauvetage de l'administration. S'il restait à l'écart, et que le plan de sauvetage échouait, il savait qu'il serait blâmé. Contrairement à Obama, il ne pouvait pas se tenir au-dessus de la mêlée. "S'impliquer était la seule chose que nous pouvions faire", a déclaré Mark Salter. Mais le romantisme de McCain, sa tendance à prendre les choses en main, ont obscurci son jugement politique. Il s'est peut-être vu revenir en courant à Washington pour sauver la situation, mais Washington n'a pas voulu de lui, non seulement les démocrates, mais aussi ses propres républicains. En cherchant à obtenir une réforme de l'éthique et un compromis sur l'immigration en 2007, McCain s'était mis à dos de nombreux membres républicains intransigeants du Congrès. Aucun dirigeant républicain ne s'est rallié à McCain lorsqu'il est arrivé au Capitole. "Ils ne l'aiment pas beaucoup", a reconnu avec regret un collaborateur de McCain.

John McCain a appelé le chef de la majorité au Sénat, Harry Mason Reid, pour lui faire part de son plan, et le chef démocrate a froidement lu un communiqué de presse accusant McCain de venir à Washington pour organiser une "séance de photos". Il a protesté en privé auprès de Reid, qu'il connaissait depuis près de trois décennies. En raccrochant, McCain s'est contenté de rire et de secouer la tête. Il avait demandé au président George W. Bush de convoquer tous les chefs de file du Congrès et les candidats politiques à la Maison-Blanche, mais la séance s'est transformée en une farce furieuse. Après que les démocrates eurent pris la parole, le président Bush se tourna vers John Andrew Boehner, le leader républicain de la Chambre. Boehner a dit au président qu'il ne pouvait pas réunir les voix républicaines nécessaires pour faire passer le projet de loi. Des cris éclatent. Barney Frank, le démocrate au franc-parler et président de la commission bancaire de la Chambre, a exigé de connaître la position de McCain. Étrangement, John McCain reste inhabituellement silencieux. Il ne voulait pas contrarier ses collègues républicains. Plus tard, McCain a raconté à ses assistants qu'au moment où les cris ont commencé, il s'est demandé "qu'est-ce qui se passe?" et qu'il avait l'impression d'être entré dans une foire aux monstres. Obama s'est contenté de secouer la tête lorsqu'il a fait son rapport à ses assistants. Il leur a dit que le secrétaire au Trésor Henry Paulson s'était mis à genoux pour supplier la présidente de la Chambre des représentants des États-Unis, Nancy Patricia Pelosi, de ne pas faire capoter l'accord. "Henry, je ne savais pas que vous étiez catholique", a-t-elle dit. Elle lui a dit d'aller supplier les républicains de la Chambre.

Les négociations ont été interrompues et ont repris le lendemain, vendredi, et John McCain a décidé qu'il pouvait tout de même participer au débat. Mais lorsqu'il est rentré à Washington après le débat le samedi et qu'il a demandé à être inclus dans les négociations, il a été rabroué. McCain a tout de même téléphoné pour essayer d'obtenir un soutien pour le projet de loi. Lorsque la législation sur le renflouement a essuyé une défaite embarrassante ce lundi-là, l'incapacité de McCain à rallier son propre parti était douloureusement évidente. Même les quatre membres du Congrès de l'Arizona, qui avaient tous soutenu McCain, ne votent pas en sa faveur. Le jour où Lehman Brothers s'est évaporé, McCain avait 2 points d'avance. En septembre, lorsque Wall Street Journal a demandé aux gens qui était le meilleur sur les impôts, McCain a battu Obama, 41% contre 37%. Le mois suivant, l'écart était de 18 points, jusqu'à ce qu'Obama l'emporte sur les impôts, 48% contre 34%. La campagne d'Obama n'a jamais manqué une occasion de reprendre les citations de McCain sur la solidité des fondamentaux de l'économie, ou sur le fait qu'il était "fondamentalement un dérégulateur" à un moment où la réglementation était fondamentalement en retard. Lorsque McCain a tenté de saisir l'occasion de suspendre sa campagne et de retourner à Washington pour sauver le système financier mondial, avant d'être stoppé par son propre parti, il a donné à Obama une arme presque aussi puissante que la crise elle-même. Les temps étaient soudainement effrayants, et McCain s'est montré erratique, impulsif et imprudent. Il est tombé dans un piège dont il n'a pas pu sortir pendant des semaines. Toute tentative de faire quelque chose de spectaculaire et de différent n'a fait que creuser davantage le trou.

La moitié des experts républicains semblait avoir abandonné John McCain, l'autre moitié lui prodiguait de mauvais conseils. Pire, il semblait avoir enfin pris conscience de la menace permanente que sa campagne faisait peser sur sa réputation. Le moment de vérité a peut-être eu lieu lors d'un rassemblement le 6 octobre 2008. "Qui est le vrai Barack Obama?" demande McCain. Un homme a hurlé: "Un terroriste". McCain a semblé grimacer, rouler des yeux et battre en retraite. Il n'a pas réprimandé l'homme, mais l'incident a été troublant, et quelques jours plus tard, lors d'une réunion publique dans le Minnesota, il a commencé à s'opposer à la laideur de ses foules. Une femme a déclaré: "Je ne peux pas faire confiance à Obama. Il est arabe", et McCain répond: "Non, madame. Non, madame, il ne l'est pas. C'est un homme de famille décent avec lequel il se trouve que j'ai des désaccords sur des questions fondamentales". Il ne serait pas tout à fait juste de blâmer McCain pour le gâchis bilieux qu'est devenu son parti. Les plus véhéments des fidèles républicains vivent dans un univers alternatif, fermenté par des décennies de balivernes brillamment méritoires de Rush Limbaugh et d'intimidations de bas étage de Sean Hannity.

Alors que l'audience de McCain devenait incontrôlable, Hannity a attisé la rage en diffusant un documentaire sur Obama dans lequel figurait, sans aucune réserve, un antisémite vénéneux qui prétendait savoir qu'Obama était musulman. Mais McCain n'a cessé, lui aussi, d'attiser la colère par une publicité négative ininterrompue, en remettant en cause le patriotisme d'Obama et en tentant de dramatiser à outrance son association avec l'ancien terroriste William Ayers. Ces manoeuvres, auxquelles s'ajoute le choix monumental et épouvantable par McCain d'un colistier non qualifié pour la présidence, ont défini la campagne du républicain. D'après les sondages, les cascades et les attaques ont fait plus de mal que de bien, ce qui est une excellente chose. Cela montrait qu'un public très inquiet prenait cette élection très au sérieux. Dans les jours qui ont précédé le débat, McCain est revenu aux limites acceptables de la politique présidentielle en prononçant un nouveau discours de campagne percutant, très critique à l'égard de Barack Obama, mais sur des questions de fond et non de déduction en déclarant qu'Obama augmenterait les impôts, qu'il dépenserait trop et qu'il concéderait la défaite en Irak. Et puis, dans un parfait hommage à sa carrière, McCain a déclaré: "Je suis un Américain! Et j'ai choisi de me battre". Il est impossible de dire quel aurait été le sort de McCain s'il avait adopté cette tactique dure mais traditionnelle et choisi également le sénateur Joe Lieberman, le vice-président qu'il souhaitait vraiment, comme l'ancien stratège de George W. Bush, Matthew John Dowd, a suggéré qu'il aurait dû le faire. Il ne fait aucun doute que, compte tenu de la conjoncture politique, Obama serait toujours en tête, mais McCain apparaîtrait comme une alternative plus plausible et garderait son honneur intact.

Il se pourrait qu'Obama ait conclu l'affaire en donnant une réponse simple à une question pas si simple posée par Tom Broskaw lors du deuxième débat présidentiel: "Les soins de santé en Amérique sont-ils un privilège, un droit ou une responsabilité?" C'était un terrain familier pour les démocrates. La question a été formulée il y a de nombreuses années par le sénateur Ted Kennedy, qui devait avoir le sourire aux lèvres à Cape Cod. "Les soins de santé devraient être un droit, pas un privilège", disait Kennedy, si souvent que c'est devenu un cliché. Mais c'était un terrain inconnu pour John McCain, qui a répondu en errant dans sa réponse (à moitié, semble-t-il) en disant qu'il serait de sa responsabilité en tant que président de fournir des soins de santé abordables à ceux qui en ont besoin. Obama a commencé sa réponse par une simple phrase déclarative: "Je crois que les soins de santé sont un droit pour chaque Américain". Le reste de sa réponse pourrait être utilisé comme modèle pour traiter d'un sujet complexe lors d'un débat public. Il a commencé par une histoire personnelle: sa mère, décédée d'un cancer à l'âge de 53 ans, a dû se battre contre sa compagnie d'assurance, en essayant de prouver que sa maladie n'était pas une condition préexistante. Il a élargi cette histoire à une proposition générale sur le rôle approprié du gouvernement: "Il est absolument vrai que je pense qu'il est important que le gouvernement prenne des mesures contre les compagnies d'assurance qui trompent leurs clients". Et enfin, il a transformé la question en une métaphore pour l'ensemble de la campagne: "C'est une différence fondamentale que j'ai avec le sénateur McCain. Il croit en la déréglementation en toutes circonstances. C'est ce que nous avons vécu au cours des huit dernières années. Cela n'a pas fonctionné et nous avons besoin d'un changement fondamental".

Barack Obama avait raison. La question des soins de santé a illustré non seulement les différences philosophiques entre les deux candidats, mais aussi les difficultés politiques rencontrées par John McCain dans cette élection. Le pari d'Obama était que le public était prêt à voir le gouvernement soutenir et réglementer davantage le système d'assurance maladie. Cette hypothèse a toujours été perdante dans la politique américaine. Les républicains ont toujours agité avec succès le drapeau sanglant de la "médecine socialisée". Mais le système de soins de santé fourni par l'employeur s'effiloche, les coûts pour les familles moyennes augmentent et presque tout le monde a un ami qui a une histoire d'horreur à raconter. Le plan de McCain n'était qu'un vestige de l'idéologie de l'ère Reagan. Il détournait les incitations de l'assurance maladie fournie par l'employeur et supposait que les gens agiraient dans leur propre intérêt éclairé s'ils étaient poussés sur un marché libre. C'est absolument vrai lorsqu'il s'agit d'acheter des réfrigérateurs. Mais l'assurance maladie est compliquée et effrayante; la plupart des gens n'ont ni le temps ni l'expertise nécessaires pour faire des choix judicieux. Ils comptent sur leur employeur pour s'assurer qu'ils bénéficient d'une bonne offre et pour se battre pour eux si les compagnies d'assurance tentent de les escroquer. Et comme de nombreux employeurs se dérobent à cette responsabilité, le public semble prêt à se tourner vers le gouvernement pour obtenir une protection. Dans une économie qui s'effondre, la réglementation gouvernementale, obligeant les assureurs à couvrir tout le monde à des tarifs raisonnables, semble plus réconfortante qu'assommante.

Mais la candidature de John McCain avait d'autres problèmes. Il n'était tout simplement pas aussi doué pour la communication que Barack Obama. La différence entre eux est apparue clairement dès la deuxième question du débat. Un certain Oliver Clark voulait savoir comment le sauvetage de Wall Street allait aider ses amis en difficulté. La réponse de McCain était confuse et obscure, à la manière classique de Washington; il a détourné l'attention de la question en accusant la Federal National Mortgage Association (FNMA) surnommée "Fannie Mae" et la Federal Home Loan Mortgage Corporation (FHLMC) surnommée "Freddy Mac" et en pointant du doigt Obama et "ses copains" pour avoir soutenu ces deux institutions incompréhensibles. Obama, en revanche, a présenté le plan de sauvetage dans un langage simple: "Eh bien, Oliver, tout d'abord, laissez-moi vous dire ce que contient le plan de sauvetage pour vous. A l'heure actuelle, les marchés du crédit sont gelés, ce qui signifie concrètement que les petites entreprises et certaines grandes entreprises ne peuvent tout simplement pas obtenir de prêts. Si elles ne peuvent pas obtenir de prêts, cela signifie qu'elles ne peuvent pas payer les salaires. Si elles ne peuvent pas payer les salaires, elles peuvent finir par devoir fermer leurs portes et licencier des gens". McCain est entré dans le troisième débat avec Obama avec un esprit plus serein. La faiblesse structurelle de la position de McCain est évidente chaque fois qu'Obama décrit un programme (soins de santé, éducation, énergie). "On en arrive vraiment à la différence fondamentale de nos philosophies", a dit John McCain, assez justement, dans le feu du troisième débat présidentiel. "Si vous remarquez, le sénateur Obama veut que le gouvernement fasse le travail. Je veux que ce soit vous, Joe, qui fassiez le travail", en référence à un plombier que Barack Obama avait rencontré pendant sa campagne. Le travail, dans ce cas, était de trouver une assurance maladie. Et dans les années passées, McCain aurait eu le dessus sur cet argument, car il s'agit de la division classique entre libéraux et conservateurs. Mais 2008 s'est avéré être un moment nouveau et effrayant pour l'électorat américain, et l'aide du gouvernement pour trouver et financer les soins de santé ne semblait plus être une si mauvaise idée.

Cependant, John McCain a mené un débat fougueux, avec quelques moments forts et un peu trop de colère pour que les Américains se sentent très à l'aise en sa présence, mais dans une très large mesure, son destin, comme cette élection, était hors de son contrôle. Ce n'était tout simplement pas une bonne année pour dire: "Joe, occupe-toi toi-même de tes soins de santé". C'était une année impossible pour la philosophie républicaine reaganienne de McCain. Entre-temps, le groupe de discussion de CNN composé de citoyens indépendants de l'Ohio ferait tourner les cadrans de leurs appareils électriques dans la stratosphère. Ils adorent l'idée que le gouvernement dépense plus pour l'éducation ou l'énergie, ou qu'il règlemente les compagnies d'assurance maladie. Ils aiment aussi l'idée que le gouvernement devait le faire avec prudence. Le meilleur moment de McCain a été lorsqu'il a décrit comment il allait réduire le gaspillage. Mais McCain a toujours eu l'air d'un grain de maïs sur le point d'éclater. Il clignait des yeux, il bafouillait. Il interrompait constamment

Obama et grinçait des dents d'agacement lorsque ce dernier refusait de mordre à l'hameçon. Par moments, l'indignation de McCain semblait juste, comme lorsqu'il a déclaré avec fracas qu'il n'était pas George Walker Bush.

Entre-temps, le groupe de discussion a puni Obama lorsqu'il a mentionné les "politiques ratées des huit dernières années". Mais même l'indignation vertueuse semblait beaucoup trop chaude cette année-là. Les deux candidats ont soutenu le plan de sauvetage, et tous deux ont appelé à des réductions d'impôts et à un contrôle des marchés, mais dans la teneur, ils étaient diamétralement opposés. Sans adopter une approche radicalement différente sur le fond, Obama a gagné ce round sur le style et la disposition. Dans sa colère, McCain a confirmé une triste vérité sur sa campagne: la principale source de négativité était le candidat lui-même. John McCain n'a pas répondu à une seule question avec une telle clarté au cours de ces débats. Il a répondu par des gestes obliques, en brandissant des totems comme le général Petraeus et le sénateur Joe Lieberman comme preuve de sa bonne foi, ou en attaquant des cibles comme le "libéralisme" dont la pertinence s'est évaporée au cours des huit dernières années. Même lorsqu'il s'agissait de sécurité nationale, son prétendu domaine d'expertise, McCain avait du mal à s'expliquer. Ses hésitations quant à l'opportunité de traverser la frontière pakistanaise pour mener des frappes ciblées contre les chefs d'Al-Qaïda étaient à la fois stupides et incompréhensibles: "Si les Pakistanais sont des alliés des États-Unis", a-t-il insisté, "pourquoi protègent-ils les terroristes?" Obama, en revanche, a répondu par des phrases déclaratives simples: "Nous allons tuer Ben Laden. Nous écraserons Al-Qaïda. Cela doit être notre plus grande priorité en matière de sécurité nationale".

Chaque fois que John McCain prenait un élan, comme le lui demandaient ses supporters, les compteurs des électeurs indécis plongeaient. Six électeurs sur dix ont déclaré que McCain passait plus de temps à tacler Obama qu'à expliquer ses propres positions, à un moment de crise où les gens se souciaient de savoir quelles étaient ces positions. Barack Obama avait un autre avantage dans ces débats, difficile à quantifier mais bien réel: il semblait tout simplement plus à l'aise et plus confiant que McCain. C'est le triomphe d'Obama: la crise financière qui aurait pu l'enterrer l'a en fait relevé et a permis aux électeurs de juger de son jugement en temps réel, et de bien comprendre qu'il est le candidat capable de répondre à l'appel du Téléphone Rouge de 3 heures du matin dont Hillary Clinton a tant parlé pendant les primaires démocrates. Exceptionnellement, cette crise lui a donné, en trois semaines et trois débats, une scène pour l'art de l'État que des décennies de Sénat n'auraient jamais pu lui offrir. Au cours de trois débats, en plein coeur de la crise, les électeurs ont pu prendre la mesure des deux candidats directement, sans foule dans les stades, sans cascades et sans rédacteurs de discours pour les sauver. On leur a dit qu'Obama était un radical dangereux qui fréquentait des terroristes. En paraissant sobre et raisonnable, il a à la fois rassuré les électeurs et diminué McCain, dont les attaques semblaient soudain peu sincères.

Une enquête du New York Times a révélé que les personnes qui avaient changé d'avis sur Obama étaient deux fois plus susceptibles de dire qu'elles étaient devenues plus favorables, et non moins favorables; celles qui ont ensuite vu McCain différemment étaient trois fois plus susceptibles de dire que leur opinion s'était détériorée plutôt que de s'améliorer. Et ce, après que les marchés aient perdu deux mille milliards de dollars. Le fait que les chances d'Obama se soient accrues alors que les marchés s'effondraient a montré à quel point le tempérament était devenu central dans la dernière ligne droite de la course présidentielle. On aurait pu s'attendre à ce que la plus grande expérience de McCain et son courage dans l'embrayage le hissent au rang de leader dans un moment de crise, mais la tournure des sondages a suggéré l'inverse. À la mi-octobre 2008, seul 1 électeur sur 3 pensait que McCain apporterait au pays un véritable changement de direction. Il ne s'en est plus jamais approché. Finalement, les adversaires d'Obama ont cessé de l'accuser de célébrité et de socialisme pour accuser sa famille de sorcellerie et avertir que son élection provoquerait la fin des temps, lorsque le christianisme serait criminalisé et que "Dieu pourrait retirer sa main de protection de l'Amérique", comme l'a dit Gary Lee Bauer, ancien candidat à la présidence.

Les événements de fin de partie ont toujours de l'importance. Le tumulte de la fin de l'année 1968 a défini cette élection pour toute une génération. Pour de nombreux historiens et journalistes, l'élection présidentielle de 1968 a été la plus turbulente du XXe siècle aux États-Unis d'Amérique, et la plus controversée depuis l'élection présidentielle de 1888, lorsque Grover Cleveland avait perdu face à Benjamin Harrison bien qu'il ait remporté la majorité du vote populaire. Elle a vu la victoire de l'ancien vice-président Richard Nixon sur le vice-président sortant Hubert Humphrey. Gerald Rudolph Ford a scellé son destin avec une gaffe sur l'Europe de l'Est lors d'un débat en 1976 avec le candidat démocrate James Earl "Jimmy" Carter, et Ronald Reagan n'a jamais regardé en arrière après une solide performance lors du seul débat présidentiel de 1980 avec Jimmy Carter. Mais jamais un événement extérieur de dernière minute n'a autant transformé la trajectoire d'une campagne présidentielle. À l'issue de la convention républicaine animée au début du mois de septembre, McCain défie la gravité politique, en cette année sombre pour le parti républicain en place, en remontant dans les sondages. Après des mois de confiance relative, les démocrates étaient soudainement alarmés: Étaient-ils capables de rater une autre élection présidentielle? Puis, le 15 septembre 2008, tout a changé. Ce jour-là, Lehman Brothers a fait faillite, Bank of America a sauvé Merrill Lynch en difficulté, le Dow-Jones a chuté de 500 points et McCain a déclaré que "les fondamentaux de notre économie sont solides". Ce fut le début d'une grande et mauvaise catastrophe politique pour McCain et les candidats républicains dans tout le pays. Le rythme des mauvaises nouvelles économiques ne s'est jamais ralenti jusqu'au jour de l'élection, noyant tout autre message que les républicains tentaient de faire passer et atténuant l'impact des attaques de caractère contre Obama. John McCain a aggravé ses problèmes en passant d'une position à l'autre sur l'économie alors que Barack Obama est resté calme, imperturbable et cohérent.

Barack Obama aurait pu remporter la Maison-Blanche sans l'intervention dramatique de la crise économique, mais l'histoire retiendra qu'à partir du 15 septembre 2008, les chances de victoire des républicains se sont effondrées. La première chose que la crise a révélée au sujet des deux candidats à la présidence, c'est qu'ils étaient sénateurs non seulement de nom, mais aussi de tempérament. Les Américains étaient en colère et désorientés par la crise de Wall Street. Le moment semblait appeler quelqu'un à donner un sens à tout cela. Et les deux candidats, McCain et Obama, en ont profité pour expliquer comment ils allaient modifier le projet de loi de sauvetage du gouvernement. Une partie du travail du candidat à la présidentielle consiste à choisir des conseillers, et à se préparer pour être prêt le moment venu. Barack Obama, lui, a consulté un casting étincelant, dont l'ancien président de la Réserve fédérale Paul Adolph Volcker, l'homme qui a vaincu la stagflation des années 1970 aux États-Unis et l'ancien secrétaire au Trésor dans l'administration du président Bill Clinton, Robert Edward Rubin, qui a brièvement effacé le déficit en mettant en place les services de banques universelles, rompant la séparation traditionnelle entre banque de dépôt et banque d'investissement, en opposition avec les leçons tirées de la crise de 1929. Un autre rôle du candidat à la présidentielle est de fixer des priorités. Lorsqu'on a demandé à Obama quel impact cette crise de mille milliards de dollars pourrait avoir sur son vaste et coûteux éventail de propositions, il a essentiellement répondu: "Peut-être aucun". Cette réponse était défendable en théorie, car chacune des grandes idées d'Obama pourrait être, à long terme, bénéfique pour l'économie américaine. La refonte du secteur de l'énergie par la vente de crédits d'émission de carbone pourrait donner naissance à une nouvelle industrie importante autour des carburants alternatifs. La réforme de l'inefficace système de santé pourrait réduire le coût des assurances et permettre aux employeurs de consacrer davantage d'argent aux salaires plutôt qu'aux avantages sociaux. La révision en profondeur du système d'assurance maladie peut valoir la peine d'être tentée, surtout si elle peut être vendue comme une réforme, comme un moyen de rendre les entreprises américaines plus compétitives et l'économie plus efficace. Le terrain semble particulièrement propice à un plan qui offrirait une couverture universelle tout en soulageant les entreprises américaines de leurs responsabilités étouffantes en matière d'assurance maladie, et ce sans socialiser la médecine.

Les sénateurs Ronald Lee Wyden (démocrate, Oregon) et Robert Foster Bennett (républicain, Utah) proposaient, en 2007, d'améliorer les soins de santé aux États-Unis d'Amérique avec des changements incluant la mise en place d'un système de soins de santé universel, le Healthy Americans Act (HAA) également connu sous le nom de Wyden-Bennett Act, et qui avait obtenu le soutien de 15 co-sponsors au Sénat, également répartis entre démocrates et républicains. Cette loi prévoit une transition entre l'assurance maladie fournie par l'employeur et l'assurance subventionnée par l'employeur, les individus devant choisir leur régime de soins de santé auprès d'assureurs privés agréés par l'État. Selon ses promoteurs, il garantirait une couverture médicale privée universelle, abordable, complète, transférable et de haute qualité, qui serait aussi bonne, voire meilleure, que celle dont bénéficient les membres du Congrès. En effet, cette couverture médicale signifie que les employeurs "encaissent" les prestations de soins de santé qu'ils accordent à leurs employés et qu'ils accordent ensuite une déduction fiscale allant jusqu'à 15210 dollars, en fonction du revenu et de la situation familiale, pour permettre aux particuliers de souscrire à un groupe de régimes d'assurance privés supervisés par le gouvernement. Selon le Congressional Budget Office, la proposition Wyden-Bennett serait finalement neutre en termes de recettes (c'est-à-dire qu'elle ne coûterait pas d'argent supplémentaire). Selon les experts en assurance maladie du Lewin Group, organisme non partisan, elle permettrait de réaliser des économies pour les personnes gagnant moins de 150000 dollars par an. "Cela semble bien, mais il est vraiment difficile de faire passer quelque chose d'aussi compliqué", a prévenu Karmark. "Vous dites aux gens que vous allez leur retirer l'assurance maladie fournie par leur employeur, et ils vont vous arracher les tripes. Il faudrait le faire progressivement". Et il faudra le vendre brillamment. Barack Obama, lui, a fait campagne en faveur de la couverture maladie universelle dès janvier 2007. Plus tard, il a déclaré qu'il était d'accord avec 90% des idées de Wyden-Bennett, mais qu'il qualifiait le HAA de radical. Obama a déclaré que ses discussions avec Wyden et Bennett étaient similaires à celles qu'il a eues avec les partisans d'un système à payeur unique. En théorie, ces plans fonctionnent, a-t-il dit. "Le problème, c'est que nous avons évolué, en partie par accident, vers un système basé sur les employeurs. Une "restructuration radicale se heurterait à une forte résistance politique", a déclaré Obama, et "les familles qui sont actuellement relativement satisfaites de leur assurance mais s'inquiètent de l'augmentation des coûts deviendraient très nerveuses à l'idée d'un changement radical".

Mais les Américains ont vu leur système de haute finance se transformer du jour au lendemain. Il était peut-être temps de procéder à une rénovation spectaculaire du gouvernement à l'ère de l'information. L'amélioration radicale de l'éducation devrait conduire à une main-d'oeuvre plus qualifiée qui produirait des biens et des services de plus grande valeur. Obama a tacitement reconnu le scepticisme ambiant en intégrant la responsabilité dans certaines de ses propositions politiques. Mais toutes ces réformes impliqueraient des coûts initiaux massifs, et la crise actuelle semblait signifier que le prochain président disposerait de moins d'argent à investir. Si vous disiez: "Eh bien, empruntons-en un peu". Vous vous heurtez au problème même qui est à l'origine de l'effondrement financier. À tous les niveaux de la vie américaine (du propriétaire en difficulté qui ne pouvait pas payer son prêt hypothécaire aux banques d'investissement en faillite qui ne pouvaient pas répondre à leurs exigences en matière de garanties, en passant par le gouvernement fédéral qui ne pouvait pas soutenir le dollar en baisse), le résultat final était que les Américains avaient emprunté trop d'argent. Ils étaient tous surendettés. Barack Obama n'a pas dit grand-chose sur la manière dont il s'attaquerait à cette question fondamentale en tant que président. En effet, ses propositions à court terme (une deuxième série de chèques de relance, par exemple, et certains de ses crédits d'impôt remboursables pour les familles de travailleurs) pourraient avoir l'effet inverse, en stimulant les dépenses de consommation. Cela pourrait satisfaire les électeurs et relancer brièvement l'économie, mais cela ne persuadera pas l'Amérique d'arrêter de vivre au-dessus de ses moyens. Depuis l'époque de Benjamin Franklin, l'un des pères fondateurs des États-Unis, qui, louant l'honnêteté, le travail et la prudence, économisait des sous, et des conquistadors qui poursuivaient leurs rêves de cités d'or, les États-Unis d'Amérique sont un pays où les avis sont partagés sur la manière de s'enrichir. Le fait que les banques de Wall Street aient récemment emprunté 30 ou 40 fois leur capital disponible pour parier sur le fait que les acheteurs de logements rembourseraient des prêts hypothécaires dix fois supérieurs à leur salaire annuel suggère que le pendule culturel de l'Amérique est allé trop loin dans la direction du casino. Et Obama n'avait pas encore montré qu'il était l'homme capable de les remettre en contact avec leur côté économe. Il a dû redoubler d'efforts pour prouver ses talents de réformateur.

Peu de temps après, John McCain s'est dirigé vers les microphones à Freeland, dans le Michigan, une petite ville située près de l'endroit où le pouce de la mitaine du Michigan rencontre la paume de la main. L'économie de l'État est la plus faible du pays, et McCain s'y rend pour visiter l'un des rares points positifs, une usine de Dow Corning consacrée à la technologie de l'énergie solaire. Vêtu d'un pantalon beige, d'un blazer bleu et d'une cravate à rayures, l'uniforme officieux de la Chambre de commerce d'une petite ville, McCain ne ressemblait pas du tout à son adversaire. Il rayonnait de dureté avec une pointe d'irritation. Il a essayé d'avertir les Américains il y a deux ans que Fannie Mae et Freddie Mac étaient dans la merde, a-t-il commencé, "mais l'Amérique a-t-elle écouté ? Maintenant, regardez dans quel pétrin nous sommes". Les gens apprécient un président qui semble partager leurs passions, leurs goûts et leurs griefs. McCain a donc probablement touché une corde sensible avec son dégoût évident des "magnats de Wall Street" et des négociateurs de Washington qu'il tient pour responsables de ce gâchis. C'est dans sa nature de voir les problèmes en termes de culpabilité personnelle ; alors que d'autres dirigeants débattaient de la meilleure façon de fixer un prix pour les dettes en difficulté, McCain réclamait la tête de Christopher Cox, président de la "Securities and Exchange Commission".

Les deux candidats à la présidentielle, Obama et McCain, ont tous deux affirmé que la cupidité était la cause première de leurs problèmes, mais dans la bouche d'Obama, cela sonnait comme un diagnostic, alors que dans celle de McCain, le mot résonnait comme un acte d'accusation. Les conseillers de McCain, comme l'ancien secrétaire au Trésor Nicholas Frederick Brady, l'avaient aidé à identifier une proposition fiscale qui s'attaquait à la cause sous-jacente de l'effondrement. Par rapport à la plupart des autres pays développés, les États-Unis ont des impôts relativement élevés sur les sociétés qui produisent des biens et des services, et des impôts relativement faibles sur la consommation. "Par exemple", a observé McCain, "l'Irlande a maintenant un impôt sur les sociétés de 11 %. Les États-Unis d'Amérique ont un impôt sur les sociétés de 35%. Où les entreprises vont-elles aller ?" La solution de McCain était assez basique : réduire l'impôt sur les sociétés. Le problème, c'est que cette réduction de l'impôt sur les sociétés ne s'inscrivait pas dans le cadre d'une refonte plus large du code fiscal qui récompenserait l'épargne et l'investissement tout en limitant les dépenses déficitaires, que ce soit celles des particuliers, des institutions privées ou du gouvernement. Cette réduction n'était qu'un élément parmi d'autres d'un budget fortement déséquilibré. Comment John McCain, s'il est élu président, pourrait-il convaincre les gens qu'ils ne peuvent pas avoir un écran plat plus grand que ce qu'ils peuvent se permettre alors qu'il dirige un gouvernement qui promet plus de services qu'il n'en a les moyens. Ni McCain ni Obama n'avaient présenté de plan concret de réduction du déficit. Si, comme le suggéraient les derniers sondages, McCain était perçu comme moins crédible qu'Obama en matière d'économie, et qu'il perdait du terrain en conséquence, la raison en était probablement que son évitement de la réalité semblait plus forte que celui de son adversaire. Un républicain proposant des réductions d'impôts spécifiques mais ne s'engageant que vaguement à réduire les dépenses était une vieille rengaine pour la nouvelle génération d'électeurs. Bien que Sarah Palin ait aidé McCain à récupérer son rôle de franc-tireur pendant quelques semaines, cette débâcle l'a une fois de plus marqué du sceau de Bush. En 2007, la plupart des gens pensaient que cette élection serait dominée par la politique étrangère. Puis, cela a ressemblé à une élection sur le prix de l'essence. Les candidats étaient encore en train de s'adapter à une campagne sur les obligations de dettes collatérales.

Barack Obama et John McCain ont été prudents dans l'adaptation de leurs messages à la nouvelle réalité parce que personne n'était sûr de ce que cette nouvelle réalité signifiait réellement. McCain et Obama avaient tous deux promis des réformes s'ils étaient élus. Tous deux avaient promis de réguler les marchés, bien que McCain ait toujours été un dérégulateur véhément. Tous deux avaient promis de nettoyer le gouvernement fédéral de tout gaspillage, fraude et abus; un engagement permanent, mais qui devrait être tenu si l'un des deux hommes espérait avoir la crédibilité nécessaire pour proposer de nouvelles dépenses publiques. Mais ils pourraient être réticents à montrer leurs mains dans une économie qui pourrait passer de l'indulgence à la punition du jour au lendemain. Pour ce qui est de l'équilibre, McCain serait un président moins imposant et moins dépensier, qui accepterait une réglementation stricte si nécessaire. Obama serait plus rapide à dépenser, plus rapide à réglementer, mais aussi probablement plus rapide à réagir à la faiblesse économique nationale. Le choix pourrait être autant une question de réflexes que d'idéologie.

Le problème pour les électeurs est que la crise est arrivée en trois exemplaires. McCain serait-il mieux à même de relever le défi d'une nouvelle attaque terroriste? Le style délibéré d'Obama serait-il plus à même de faire progresser un défi tel que le changement climatique? Et qui pourrait naviguer à travers une crise économique que presque personne ne comprend? Non seulement les électeurs ne pouvaient pas savoir à quoi un président serait confronté, mais ses réflexes face à une crise donnée ne seraient peut-être pas représentatifs de la façon dont il réagirait face à une autre. Le tempérament du président Kennedy avait été défini par son ingéniosité et son sang-froid lors de la crise des missiles cubains. "Cela n'est pas nécessairement représentatif de la façon dont il était pendant son administration", note l'historien David Coleman du Miller Center of Public Affairs, citant la baie des Cochons, le Vietnam et les relations raciales. "Il y avait une tendance à repousser les décisions, qu'il s'agisse de politique étrangère ou intérieure". Obama était distant, sûr de lui et imperturbable sous le feu de l'action; McCain était passionné, insipide et bouillant. Chacun a fait valoir son tempérament comme étant le cadre idéal pour le climat politique de l'époque. "Les Américains: Attendez-vous à ce que je me mette en colère, et je me mettrai en colère, parce que je ne supporterai pas la corruption", disait McCain. Son intervention impulsive dans les négociations sur le plan de sauvetage convenait à son discours de héros de l'action: Suspendez la campagne! Reportez les débats!

Barack Obama, quant à lui, menait une campagne dont la devise officieuse était "No Drama Obama". Il manie l'émotion avec des gants en caoutchouc et des pinces, comme s'il avait intériorisé le dicton de Napoléon selon lequel le coeur d'un homme d'État doit être dans sa tête. Son langage corporel était sobre, sa palette émotionnelle étroite: "Je ne suis pas trop haut quand je suis haut, et je ne suis pas trop bas quand je suis bas", a-t-il déclaré. "Je pense qu'il s'agit là d'une force de tempérament". La race d'Obama s'estompe à mesure qu'il devient plus familier. Sa constance a pris le pas sur la couleur de sa peau; il a été jugé sur le contenu de son caractère. Mais il y avait un véritable défi et une opportunité inhérente à son succès. Obama avait pris des risques inspirés dans sa campagne. Sa volonté de proposer un contrôle gouvernemental accru du marché des soins de santé en est un excellent exemple. Mais il s'était également montré très prudent, un politicien typique à bien des égards. Le plus évident était sa réticence résolue à annoncer de mauvaises nouvelles ou à imposer des exigences importantes au public. Ni lui ni McCain n'avaient autre chose que des platitudes à offrir. Lorsqu'on lui a demandé s'il pensait que l'économie allait empirer avant de s'améliorer, Obama a répondu sans ambages: "Non, j'ai confiance en l'économie". C'était, sans aucun doute, la réponse politique mais pas la réponse correcte. Obama sous-estimait la capacité du public à entendre la vérité, ce qui était étrange, puisque le désir national de substance, le refus d'être détourné par des futilités de type "rouge à lèvres sur un cochon" avait été si frappant dans cette campagne. Tout le monde savait que cette récession allait faire mal, que la prodigalité aurait un prix et que des efforts considérables seraient nécessaires pour sortir de ce trou. En fait, c'est cette connaissance qui a rendu possible le succès d'Obama.

Si John McCain s'est servi de l'effondrement du marché pour faire preuve d'audace, Barack Obama s'en est servi pour faire preuve de constance. "Les présidents vont devoir s'occuper de plus d'une chose à la fois", a-t-il dit, en rejetant le retour de McCain à Washington et sa décision de suspendre sa campagne électorale comme une incapacité à être multitâche. N'ayant pas autant d'expérience que McCain en matière de gestion de crise, il s'est servi de sa campagne elle-même comme d'une doublure, une longue épreuve de nerfs. Il a résisté aux appels à s'en prendre à Hillary Clinton en 2007; alors que McCain gagnait du terrain en septembre 2008, les démocrates ont exigé qu'Obama devienne plus chaud et plus méchant. Mais il a à peine touché le thermostat. Il était difficile pour McCain d'accuser les électeurs de ne pas savoir qui était vraiment Obama, alors qu'il avait été le démocrate le plus discipliné que les électeurs aient vu depuis des années. Les deux hommes avaient montré qu'ils feraient ce qui était nécessaire pour gagner. Pour Obama, cela signifiait réduire ses positions sur le forage en mer, le contrôle des armes à feu, l'ALENA (Accord de libre-échange nord-américain), Cuba, le financement public des campagnes électorales et la FISA (Loi sur la surveillance du renseignement étranger). Et en choisissant Joseph Robinette Biden, il a reconnu que lorsqu'il s'agit de faire bouger les choses, une connaissance pratique des anciennes méthodes peut encore être utile. McCain s'était lui aussi réinventé, s'opposant aux réductions d'impôts de Bush lorsqu'elles étaient temporaires, puis souhaitant les rendre permanentes. Il a ensuite dénoncé les juges de la Cour suprême qu'il avait voté pour confirmer. C'était la première élection américaine depuis des générations, et peut-être même depuis toujours, où près de 9 Américains sur 10 pensaient que le pays allait dans la mauvaise direction. Il y avait des ponts qui tombaient dans les rivières, des enfants qui abandonnaient l'école et un sentiment persistant que le siècle qui avait permis aux États-Unis de briller comme une phare pour le monde entier était en train de céder la place à un siècle où les factures d'électricité resteraient impayées.

L'empathie est un attribut superflu, bien que communément associé à la grandeur d'un leader. Les politiciens disent à la grande classe moyenne américaine que ses problèmes ne sont pas de sa faute. Ou que, quel que soit le responsable, les problèmes peuvent être résolus si seulement tout le monde pouvait se mettre d'accord sur une réduction d'impôts. Lorsque, lors du deuxième débat présidentiel, on a demandé aux candidats quels "sacrifices" les Américains devaient s'attendre à faire pour résoudre la crise financière, John McCain a promis "d'examiner chaque agence et chaque bureaucratie du gouvernement et d'éliminer celles qui ne fonctionnent pas", sans toutefois en nommer aucune. Barack Obama a déclaré que "chacun d'entre nous devrait commencer à réfléchir à la manière dont nous pouvons économiser l'énergie", avant de proposer une subvention aux personnes qui achèteraient des voitures fabriquées aux États-Unis. Au contraire, ce qui est nécessaire pour un leader, c'est l'astringence. L'astringence signifie dire aux gens ce qu'ils ne veulent pas entendre et les conduire là où ils ne veulent pas aller. Ce n'est pas réconforter les gens sur leur situation actuelle et les rassurer sur le fait que cela va s'améliorer. C'est leur dire que la situation risque d'empirer et que seuls leurs efforts peuvent déterminer le moment où elle commencera à s'améliorer. Le leadership astringent, c'est Churchill qui appelle les Britanniques à "s'arc-bouter à leurs devoirs". L'effort requis pour faire face à cette crise est insignifiant comparé à celui que la Grande-Bretagne a déployé pour repousser les nazis. Mais la situation devient de plus en plus épouvantable. Une deuxième qualité souhaitable du leadership, surtout dans une période difficile, est toxique même à mentionner pour ses connotations prétendument élitistes: l'intelligence. Pas nécessairement quelque chose d'aussi grossier que les scores bruts de QI, mais quelque chose de plus proche de cela que du type de sagesse mystique attribuée à Ronald Reagan. Appelez cela de la curiosité intellectuelle, peut-être, ou une volonté de s'engager dans des idées compliquées.

Cette crise financière était extrêmement compliquée. Il est certain que les meilleurs et les plus brillants pouvaient se planter, comme ils l'ont fait au Vietnam. Mais quatre décennies plus tard et après huit ans de George W. Bush, les Américains pourraient peut-être convenir que, tout compte fait, il serait bon d'avoir un président intelligent. Peut-être même, vraiment, vraiment intelligent. Un président qui a compris comment ce plan de sauvetage de 700 milliards de dollars était censé fonctionner. Le prochain président devra faire valoir que tout nouveau programme politique constitue un investissement dans la croissance économique. Compte tenu des réalités budgétaires, il serait plus facile de faire passer des fonds au Congrès pour des programmes énergétiques qui produisent des résultats tangibles, comme la construction d'éoliennes ou de centrales nucléaires, que pour des régimes réglementaires compliqués visant à contrôler les émissions de carbone. Il devrait commencer simplement et s'appuyer progressivement sur les succès, même s'il est clair que lorsqu'un public ambivalent exige de changements importants alors même qu'il se méfie du gouvernement en tant qu'agent du changement, un incrémentalisme patient peut donner une impression d'une faiblesse et d'un manque d'objectif. Le pouvoir du prochain président semblait destiné à être sévèrement limité par des dettes énormes et des recettes fiscales en baisse, à moins qu'il ne trouve des moyens créatifs de sortir de l'impasse, et s'il n'y parvenait pas, sa présidence serait un échec.

Une voie plausible vers le succès est proposée par les universitaires démocrates modérés William Galston et Elaine Karmarck dans un nouveau document de "Third Way" intitulé de manière appropriée "Change You Can Believe in Needs a Government You Can Trust". Galston et Karmarck ont apprécié la Banque de réinvestissement des infrastructures proposée par Obama parce qu'elle retirerait des décisions spécifiques des mains des politiciens et les placerait sous le contrôle d'un panel indépendant de cinq membres, similaire au Conseil de la Réserve fédérale. La banque d'infrastructure d'Obama a illustré deux autres principes qui pourraient être à l'avantage du prochain président. Tout d'abord, avec un coût de 6 milliards de dollars par an, soit moins d'un centième du montant du plan de sauvetage financier proposé, de nombreux programmes qui semblaient auparavant très importants paraissent maintenant dérisoires. Deuxièmement, il s'agissait d'un programme qui créerait des emplois et renforcerait l'économie. Galston et Karmarck pensaient que la prochaine vague d'activisme allait devoir être différente du passé gouvernemental, précise, rationalisée et responsable. Afin de gagner en crédibilité auprès d'un public très sceptique, elle devrait s'accompagner d'un effort majeur de réforme du gouvernement. Il est clair que l'effondrement de l'économie pose un problème au prochain président.

LES PRINCIPAUX AVANTAGES DE BARACK OBAMA

Barack Obama avait refusé 84 millions de dollars de fonds publics pour la campagne d'automne, car il estimait pouvoir collecter d'avantage de fonds privés. Le fait que les Démocrates trouvent plus facile que les Républicains de lever des fonds est un développement récent, et quelque peu inspirant. La campagne d'Obama a mené la campagne de mobilisation des électeurs la plus importante et la mieux financée de l'histoire de la politique américaine. Barack Obama a amassé une grande partie de son argent à l'ancienne, ses partisans aisés lui adressant de gros chèques et demandant à leurs amis fortunés d'en faire autant. Mais les principaux avantages d'Obama, et ce qui lui a permis de battre tous les records, sont l'habileté et le volume du Web: sa campagne avait une capacité apparemment inépuisable à rafler de petites contributions sur Internet qui, additionnées, devenaient une montagne intimidante d'argent.

En septembre, lorsque Barack Obama a récolté la somme stupéfiante de 150 millions de dollars en 30 jours, près de 75% de cette somme est arrivée via le Web. Un grand argentier d'Obama a déclaré: "Nous avons même cessé d'organiser des collectes de fonds". Obama ne s'est pas contenté de pulvériser tous les records précédents. Il les a rendus sans intérêt. En 2000, John McCain a fait trembler le monde politique en collectant environ 6 millions de dollars sur le Web. Quatre ans plus tard, Howard Dean a été considéré comme un révolutionnaire de la haute technologie lorsqu'il a récolté 27 millions de dollars en utilisant le potentiel du site Web communautaire, tandis que John Kerry a collecté la somme impressionnante de 84 millions de dollars. N'oubliez pas que ces chiffres concernent des cycles électoraux entiers; en un seul bon mois, Obama les a tous dépassés. George W. Bush, autrefois le meilleur collecteur de fonds de la politique américaine, n'a connu qu'un succès modeste avec Internet et les contributions, recueillant moins de 18 millions de dollars lors de ses deux campagnes présidentielles combinées, ce qui fait de lui peut-être le dernier président élu à remplir ses coffres de campagne avec des chèques en papier plutôt qu'en pixels.

Les futures candidats à la présidence essaieront probablement de reproduire le succès de Barack Obama, en collectant de petites sommes en masse et en renonçant aux limites de dépenses qui accompagnent les fonds publics de campagne. Il n'est pas certain que des candidats moins inspirés puissent égaler son succès. À la fin, certaines leçons étaient déjà claires. La force financière brute d'Obama, qui a dépensé près de 2 fois plus que McCain, garantit que la manière dont nous payons nos politiques ne sera plus jamais la même, et que l'argent et le pouvoir tendent à se confondre. Les partisans de Barack Obama voulaient une partie de la marque Obama, et pour cela, la campagne les a fait payer de toutes sortes de manières ingénieuses. Vous voulez un T-shirt bleu Obama avec le logo "O"? Tout cela est à vous en échange de trois choses seulement: votre argent, vos coordonnées et, finalement, votre vote. L'argent, bien sûr, a permis de financer toutes ces publicités télévisées et la plus grande équipe de l'histoire politique.

En vendant des bouteilles d'eau, des boutons de manchette, des sacs fourre-tout et des grenouillères pour bébés, ainsi que des macarons, des chapeaux et des autocollants, lors d'événements et sur Internet, la campagne a réalisé un bénéfice considérable qu'elle a comptabilisé comme des contributions. Elle s'est inspirée de la manière dont les équipes sportives commercialisent leurs marques et leurs joueurs. Plus précieuses encore que les recettes étaient les données:

le "merchandising" est devenu un outil d'organisation lorsque les clients étaient tenus de fournir leurs coordonnées avant d'acheter. Ces informations ont permis à la campagne de rester en contact avec les électeurs potentiels par e-mail, téléphone et courrier direct. En outre, elles ont été utilisées pour solliciter davantage de contributions, organiser les bénévoles, tenir les partisans informés des dernières nouvelles de la campagne et, surtout, s'assurer qu'ils allaient voter.

Une nouvelle génération d'électeurs était sur le point de nous montrer s'ils sont venus en visite ou s'ils ont l'intention de rester. La campagne d'Obama voulait attirer les minorités et les jeunes, des groupes qui se tenaient traditionnellement à l'écart des urnes. Pour les partisans prudents d'Obama et conscients de leur vertu, cet objectif louable posait des défis particuliers. La campagne voulait atteindre les jeunes hommes noirs, mais d'une manière qui ne contrarie pas les électeurs blancs. Le rappeur Jay-Z a proposé de se produire en concert pour Obama en octobre, mais la campagne était nerveuse, se souvient Jim Messina, le chef de cabinet de la campagne. Les dirigeants afro-américains de Détroit et de Miami ont plaidé auprès du quartier général de Barack Obama, se souvient Messina, en disant, en fait, "vous continuez à nous dire, allez produire des jeunes électeurs afro-américaines sporadiques. Donnez-nous les outils. Jay-Z est l'outil et vous devez nous le donner". La campagne a accepté, mais a tout de même appelé le management de la star du rap pour lui demander de ne rien dire sur McCain ou Palin sur scène, de peur que le rappeur ne fasse des remarques grossières ou incendiaires qui se retrouveraient sur Fox News. Jay-Z a accepté de ne pas faire de riff sur les candidats républicains, mais il a dit qu'il voulait interpréter une chanson, "Blue Magic", qui comprend la réplique piquante sur le président George W. Bush. Lors du concert du 5 octobre 2008 à Miami, Jay-Z a décidé de sauter cette réplique sur Bush, mais la foule, qui connaissait bien les paroles, les a quand même hurlées, tandis que des portraits géants de Bush et Obama illuminaient la toile de fond. L'incident est passé largement inaperçu dans les médias et la campagne d'Obama a enregistré 10000 nouveaux électeurs à Miami.

"Working around money" est une pratique politique ancienne et quelque peu recommandable qui consiste à distribuer de l'argent aux hommes politiques locaux, aux leaders communautaires de base et aux prédicateurs afin de faire sortir le vote le jour des élections, en particulier dans les zones pauvres habitées par des minorités raciales et ethniques. Lorsque l'argent change de mains, un certain nombre de clins d'oeil sont généralement de mise; tous les fonds ne servent pas, par exemple, à embaucher des chauffeurs ou à distribuer des tracts, et les bénéficiaires n'hésitent pas à demander. Au cours de la campagne présidentielle de Robert F. Kennedy en 1968, les agents de Kennedy veillaient à ne pas surenchérir sur le prix de l'argent distribué ou à le distribuer trop tôt, de peur de devoir payer deux fois. Le 21 octobre 2008, Michael Alexander Strautmanis, accompagné d'un journaliste, roulait dans les rues de Philadelphie à bord d'une vieille Honda Accord conduite par un diplômé en droit qui s'était porté volontaire pour la campagne dix jours auparavant. Strautmanis est un ami proche de Michelle et Barack Obama depuis qu'il a travaillé dans le même cabinet d'avocats de Chicago à la fin des années 80. Il se rendait, du moins le croyait-il, à un rendez-vous en tête-à-tête avec un membre démocrate du Congrès local. Mais la nouvelle est arrivée que la réunion avait été élargie pour inclure le comité municipal démocrate, un centre de pouvoir local dans la politique démocrate de Philadelphie.

L'un des rôles du comité de la ville était de collecter et de distribuer de l'argent aux politiciens, aux leaders communautaires et aux prédicateurs. Obama avait refusé par principe de distribuer de l'argent lors des primaires de Pennsylvanie, qu'il avait perdues de huit points. "Je ne le ferai pas", a dit Strautmanis à personne en particulier. Il a rapidement appelé un ami pour trouver un endroit où il pourrait rencontrer le membre du Congrès seul. Il rencontre ensuite un sénateur de l'État qui l'accueille comme un vieil ami, même s'ils ne se sont jamais rencontrés. Le sénateur lui dit qu'il est impressionné par Obama. "C'est le plus grand bulldozer du monde!" s'exclame l'homme politique. "Je sais qu'il m'intimide, mais ça fait du bien!" Sentant qu'il était peut-être un peu trop franc, le sénateur d'État s'est proposé d'être aussi utile que possible. Strautmanis a déclaré que la campagne prévoyait de submerger le système avec une participation massive. Des volontaires devaient frapper à la porte de tous les électeurs potentiels de Philadelphie à trois reprises le samedi, le lundi et le jour du scrutin. L'astuce consistait ensuite à les amener aux urnes. Le sénateur d'État a suggéré des bus avec climatisation et personnel soignant à bord pour les personnes âgées. "Et l'argent à distribuer", a ajouté le sénateur. "Je sais que vous ne l'avez pas fait pendant les primaires, mais..." Strautmanis a poursuivi en demandant: "Et les églises? Le sénateur est devenu un peu vague, ou peut-être timide. "Les églises, c'est une autre histoire" commence-t-il en marquant une pause. Il a suggéré que certaines églises pourraient refuser leur soutien si elles n'étaient pas courtisées, mais, le sénateur a ajouté: "une fois qu'il sera élu, elles seront les premières à demander d'aller au bal". Strautmanis a poliment changé de sujet. "Alors, sur quoi travaillez-vous sur le plan politique?" a-t-il demandé. Après la réunion, Strautmanis a admis en avoir tiré quelques avantages. "Je pense que nous devrions le faire", a déclaré l'assistant d'Obama au journaliste. "Cela fait partie de la culture ici, et qu'est-ce que cela va coûter? Quelques centaines de milliers de dollars? Pour beaucoup de gens, s'ils ne comprennent pas, ils ne s'engageront tout simplement pas".

La campagne d'Obama a finalement refusé de fournir de l'argent de poche, même si, comme l'a rapporté Politico, certaines sources locales en ont fourni. D'une certaine manière, les défis technologiques étaient moins compliqués pour les jeunes électeurs de l'équipe Obama. Le jour de l'élection, les campagnes devaient trouver un moyen de faire participer les partisans qui n'avaient pas encore voté. Cela signifiait qu'il fallait faire correspondre les listes d'électeurs se présentant aux bureaux de vote. Pendant les primaires, la campagne Obama a pu mettre à jour ses listes toutes les trois heures, une fréquence assez impressionnante. Mais cela ne suffisait pas, les magiciens de New Media, en collaboration avec le département de terrain, avaient créé un programme qui permettrait à un "flusher" (terme désignant un bénévole qui va chercher les non-votants le jour du scrutin) de savoir exactement qui avait ou n'avait pas voté en temps réel.

Les magiciens de New Media l'ont baptisé "projet Houdini", en raison de la manière dont les noms disparaissaient instantanément de la liste une fois les personnes identifiées dans la file d'attente de leur bureau de vote local. "Je n'ai aucune idée de la manière dont le projet Houdini va fonctionner", a déclaré Steve Schale, directeur de la campagne pour l'État de Floride, à un journaliste une semaine avant le jour du scrutin. "Mais s'il fonctionne, il va redéfinir la notion de 'get-out-the-vote'. C'est un outil étonnant, fascinant, et s'il fonctionne, ce sera le modèle que tout le monde utilisera à l'avenir". Lors des campagnes présidentielles précédentes, les démocrates s'appuyaient sur des organisations peu structurées de bénévoles et de syndicats pour faire sortir le vote. Cette fois-ci, la campagne d'Obama était aussi bien gérée que la vieille machine républicaine de Karl Rove dans l'État de l'Ohio. "Au lieu de rassembler des bénévoles sur 200 parkings dans des locaux syndicaux, nous disposons de 1400 équipes de quartier dans l'État, où nous avons passé six mois à recruter, à former et à gérer", a déclaré Jon Carson, le superviseur du réseau national de bénévoles de Barack Obama. "Nous avons pris les meilleurs de ces volontaires et ils nous donnent 40, 50, 60 heures par semaine. Ils sont responsabilisés et nous leur avons demandé de rendre des comptes. Je peux savoir à partir d'ici à Chicago s'ils ont passé les appels téléphoniques, s'ils ont frappé aux portes?"

LES DERNIERS JOURS DE LA LONGUE CAMPAGNE

La crise de Wall Street avait fait plonger la cote de popularité de George W. Bush à un niveau jamais atteint, et John McCain, à la tête du GOP de Bush, luttait pour échapper au courant. Près des deux tiers des 1098 personnes interrogées dans le cadre du sondage national ont déclaré qu'elles étaient personnellement en train de régresser sur le plan économique. Parmi ces électeurs inquiets, Barack Obama avait pris une avance considérable, de quelque 25 points de pourcentage sur McCain. Obama semblait réussir dans son effort pour dépasser la politique raciale traditionnelle. Une majorité de l'ensemble des électeurs a approuvé l'idée qu'Obama "n'est ni blanc ni noir; il est un peu des deux". Obama a reçu une note favorable de plus de 2 électeurs sur 3 en situation de stress économique, loin devant McCain ou sa colistière, Sarah Palin, dont l'attrait en dehors de la base républicaine s'est évaporé. Le résultat net est qu'Obama a dépassé McCain dans ce groupe démographique volatile et souvent décisif: les femmes blanches. Et il a réduit l'avance de McCain chez les hommes blancs. Si Barack Obama, sénateur à son premier mandat, avec un nom exotique, une politique libérale et un curriculum vitae peu étoffé, ne gagnait pas, ce serait pour les mêmes raisons que les autres démocrates ont perdu. Obama semblait en tout cas le voir de cette façon. "Le fait est que les gens n'ont cessé de chercher à savoir comment la race allait influencer cette campagne", a-t-il déclaré lors d'une interview télévisée. À un mois de l'échéance, alors que son soutien a augmenté en Virginie, Obama a déclaré que l'impact semblait minime.

Le 6 octobre 2008, Sarah Palin a déclaré à propos d'Obama: "J'ai tellement peur que ce ne soit pas un homme qui voit l'Amérique comme vous et moi la voyons". Elle l'a attaqué pour sa décision de "copiner" avec l'ancien poseur de bombes Weatherman Bill Ayers. Avec un Obama de nouveau en tête, la nouvelle ligne républicaine plus dure n'a surpris personne ou presque. La campagne d'Obama a déclaré qu'il s'agissait d'une distraction avant même qu'elle n'arrive. Mais dans une perspective historique, la stratégie de la campagne McCain contre Obama était plutôt choquante. Pendant des années, la recette pour injecter la race dans une campagne politique a été claire. Premièrement, invoquez le spectre de la criminalité noire, comme Lee Atwater l'a fait en 1988 lorsqu'il a juré de faire du meurtrier Willie Horton le "colistier" de Michael Dukakis. Deuxièmement, attaquer les paresseux des quartiers défavorisés, comme l'a fait Ronald Reagan en 1976 en condamnant une "reine de l'aide sociale" de Chicago. Troisièmement, s'en prendre à la discrimination positive, comme l'a fait feu Jesse Alexander Helms, sénateur de Caroline du Nord, en 1990, en diffusant une publicité montrant des mains blanches froissant un avis de refus d'emploi. Historiquement, ce genre d'action a souvent fonctionné, même contre des candidats blancs considérés comme trop attentifs aux préoccupations des Afro-Américains.

Et pourtant, avec un Afro-Américain se présentant à la présidence, la vieille recette avait été mise au placard. John McCain n'avait pas fait de publicité sur la criminalité, l'aide sociale ou les préférences raciales. Lors de la convention du GOP, ces sujets ont à peine été abordés. Mais, dans cette élection, la race importait d'une manière différente. Dans le passé, les républicains ont souvent utilisé la race pour faire passer leurs adversaires pour les anti-blancs. Mais en 2008, avec leur discours incessant sur ceux qui aiment leur pays et ceux qui ne l'aiment pas, McCain et Palin faisaient quelque chose de différent: ils utilisaient la race pour faire passer Obama pour anti-américain. Pour saisir la difference, imaginez que les démocrates aient désigné Jesse Jackson ou Al Sharpton. Les républicains les auraient taxés de prodigues, de diviseurs et de militants, mais pas d'étrangers. Même les racistes ne pourraient nier que Jackson et Sharpton sont pleinement américains. En fait, parce que l'esclavage a rompu les liens ancestraux de la langue et de la culture, les Afro-Américains ont souvent moins de liens transnationaux que les Américains dont les ancêtres ont voyagé volontairement vers ces rivages. La langue vernaculaire américaine est remplie de clichés anti-noirs, mais cosmopolite n'en fait pas partie.

Depuis les primaires, les détracteurs d'Obama ont essayé de le dépeindre moins comme une menace pour l'Amérique blanche que comme une personne éloignée de l'Amérique elle-même. En mars 2007, Mark Penn, gourou de la campagne démocrate, a exhorté Hillary Clinton à exploiter le "manque de racines américaines" d'Obama et son lien "limité" avec "les valeurs et la culture américaines fondamentales". Hillary Clinton, a-t-il conseillé, devrait ajouter le slogan "Américain" à tout ce qu'elle faisait. Fox News et ses amis ont passé la majeure partie du printemps à relier Obama à Jeremiah Wright et à le depeindre ainsi comme un militant racial refoulé. Mais lors de l'élection générale, McCain s'était rapproché des conseils de Penn. Une publicité du GOP vantait le sénateur de l'Arizona comme "le président américain que les Américains attendaient", comme s'il en existait un autre genre. Au cours de l'été 2008, McCain a dévoilé un nouveau slogan: "Country First". Lorsqu'Obama s'est rendu à l'étranger en juillet 2008, une publicité de McCain montrait des images de lui s'adressant à une foule berlinoise, accompagnées des mots "la plus grande célébrité du monde". Et Palin de suggérer "qu'il ne ressent pas la même chose que la plupart des Américains à propos de l'Amérique". Même si Obama était en tête, les attaques avaient fait des ravages. Un sondage réalisé par le Pew

Research Center, près de deux mois avant le jour du scrutin, a révélé que seuls 63% des électeurs blancs déclaraient "qu'Obama est patriote". Lorsque Pew a demandé en mai 2008 ce qui leur déplaisait chez McCain, la grande majorité des personnes interrogées ont cité ses opinions politiques. Dans le cas d'Obama, cependant, près d'un tiers ont également mentionné "le genre de personne qu'il est". Bien entendu, il s'agit en partie d'une réponse à la biographie inhabituelle d'Obama: son père africain musulman, son nom à consonance étrangère, son enfance hors du territoire continental des États-Unis. Mais c'est aussi une mesure d'époque.

Les problèmes raciaux des années 1970 et 1980 (busing, criminalité, aide sociale, discrimination positive) ont pratiquement disparu. Lorsque les sondeurs dressent la liste des principales préoccupations des Américains, ces questions sont à peine mentionnées. Ce qui est en hausse, c'est l'anxiété liée à la mondialisation. Le soutien au libre-échange non réglementé s'est effondré dans la gauche démocrate. L'hostilité à l'égard de l'immigration illégale est très forte dans la droite républicaine. Et au-delà des clivages partisans, c'est le même groupe démographique qui est le plus mécontent des deux: les Blancs de la classe ouvrière. Lors des primaires, Obama a tenté d'apaiser ces inquiétudes en dénonçant l'ALENA et d'autres accords commerciaux, mais il a largement échoué. Dans les États où la mondialisation a durement frappé, comme l'Ohio, la Virginie occidentale et la Pennsylvanie, il a perdu les Blancs de la classe ouvrière. L'une des raisons est que l'anxiété liée à la mondialisation n'est pas seulement économique, elle est aussi culturelle. Au cours des dernières décennies, le visage de l'Amérique a changé. À une extrémité de l'échelle des classes, les travailleurs à bas salaires ont afflué d'Amérique latine, transformant des régions du pays qui n'avaient pas connu d'immigration importante depuis un siècle. À l'autre extrémité, l'élite économique américaine est devenue beaucoup plus multiculturelle, les Indiens, les Coréens et les Russes envahissant les universités d'État et les établissements d'enseignement supérieur privés, les fonds spéculatifs et les start-ups de l'Internet. En Partie à cause de cela, les mariages interraciaux sont en forte hausse, surtout parmi les diplômés de l'enseignement supérieur. On comptait plus de 3 millions de couples mixtes aux États-Unis en 2005, soit 10 fois plus qu'en 1970.

La nouvelle couleur nationale de l'Amérique n'est ni noire ni blanche mais brune. Obama en est venu à personnifier cette Amérique plus mondialisée, multiculturelle et cosmopolite. C'est une des raisons pour lesquelles de nombreux libéraux l'aiment: il incarne une nouvelle Amérique, plus diverse, plus tolérante et plus ouverte sur le monde. Mais comme l'a laissé entendre le mémo de Penn, c'est aussi son talon d'Achille. Le visage de l'Amérique a changé, tout comme le visage du racisme américain. Il y a cinquante ans, les défis raciaux de l'Amérique sont venus en grande partie de l'intérieur, les Afro-Américains réclamant une égalité totale dans le pays qu'ils habitaient depuis des centaines d'années. Aujourd'hui, bon nombre des défis raciaux de l'Amérique viennent de l'extérieur, alors que l'immigration du tiers-monde transforme la nation et que les travailleurs et les dirigeants américains luttent pour s'adapter à la Chine et à l'Inde, les superpuissances non blanches émergentes. Si Martin Luther King Jr a symbolisé cette transition antérieure, Barack Obama a peut-être, par inadvertance, fini par symboliser celle-ci, comme un signe de la volonté de l'Amérique d'embrasser les réalités d'un nouvel âge.

A cinq jours de l'échéance, le stratège en chef de la campagne, David Axelrod, semblait moins anxieux que d'habitude. En effet, il semblait presque bien reposé. S'adressant à un journaliste, lors d'un rassemblement d'Obama à Sarasota, en Floride, il a souri, a expiré de manière audible et a déclaré: "Je flaire la ligne d'arrivée". L'affaissement mélancolique de ses épaules et son regard réservé ont disparu, du moins pour le moment. Obama était en tête dans les États rouges comme la Virginie et menaçait même McCain dans son État natal, l'Arizona. La nuit précédente, quelque 35 millions de personnes avaient regardé un publireportage d'une demi-heure sur Obama, puissant, quoique lisse et brumeux, diffusé en prime time sur toutes les chaînes sauf ABC. Barack Obama a utilisé son immense avantage financier pour diffuser une publicité d'une demi-heure en prime-time qui racontait son histoire, défendait ses arguments et ne mentionnait pas une seule fois McCain. Le coût, 4 millions de dollars, était une bagatelle pour une organisation qui dépensait environ trois fois plus que la campagne de son adversaire à la télévision et qui avait collecté 150 millions de dollars en septembre, un montant record pour un mois.

Axelrod avait troqué ses chaussures de randonnée habituelles contre une paire de mocassins confortables. Il avait l'air presque présentable. S'adressant à un journaliste quelques jours plus tôt, le 26 octobre 2008, il s'était émerveillé des faux pas de ses adversaires. Il avait été surpris par le choix de Palin. Il l'a qualifié d'acte de "message suicide", notant que la campagne McCain avait passé le mois d'août 2008 à essayer de persuader les électeurs de choisir l'expérience plutôt que la célébrité, puis d'un seul coup, ils ont jeté l'expérience par la fenêtre, ils ont accroché leur wagon à cette célébrité qu'ils sont en train de créer, et il est clair que McCain n'a pas mis le pays en premier. David Axelrod regrette d'avoir réagi de manière excessive à la publicité de la "célébrité" en août 2008, mais lorsque Palin a donné à McCain une brève poussée dans les sondages début septembre 2008, il s'est réjoui qu'Obama ait essentiellement ignoré le conseil des sages démocrates, qui était, selon lui, "il faut la détruire". Son instinct de penser d'abord était la procédure opérationnelle standard d'Obama. Comme il l'a dit: "Vous ne pouvez pas juger de l'impact de la tempête au milieu de la tempête. Il faut laisser passer la tempête". À ce stade, la fusion mentale entre Axelrod et Obama était si complète que les deux hommes avaient à peine besoin de se parler. Eric Holder se souvient que de temps en temps, pendant les délibérations sur le choix du colistier, Obama croisait le regard d'Axelrod, juste un instant, à la recherche d'un signe d'approbation ou de désapprobation. Le téléphone de David Axelrod sonnait régulièrement peu avant minuit, l'heure à laquelle Barack Obama aimait faire ses réflexions profondes. Axelrod savait que c'était Obama qui appelait grâce à la sonnerie de son téléphone: la mélodie de "Signed, Sealed, Delivered" de Stevie Wonder.

Il était difficile d'exagérer les sentiments d'Axelrod pour le candidat. Lorsque le consultant politique avait rencontré Barack Obama pour la première fois à Chicago afin de discuter d'une éventuelle candidature à la présidence en 2006, Michelle avait demandé à son mari ce qu'il pourrait apporter de "façon unique" s'il était élu. Obama a répondu que, d'emblée, "le jour où il sera élu, le monde nous regardera différemment et je pense que beaucoup de jeunes gens dans tout le pays se regarderont différemment". Pour Axelrod, le romantique qui lisait les vieux discours de Bobby Kennedy pour le plaisir, c'était le genre de transformation dont il avait rêvé toute sa vie, comme beaucoup de libéraux des années 60. Au moment de cette rencontre avec Obama en 2006, Axelrod avait été "tellement dégoûté par l'état de la politique, tellement désabusé". Il voulait s'impliquer dans quelque chose qui lui rappelle pourquoi il s'était lancé dans la politique au départ. Le dimanche 19 octobre 2008, Axelrod était allongé seul sur son lit d'hôtel et regardait "Meet the Press" lorsque Collin Powell a soutenu Obama avec émotion. Axelrod a levé le poing en l'air et s'est étouffé.

Pendant ce temps, Mark Salter, le plus proche collaborateur de McCain, s'était isolé de plus en plus au cours des dernières semaines de la campagne. Le matin du dernier débat, il avait trouvé le candidat en train de ruminer dans sa chambre d'hôtel. McCain s'était énervé après avoir vu certains experts conservateurs sur Fox News l'inciter à s'en prendre à Obama ce soir-là. Son directeur de campagne, Rick Davis, avait également incité le candidat à adopter une attitude plus agressive à l'égard d'Obama concernant les commentaires de Lewis. Davis a fait valoir qu'Obama avait tenté de piéger Hillary Clinton, qui l'avait rappelé à l'ordre. Davis voulait que McCain fasse de même. Une fois de plus, Salter s'est retrouvé en défenseur de la marque McCain, arguant que le candidat devait rester digne et ne pas s'abaisser pour vaincre. Mais McCain lui-même n'était pas d'accord; il voulait donner à Obama une chance de répudier les propos de Lewis. Il a ajouté: "Je suis attristé que John Lewis, l'un des "trois sages" que je consulterais en tant que président, un homme que j'ai toujours admiré, se livre à une attaque aussi éhontée et sans fondement contre ma personnalité et celle des milliers d'Américains qui travaillent dur et qui viennent à nos manifestations". La discussion s'envenime. Comme il le faisait parfois lorsqu'il était en colère et frustré, Salter sort de la pièce pour aller fumer une cigarette. John Robert Lewis, homme politique et militant des droits civiques, a comparé les politiques de John McCain et de Sarah Palin à celles de l'ancien gouverneur ségrégationniste de l'Alabama, George Wallace. Il n'a pas accusé John McCain d'imiter Wallace, mais a suggéré qu'il y avait des similitudes parce que l'atmosphère des événements de la campagne républicaine était semblable à celle de George Wallace. Il a déclaré que McCain et Palin jouaient avec le feu et que, s'ils ne faisaient pas attention, ce feu nous consumerait tous. Ils jouent un jeu très dangereux qui ignore la valeur du processus politique et dévalorise notre démocratie tout entière. Le peuple américain mérite mieux. La campagne de Barack Obama s'est efforcée de se dissocier des pires déclarations de John Lewis, sans pour autant le réprimander. Au lieu de cela, elle a déclaré que Lewis avait "raison de condamner une partie de la rhétorique haineuse".

Les sondages continuent à être sombres pour McCain alors que la campagne entre dans son dernier week-end. Il est distancé par une moyenne de 8 points dans 14 États clés, perdant du terrain dans neuf d'entre eux et n'étant en tête dans aucun. Le jour d'Halloween, un proche collaborateur de McCain a déclaré à un journaliste que les chances de gagner de McCain étaient à peu près équivalentes à celles d'un "tirage au sort d'un éclair royal intérieur". Mais McCain, qui aimait plaisanter en disant, "c'est toujours plus sombre avant d'être complètement noir", semblait imperturbable, voire heureux. Ses assistants avaient déjà vu cette humeur auparavant. Cela ne dérangeait pas McCain d'être l'outsider; il semblait presque se glorifier de se battre pour une cause perdue. "Plus les choses deviennent folles, plus il devient calme", a déclaré Matt McDonald, un conseiller principal de McCain.

Mark Salter n'a pas été surpris par l'attitude de McCain. Des années auparavant, McCain lui avait dit qu'il idolâtrait le personnage de Robert Jordan dans "A Farewell to Arms" d'Hemingway. Salter avait écrit un chapitre sur Jordan dans le livre qu'il avait coécrit avec McCain, "Worth the Fighting For". Salter, avec la voix de McCain et en imaginant clairement McCain, décrivait Jordan comme "un homme qui risquait sa vie mais jamais son honneur". Le titre du chapitre était "Beautiful Fatalism", d'après une expression qu'Hemingway avait utilisée pour décrire les guerriers qui restaient fidèles à une cause condamnée. Cela décrivait assez bien John McCain alors qu'il entrait dans les derniers jours de cette longue campagne. Lors d'un voyage en bus à travers le centre de la Floride, McCain était fatigué mais de bonne humeur, serrant avec exubérance la main des clients d'un marché en plein air et remerciant humblement un vétéran du service des sous-marins de la marine. Il a fait deux déclarations brèves et sans humour à ses anciens amis de la presse. La foule s'est retournée contre les journalistes en criant: "Quand allez-vous cesser de mentir à l'Amérique?" Les partisans de McCain-Palin avaient adopté Joe le plombier, et Sarah Palin, avec le sens de la foule, a élargi la franchise pour inclure Tito le constructeur et Angela la coiffeuse, et Barack l'éparpilleur de richesses. Irrépressible, Lindsey Graham avait commencé à appeler son copain du Sénat "Joe the Biden", ce que McCain trouvait inexplicablement hilarant.

On n'a pas beaucoup ri pendant un trajet en bus à travers la Pennsylvanie. McCain était assis seul à l'arrière avec son ami et assistant Stephen "Steve" Duprey. Le candidat a demandé à Duprey, qui avait été président du parti républicain du New Hampshire, comment se passait la campagne dans le New Hampshire. McCain aimait beaucoup l'État du Granite, où les électeurs indépendants lui avaient donné une majorité écrasante lors des primaires républicaines de 2000 et 2008. Duprey a hésité, mais a regardé McCain dans les yeux. "Nous allons probablement perdre", a-t-il dit. McCain a l'air sincèrement choqué. "Comment cela a-t-il pu se produire?" a demandé le candidat en secouant la tête. Ce n'était pas seulement Obama, lui a dit Duprey. En réalité, le "ground game" de McCain, comme on appelait parfois l'effort de mobilisation des électeurs, n'était pas très fort. Dans de nombreux États, la campagne de McCain était moins bien organisée et moins dépensière que celle d'Obama. Duprey pense que le directeur politique de McCain, Mike Andrew DuHaime, et l'opération politique ne comprennent pas le New Hampshire. DuHaime, qui avait dirigé la campagne malheureuse de Guiliani, pratiquait une politique républicaine de viande rouge toute faite. Le propre fils de Duprey avait reçu un courrier présentant McCain comme pro-vie. Duprey, comme beaucoup de républicains du New Hampshire, était pro-choix. Duprey a dit à McCain: "Je suis un partisan du planning familial. S'ils m'envoient quelque chose comme ça, qui d'autre ciblent-ils de manière érronée?"

Dans une campagne perdue, la médisance est inévitable. McCain le savait de par sa propre expérience. En 1996, il avait joué le rôle que Lindsey Graham a joué pour lui. Il était monté dans l'avion de campagne en tant qu'ami et conseiller de Robert Joseph "Bob" Dole, le sénateur du Kansas qui affrontait le président William Jefferson Clinton. À l'automne 1996, la campagne de Dole s'était transformée en un peloton d'exécution circulaire alors que les sondages annonçaient une défaite républicaine. D'ailleurs, McCain lui-même était l'un de ces conseillers qui, à l'occasion, remettait en question la stratégie de la campagne auprès des journalistes, alors même qu'il essayait de conseiller son ami et collègue vétéran blessé, le sénateur Dole. McCain ne voulait pas lire dans la presse les querelles internes de sa propre campagne. "Ne me faites pas ça", avait-il dit à Salter et Schmidt, Davis et Charlie Black. Et dans l'ensemble, ils ne l'ont pas fait. Mais surtout, lorsque Schmidt a fait appel à des outsiders de la campagne Bush-Cheney 2004 pour rejoindre l'équipe de McCain, la "cohésion de l'unité" a commencé à s'effriter. Le dimanche 26 octobre 2008, les responsables de la campagne de McCain avaient envisagé de retirer tout simplement le Sunday Magazine de l'exemplaire du New York Times que possédait le candidat, mais McCain a exigé le journal avant que quiconque puisse retirer l'article incriminé. "The Making and remaking of a candidate", de Robert Draper, documenté en détail et avec des scènes en coulisse, les nombreuses embardées stratégiques de McCain et de ses conseillers. Avant d'avoir atteint la moitié de l'article de 8500 mots, McCain a déclaré, calmement mais fermement, "Je suis très déçu".

Le malaise des conseillers de McCain était évident. Les tensions s'étaient accumulées: début octobre, alors que les journalistes se pressaient dans le hall d'un hôtel, ils ont vu Salter et Nicole Wallace se disputer vivement. Quelques jours plus tard, Salter était mécontent d'une déclaration de Wallace qui semblait défendre les foules en colère attisées par la candidate à la vice présidence Sarah Palin. Salter et Wallace avaient clairement une relation tendue. Certains journalistes, qui avaient été tenus à l'écart de McCain, sont montés à bord de l'avion ce jour-là par la porte avant, ils ont défilé devant le candidat, qui était assis sur le canapé qui avait été installé, mais qui n'a jamais été utilisé pour les discussions "Straight Talk" avec la presse. Le candidat qui avait autrefois échangé des plaisanteries avec ses amis de la presse n'a même pas levé les yeux, il a simplement regardé le sol d'un air morose. Il était flanqué de Salter et Wallace qui, eux aussi, regardaient fixement devant eux. Les journalistes ont remarqué que Salter passait de moins en moins de temps avec son vieux copain Schmidt, et que Schmidt était plus souvent vu en compagnie de Wallace. Meghan, la fille de McCain, âgée de 24 ans, se plaignait de plus en plus, et parfois de façon profane, que son père était mal servi par ses conseillers. L'atmosphère dans le bus devenait si délétère qu'un collaborateur de niveau intermédiaire a envoyé un courriel à un autre pour lui dire: "Tuez-moi". Et pourtant, alors que les chances s'éloignaient et que le jour de l'élection se rapprochait, Salter s'est inspiré de McCain, ou peut-être de leur sosie mythique commun, Robert Jordan. Salter a cessé de broyer du noir et a commencé à plaisanter, comme s'il se moquait du destin. Sur l'air de "Rocky", la musique utilisée pour présenter McCain comme l'outsider combattant lors des rassemblements, Salter a diverti les membres du personnel avec un match de "shadowboxing" avec Schmidt. Ce dernier a toutefois fait preuve d'un peu trop d'enthousiasme et a légèrement coupé les lunettes d'aviateur de Salter, lui causant un traumatisme à l'orbite de l'oeil. Lorsque les journalistes ont demandé ce qui s'était passé, Salter a pointé du doigt la petite blessure et a plaisanté: "Une lutte intestine vicieuse au sein du personnel".

Les coups les plus vifs ont été portés à Sarah Palin. Un membre anonyme de l'équipe McCain l'a décrite à Politico comme une "cinglée" et une "diva". Lorsque Politico a rapporté, le 21 octobre 2008, que Palin avait dépensé 150000 dollars pour l'achat de vêtements pour elle et sa famille, la candidate à la vice-présidence a fait preuve d'une innocence blessée. Lors d'une étape de la campagne à Tampa, elle a déclaré: "Les vêtements ne sont pas ma propriété, tout comme l'éclairage, la mise en scène et tout ce que la RNC (Comité National Républicain), organisme politique américain chargé de diriger le Parti républicain au niveau national, a acheté. Je ne les emmène pas avec moi. Je recommence à porter des vêtements provenant de ma boutique préférée à Anchorage, en Alaska". Publiquement, les assistants de McCain ont soutenu Palin, affirmant qu'un tiers des vêtements avaient été rendus immédiatement, avant d'être portés en public, et que le reste serait donné à des oeuvres de charité. En privé, cependant, les principaux conseillers de McCain ont fulminé contre ce qu'ils considéraient comme la prodigalité scandaleuse de Palin. L'un d'entre eux a déclaré que Nicole Wallace avait dit à Palin d'acheter trois costumes pour la convention et d'engager un styliste, mais qu'ensuite Palin était "partie en vrille", comme l'ont dit les médias. Elle a commencé à acheter, pour elle-même et sa famille, des vêtements et des accessoires dans des magasins haut de gamme comme Saks Fifth Avenue (une chaîne américaine de grands magasins fondée par Andrew Saks) et Neiman Marcus Group (une chaîne commerciale fondée par les familles Marcus et Neiman). Une semaine après avoir annoncé qu'elle retournait à son magasin de consignation, elle se faisait encore livrer des vêtements sur mesure.

Selon deux sources bien informées, la grande majorité des vêtements ont été achetés par un riche donateur, qui a été choqué lorsqu'il a reçu la facture. Sarah

Palin a également fait appel à des collaborateurs de bas niveau pour acheter certains vêtements avec leur carte de crédit; la campagne de John McCain l'a découvert quelques jours après lorsque les collaborateurs ont demandé un remboursement. Un collaborateur a estimé qu'elle avait dépensé "des dizaines de milliers" de plus que les 150000 dollars déclarés, et que 20000 à 40000 dollars avaient servi à acheter des vêtements pour son mari. Certains vêtements avaient apparemment été perdus. Un collaborateur en colère a qualifié la virée shopping de "hillbillies de Wasilla pillant les Neiman Marcus d'un océan à l'autre" et a déclaré que la vérité finirait par éclater lorsque le parti républicain vérifierait ses comptes. Un assistant de Palin a déclaré: "La gouverneure Palin ne demandait pas à ses collaborateurs de mettre quoi que ce soit sur leurs cartes de crédit personnelles, et tout ce que ces collaborateurs ont mis sur leurs cartes de crédit a été remboursé, comme une dépense. Les accusations méchantes et fausses qui suivent une défaite en disent plus long sur la personne qui les a formulées que sur la gouverneure Palin". L'assistant a ajouté: "Il est incroyablement scandaleux que vous envisagiez même de publier ces fausses accusations".

Entre-temps, lors du dernier jour de campagne, le lundi 3 novembre 2008, Barack Obama est monté sur scène et a observé la foule pendant quelques secondes supplémentaires avant de prononcer son discours de soutien. La foule est d'humeur festive. Une femme d'âge moyen portant un foulard en soie danse la salsa avec un homme latino rayonnant, tenant ses deux mains au-dessus de sa tête et faisant le signe de la victoire tandis qu'il tourne et tourne sur la chanson "Ain't No Stopping Us Now". Les journalistes, qui ont rarement quitté leurs ordinateurs portables dans la salle de presse pour écouter Obama prononcer son discours habituel, se sont dirigés vers la scène pour avoir une meilleure vue du candidat. Ils semblaient sentir que la longue campagne était enfin terminée, que c'était leur dernière chance de voir le phénomène politique, qui revenait rarement pour parler à la presse. "Je n'ai qu'un mot pour vous, Floride: Demain", a déclaré Obama à la foule. Il s'est inspiré de l'éloquence du mouvement pour les droits civiques, entonnant: "We have a righteous wind at our backs (Nous avons un vent vertueux dans le dos)".

Ce matin-là, Barack Obama a téléphoné à sa femme Michelle à Chicago et a appris que sa grand-mère, Madelyn Lee Payne Dunham, était décédée. Il avait interrompu sa campagne la semaine précédente pour se rendre à son chevet à Honolulu, et il était heureux d'avoir eu la chance de dire au revoir à celle qu'il appelait "Toot" (d'après Tutu, le mot hawaïen pour grand-mère). Plus tard dans l'après-midi, devant 25000 personnes à Charlotte, en Caroline du Nord, il a évoqué le décès de sa grand-mère. "Elle est rentrée chez elle", a-t-il dit. Sa voix est devenue rauque et il a qualifié sa grand-mère de "héros silencieux", l'un des nombreux héros silencieux qui travaillent dans l'ombre pour offrir une vie meilleure à leur famille. Contrairement aux présidents Ronald Reagan, George Herbert Walker Bush, William Jefferson Clinton et George Walker Bush, qui se sont tous facilement étranglés ou ont versé des larmes, Barack Hussein Obama a rarement montré la moindre émotion. Mais là, il a fouillé dans sa poche, en a sorti un mouchoir et s'est tamponné le visage, mouillé de larmes.

Le matin de l'élection, Obama a voté chez lui, à Chicago, puis s'est envolé pour l'Indiana. Il a fait un arrêt surprise dans un local syndical servant de centre de prospection et de banque téléphonique le jour de l'élection. "Hé, les gards!", a-t-il dit en entrant dans la salle. Le candidat a commencé à prendre le téléphone des mains des appelants des banques téléphoniques et à surprendre plusieurs électeurs à l'autre bout du fil. Puis il s'est rendu au gymnase pour son match de basketball rituel. Au quartier général d'Obama, au 233 North Michigan Avenue, il y avait la profusion habituelle de cartons de pizza et de membres du personnel à l'air affairé. Mais la salle des finances était vide. La puissante machine à fric d'Obama s'était enfin tue; son personnel avait été envoyé dans les États pour travailler dans les bureaux de vote. Dans la chaufferie du 19e étage (sol en béton brut et tapis industriel collé au sol au-dessus de faisceaux de fils et des câbles serpentant sous une vingtaine de tables), des bureaux spéciaux avaient été installés pour chaque État clé, prêts à réagir à un faible taux de participation ou à déclencher un déluge d'appels téléphoniques automatisés.

Mais à 15 heures, le jour du scrutin, alors que les bureaux de vote étaient ouverts dans tout le pays, un repérage n'a révélé aucune crise naissante, aucune surprise, seulement des problèmes mineurs rapidement réglés. En fait, le personnel, qui s'attendait à des problèmes sur tous les fronts, a été agréablement surpris de n'en trouver que très peu. La "chaufferie" semblait être un terme inapproprié. L'atmosphère de travail sans effusion de sang donnait l'impression d'un bureau d'entreprise un mardi tranquille, et non d'une salle de guerre politique lors d'un scrutin décisif. À la toute fin, le révérend Jeremiah Wright n'a pas fait d'apparition. Un groupe indépendant, le National Republican Trust PAC, qui est largement connu pour utiliser les tactiques politiques les plus astucieuses et obtenir des resultats en élisant des conservateurs et en battant des libéraux, des progressistes et des démocrates, a dépensé des millions de dollars en temps d'antenne pour une publicité destinée à "Saturday Night Live", l'émission spéciale du samedi soir consacrée aux élections. La publicité attaquant l'ancien pasteur d'Obama était habile, avec de bien meilleures valeurs de production que les vidéos grossières du révérend Wright circulant sur Internet, et reprochait à Barack Obama d'être resté dans l'église de Wright jusqu'à ce que cela devienne poitiquement gênant. Le PAC a diffusé la publicité sur CNBC, ce qui a rendu l'expérience plutôt confuse. Mais c'était trop peu, trop tard. Lorsqu'un journaliste a envoyé un courriel à un haut conseiller d'Obama pour connaître sa réaction, il a reçu une réponse disant simplement "silence". Barack Obama était déjà hors d'atteinte, il volait haut.

McCain a insisté pour avoir une dernière réunion publique dans le New Hampshire. Ses assistants voulaient un bref rassemblement près de l'aéroport de Manchester, le New Hampshire n'ayant que quatre votes électoraux. La campagne voulait se déplacer vers deux États plus importants, mais McCain a insisté pour faire le long trajet en bus jusqu'à Peterborough, une ville rustique comme celles où McCain avait, à deux reprises, en 1999 et 2007, créé un élan politique à partir de rien. Pendant le trajet, il a plaisanté avec ses amis du New Hampshire et Joe Lieberman sur les bons moments passés dans le New Hampshire, entraînant les électeurs dans les assemblées municipales alors qu'il était à zéro dans les sondages. Le conseiller du New Hampshire, Mike Dennehy, a déclaré plus tard que la réunion publique de McCain à Peterborough était son meilleur événement dans le New Hampshire, probablement de tous les temps. Par la suite, lorsque McCain est monté dans l'avion, il s'est tourné vers Dennehy et a demandé: "De combien sommes-nous en retard?" Dennehy l'a regardé pendant une seconde. "Ne parlons pas de ça ce soir", a-t-il dit.

Lors du dernier vol de retour vers Arizona, McCain est revenu dire au revoir aux journalistes auxquels il ne parlait pratiquement plus depuis longtemps, encore abasourdi par ce qu'il considérait comme une trahison personnelle de la part de ses amis de la presse. "Je me sens bien, je suis confiant quant à la façon dont les choses se sont déroulées", a déclaré le candidat, en proférant l'indispensable mensonge blanc. "Nous avons passé beaucoup de temps ensemble... Nous avons passé de bons moments. Je vous souhaite à tous beaucoup de succès et j'ai hâte d'être avec vous à l'avenir". Derrière lui, Cindy McCain n'a pas caché ses sentiments. Elle pleurait et semblait épuisée, tout comme les compagnons de route de McCain, Joe Lieberman et Lindsey Graham. Quant à Steve Schmidt, il s'était entretenu brièvement avec les journalistes. L'un d'eux lui a demandé: "Êtes-vous satisfait de la campagne?" Il a simplement répondu: "je pense que nous avons fait de notre mieux dans des circonstances vraiment difficiles... Il est très improbable que quelqu'un ait à se présenter dans un climat politique pire que celui dans lequel John McCain a dû se présenter cette année". Un autre journaliste lui a demandé s'il était satisfait du choix de Sarah Palin. Il a naturellement esquivé la question.

À partir du moment où Sarah Palin a terminé son discours incandescent lors de la Convention nationale républicaine et jusqu'au sondage du New York Times/CBC News de fin octobre, dans lequel un tiers des personnes interrogées ont déclaré que le choix du vice-président aurait une grande influence sur leur vote, il était clair que Palin était une figure transformatrice. Bien que les Américains ne votent pas en fonction du candidat à la vice-présidence, Palin a changé la course électorale à elle seule, mais pas de la manière dont la campagne de John McCain l'avait espéré. En fait, elle a coûté au ticket du GOP plus qu'elle ne l'a aidé. Dans le sondage, 59% des personnes interrogées ont dit qu'elles ne pensaient pas qu'elle avait les qualités requises pour être vice-présidente des États-Unis d'Amérique, un avis partagé par de nombreux mandarins du GOP. Le parti républicain n'a jamais été entièrement à l'aise avec sa candidate Sarah Palin. Steve Schimdt essayait, pas très fort, de cacher ses véritables sentiments. Il a été contraint de prendre personnellement en charge la préparation des débats de Sarah Palin, qui ne semblait pas disposée à s'engager dans le travail fastidieux d'apprentissage des questions.

Les conseillers de McCain ont été frustrés de voir Palin refuser de parler aux donateurs parce qu'elle trouvait cela corrupteur, et ils ont été furieux d'entendre des rumeurs selon lesquelles Todd Palin téléphonait aux gros bonnets de l'Alaska pour leur dire de garder leurs donations jusqu'en 2012. Le jour du troisième débat, Palin a refusé de monter sur scène avec le sénateur du New Hampshire John Sununu et Jeb Bradley, un membre du Congrès du New Hampshire se présentant au Sénat, parce qu'ils étaient pro-choix et que Bradley s'est opposé au forage en Alaska. La campagne de McCain lui a ordonné de monter sur scène lors de la prochaine étape de la campagne, mais elle a refusé de reconnaître les deux candidats républicains qui se tenaient derrière elle. McCain lui-même parlait rarement à Palin, peut-être une fois par semaine lorsqu'ils ne voyageaient pas ensemble, a estimé un conseiller. Les assistants l'ont tenu dans l'ignorance des dépenses vestimentaires de Palin parce qu'ils étaient sûrs qu'il serait offensé. Dans son discours de défaite, McCain a fait l'éloge de Palin, mais le langage corporel entre eux sur scène n'était pas particulièrement amical. Palin avait demandé à prendre la parole, mais Schmidt a opposé son veto à cette demande.

CHAPITRE III

LE CHANGEMENT EST ARRIVÉ EN AMÉRIQUE

LE SOIR DE L'ÉLECTION, BARACK Obama a mangé un steak avec sa famille dans leur maison de Hyde Park, à Chicago. Il s'est ensuite rendu dans une suite d'hôtel, où il s'est entouré du noyau dur qui l'accompagne depuis le début, à savoir Axelrod, Plouffe, Robert Gibbs, directeur de la communication, Valerie Jarrett, amie de la famille et mentor. Divers enfants, les deux filles d'Obama, les enfants de Craig Robinson, le frère de Michelle, le fils de Gibbs, les petits-enfants de Joe Biden, se promènent joyeusement. Pendant la plus grande partie de l'automne, la campagne s'était inquiétée de l'Ohio, l'État clé le plus important. Quand on a appris qu'Obama avait gagné l'Ohio, il a dit à Axelrod: "On dirait qu'on va gagner, hein?" Axelrod a répondu: "On dirait bien que oui". Il a ajouté: "Je ne veux pas vous féliciter avant de pouvoir vous féliciter". Selon Jarrett, Obama a toujours été d'humeur égale.

Alors que le jour de l'élection américaine, le 4 novembre 2008, glissait sans transition vers le 5 novembre 2008, le monde s'est soudainement arrêté de bouger. Et puis, quand les résultats ont été publiés et que les chaînes de télévision américaines ont fait défiler leurs écrans: "Dernières nouvelles: Barack Obama élu", il y a eu une explosion de bruit, de klaxons, d'enfants qui criaient et d'étrangers qui s'embrassaient dans les rues. Les gens ont dansé à Harlem, pleuré à l'église baptiste Ebenezer et allumé des bougies sur la tombe de Martin Luther King jr. Plus d'un millier de personnes ont crié "Yes we can!" devant la Maison-Blanche, où il y a un siècle, il était considéré comme scandaleux pour un président d'inviter un héros noir à déjeuner. Les services secrets ont déclaré qu'ils n'avaient jamais rien vu de tel. Le président Bush a qualifié la victoire de "géniale" lorsqu'il a téléphoné à Obama pour le féliciter: "Vous êtes sur le point d'entreprendre l'un des plus grands voyages de la vie".

Devant une marée d'Américains dans le Grant Park de Chicago à minuit, Barack Obama a déclaré: "Cela a été long à venir, mais ce soir, grâce à ce que nous avons fait en ce jour lors de cette élection, à ce moment décisif, le changement est arrivé en Amérique". Pourtant, en regardant mardi soir à travers la vitre blindée, dans un parc portant le nom d'un général de la guerre de Sécession, il a dû voir la vérité sur les visages des gens. "Nous sommes ceux que nous attendions", aimait-il dire, mais les gens l'attendaient, attendaient que quelqu'un termine ce qu'un King avait commencé. "S'il y a quelqu'un qui doute encore que l'Amérique est un endroit où tout est possible, qui se demande encore si le rêve de nos fondateurs est vivant à notre époque, qui s'interroge encore sur le pouvoir de notre démocratie, ce soir est votre réponse", a déclaré le président élu dans le Grant Park de Chicago. Il n'a fait qu'indirectement allusion au caractère historique de cette victoire. "Cette élection a connu de nombreuses premières et de nombreuses histoires qui seront racontées pendant des générations", a-t-il déclaré. Il n'a pas vraiment eu besoin d'ajouter quoi que ce soit, car le fait qu'il prononce ces mots est un témoignage suffisant. Une nation, dont la Constitution avait consacré l'esclavage, a élu un président afro-américain alors que, de mémoire d'homme, les Afro-Américains étaient privés de droits humains fondamentaux, dont le droit de vote.

Les hyperboles autour des élections sont faciles et moins coûteuses, mais ce fut un moment, une année, où même les superlatifs ne pouvaient pas saisir l'ampleur du changement pour lequel le pays a voté le 4 novembre 2008. Barack Hussein Obama a remporté plus qu'une victoire présidentielle. Il a gagné une chance de réaligner le paysage national et de créer une nouvelle idéologie de gouvernement pour l'Occident. Il n'a pas gagné en raison de la couleur de sa peau. Il n'a pas non plus gagné en dépit de celle-ci. Obama a fait campagne, en partie, en faisant valoir que sa candidature transcendait la race. Peut-être l'a-t-il fait. Au début des primaires, nombreux étaient ceux qui pensaient que la couleur de sa peau, son nom inhabituel et ses origines peu familières pourraient bien lui coûter l'élection. En fin de compte, il a remporté une victoire décisive, un exploit rare pour un candidat démocrate à la présidence. Certains démocrates blancs ont déclaré qu'ils ne pouvaient pas voter pour Obama parce qu'il était Afro-Américain. Et quelques Afro-Américains ont peut-être voté pour lui uniquement parce qu'il était Afro-Américain.

Mais la plupart des Afro-Américains n'ont pas été aveuglés par la race. Bien que fiers de leur identité noire, ceux qui ont voté pour Barack Obama ont pris leur décision de manière beaucoup plus réfléchie et ont fondé leur vote sur des promesses qu'il doit maintenant tenir. Penser que cette élection était gagnée d'avance par lui auprès des Afro-Américains en raison de leur affinité pour leur propre peuple est au mieux fallacieux, au pire insultant pour leur intelligence. Et c'est ignorer le fait que de nombreux autres Afro-Américains se sont présentés aux élections présidentielles et sont repartis sans avoir remporté une primaire, et encore moins la présidence. Ni Shirley Chisholm, ni Jesse

Jackson, ni Al Sharpton, ni Alan Keyes, ni aucun autre candidat afro-américain n'a recueilli le soutien des Noirs comme l'a fait Obama. La victoire de Barack Obama, quelle que soit la politique de chacun, est un moment de rédemption dans la vie d'une nation pour laquelle la race a été appelée, simplement et sans détour, "le dilemme américain". Il a gagné parce qu'à un moment très dangereux de la vie d'un pays encore jeune, plus de gens que jamais auparavant se sont unis pour essayer de le sauver. Et c'était une victoire en soi.

John McCain, combattant de la liberté, a toujours considéré la mobilité, même, peut-être surtout, dans une bataille perdue, comme la chose la plus courageuse pour laquelle se battre. Lorsqu'il a appelé Obama pour conceder sa défaite, le jeune homme a honoré l'homme d'État plus âgé. "J'ai besoin de votre aide", a dit Obama, et McCain l'a offerte sans réserve. McCain a déclaré à la foule dans un discours gracieux sous les montagnes de l'Arizona. "Je lui ai promis ce soir de faire tout ce qui est en mon pouvoir pour l'aider à nous guider à travers les nombreux défis auxquels nous sommes confrontés". Le discours de McCain, écrit par Salter, n'aurait pas pu être plus gracieux envers Obama. Il évoquait avec humilité la vie de service de McCain et rappelait aux électeurs ce qu'aurait pu être la campagne de ce dernier. Il a dit qu'il n'avait aucun regret. "Aujourd'hui, j'étais candidat à la plus haute fonction dans le pays que j'aime tant. Et ce soir, je reste son serviteur. C'est une bénédiction suffisante pour quiconque", a-t-il déclaré.

Lorsque McCain s'est lancé dans une deuxième campagne présidentielle, ses principaux conseillers ont décidé qu'ils devaient jouer avec son atout politique le plus précieux : sa marque. L'équipe McCain était convaincue que pour obtenir l'investiture du GOP, son homme devait prouver qu'il était un vrai républicain à tous égards. Elle a donc fait un pari : la marque McCain était si bien établie dans l'esprit du public qu'il avait toute latitude pour séduire les conservateurs méfiants sans porter atteinte à sa réputation de franc-tireur indépendant. C'est du moins ce que croyait l'équipe McCain. "Les Américains connaissent John McCain", assurait Mark Salter, au printemps 2007. "Ils connaissent son bilan. Ils savent bien qu'il n'est pas George Walker Bush. Cette accusation ne tient pas la route". Mais elle l'a été, en partie parce que McCain a travaillé très dur au départ pour s'aligner sur la Maison-Blanche. Afin de remporter l'investiture du GOP, McCain a adopté des réductions d'impôts auxquelles il s'était autrefois opposé, a promis de nommer des juristes conservateurs activistes à la Cour Suprême afin de faire avancer des causes sociales dont il ne s'était jamais soucié et s'est vanté de soutenir le programme d'un président qu'il avait autrefois détesté. McCain a minimisé le risque qu'il courait. "On m'a déjà accusé de changer", a déclaré McCain au début de sa campagne. "Ce n'est pas le cas, je suis le même. Tout sera pareil". Et poutant, le virage à droite de McCain pendant les primaires n'a pas suffi à convaincre de nombreux conservateurs. Cela l'a contraint à poursuivre une stratégie pendant l'élection générale qui consistait à galvaniser la base républicaine plutôt qu'à inspirer les électeurs centristes.

Étant donné le double fardeau que représentait pour McCain un président républicain sortant terriblement impopulaire et une économie déjà chancelante qui s'est effondrée en octobre 2008, il est possible qu'il n'ait jamais eu la moindre chance. Malgré sa réputation de franc-tireur, McCain s'est forgé cette réputation sur des questions telles que le tabac, le financement des campagnes électorales, les dépenses d'État, l'immigration et la torture, autant de sujets qui n'ont pas été abordés lors des trois débats organisés pendant les élections générales. Dans le même temps, sur les problèmes qui préoccupaient le plus les électeurs (l'économie, les soins de santé et l'emploi), ni le bilan de McCain dans le passé ni ses propositions pour l'avenir ne se distinguaient du programme républicain standard promu par le président Bush au cours des huit années de sa présidence. Le fait que McCain ait pu perdre une élection impossible à gagner n'empêchera pas les républicains ou les journalistes de le blâmer quand même. En choisissant comme colistière Sarah Palin, la favorite inexpérimentée des conservateurs, plutôt que d'autres candidats qui auraient pu séduire les indépendants, McCain a non seulement raté une occasion de gagner ces électeurs, mais il a également compromis son principal avantage sur Barack Obama: son solide bilan en matière de sécurité nationale. À un moment critique, McCain a tout simplement jeté par la fenêtre la carte de l'expérience. Enfin, le candidat qui avait promis un débat élevé a fini par se livrer à un assaut de caractère téméraire, en forme de spaghetti sur le mur (Obama est une célébrité vide! Un naïf dangereux! Un ami des terroristes! un socialiste refoulé!) contre un adversaire dont le sang-froid surnaturel rendait désespérées toutes les accusations de McCain. Il s'est convaincu qu'Obama était déshonorant et non qualifié, et ses assistants l'ont persuadé que la seule façon de gagner était de faire en sorte que le démocrate Obama semble inacceptable pour les électeurs. En conséquence, les électeurs ont vu en McCain un clone de Bush et un disciple de Karl Rove, pourvoyeur de politiques ratées et adepte d'une politique périmée.

Les élections, dans l'une des plus anciennes démocraties du monde, ressemblaient à celles que l'on organise dans les toutes nouvelles démocraties, lorsque les citoyens sortent enfin et font une révolution de velours. Cent mille personnes se sont déplacées dans les États rouges pour écouter Obama; cent cinquante mille personnes se sont déplacées dans les États mauves, même après tout ce temps où elles auraient dû être écoeurées par l'espoir et le changement proné par Obama; dans le Michigan, les gens ont mis une clôture électrique autour de leur panneau de jardin pour le protéger; À 200 miles d'altitude, les astronautes de la NASA à bord de la station spatiale internationale ont envoyé un message vidéo encourageant les gens de voter; un juge de l'Ohio a décidé que les sans-abri pouvaient utiliser un banc de parc comme adresse pour s'inscrire; un couple a pris l'avion depuis l'Inde juste pour voter; les bénévoles d'Obama dans l'Ohio ont frappé à un million de portes dans la seule journée de lundi précédant le jour de l'élection; cette nuit-là, un fonctionnaire de Floride s'est enfermé dans le quartier général des élections du comté de Seminole et a passé la nuit avec les bulletins de vote pour s'assurer que rien ne se passait mal lors du scrutin; les files d'attente pour le vote anticipé à Atlanta duraient 10 heures, et les gens attendaient toujours, comme si leur vote était leur bien le plus précieux et le plus personnel à un moment où tout le reste semblait perdre de sa valeur. On entendait les mêmes phrases partout: "C'est la toute première fois; de mon vivant; quoi qu'il en coûte".

À la fin du scrutin, plus de 120 millions de personnes on tiré le levier ou posté un bulletin de vote, et le système pouvait à peine répondre aux exigences de la démocratie extrême. Barack Hussein Obama a remporté plus de voix que quiconque dans l'histoire des États-Unis, la plus grande victoire démocrate depuis que Lyndon Johnson a écrasé un autre sénateur de l'Arizona, il y a 44 ans. Obama a gagné le vote des hommes, ce qu'aucun démocrate n'avait réussi à faire depuis Bill Clinton. Il a gagné 54% des catholiques, 66% des Latinos, 68% des nouveaux électeurs (un mouvement multiculturel et multigénérationnel qui a brisé l'ancien paquet de glace politique). Les sondages à la sortie des bureaux de vote suggéraient qu'un électeur sur dix votait pour la première fois, et qu'il s'agissait en grande majorité de minorités ou de jeunes. Les jeunes de 18 à 24 ans représentaient à peu près le même pourcentage de l'électorat (17%) qu'en 2004, mais alors qu'il y a quatre ans, la répartition était de 54-40% pour John Kerry, elle est passée à 68-30% pour Obama, soit un revirement net de 24 points en faveur de ce dernier, ce qui représente de loin le plus grand changement dans tous les groupes d'âge. Leurs batailles ne sont pas celles de leurs pères et de leurs mères. Certes, il y a une très grande différence entre les deux générations. Presque tous ceux qui ont un peu de pouvoir à Washington ont servi pendant la Seconde Guerre mondiale. Avec la guerre, ils avaient tous quelque chose en commun, même si beaucoup d'entre eux venaient de milieux différents, de quartiers différents, de philosophies politiques différentes. Cette expérience commune a développé une certaine confiance et un certain respect. Cela les a aidés à surmonter leurs différences et à faire avancer les choses. Effectivement, les expériences partagées ont tendance à créer des valeurs communes.

Même les événements épiques de ces dernières années, comme le 11 septembre, l'Irak et la crise économique, n'ont pu donner à la coalition Obama quoi que ce soit de la Seconde Guerre mondiale pour arrondir les angles de l'esprit partisan. En fait, les électeurs d'Obama partageaient des convictions, pas des expériences. Au premier rang de ces convictions figurait la passion pour un changement par rapport au règne de George W. Bush et un amour sans réserve pour Barack Obama. Il a déclenché une vague bleue profonde qui a déferlé bien au-delà des côtes et des villes universitaires, dans le Sud par la Virginie et la Floride, dans les montagnes de l'Ouest avec le Colorado et le Nouveau-Mexique, dans la vallée de l'Ohio et sur les champs de bataille du Midwest: on pouvait presque marcher du Maine au Minnesota sans se mouiller les pieds dans un État rouge. Après des mois de cartographie de toutes les routes menant au 270, Obama les a dépassées avec facilité. La victoire s'est étendue, apportant une plus grande majorité démocrate dans les deux chambres, même si elle n'est pas aussi large que certains l'avaient prédit: Les démocrates ont élargi leurs marges à la Chambre et au Sénat. Le caucus républicain est devenu plus petit, plus masculin et plus blanc à un moment où l'éloctorat se dirigeait dans l'autre sens. Mais les démocrates n'ont pas été près d'atteindre leur rêve d'une majorité de 60 sièges, à l'abri de l'obstruction au Sénat, ce qui laisse penser que la soif des gens du "changement" était tempérée par leur foi en la retenue. Les démocrates au Congrès ont obtenu un pouvoir accru malgré une impopularité persistante; nous verrons maintenant s'ils comprennent qu'il s'agit d'un prêt et non d'une récompense.

Certains princes sont nés dans des palais. D'autres naissent dans des étables. Mais quelques-uns naissent dans l'imagination, à partir de bribes d'histoire et d'espoir. Les hommes politiques les plus compétents et les plus efficaces d'Europe, et maintenant d'Amérique aussi, parviennent à être à la fois des initiés et des marginaux. L'ancien président français Nicolas Sarkozy est le fils d'un immigrant hongrois. L'ancien Premier ministre britannique Gordon Brown, qui a passé une décennie en tant que chancelier de l'Échiquier, mais est resté un Ecossais au milieu d'un système politique dominé par les Anglais. Et il y a Angela Merkel, la première femme à être chancelière d'Allemagne et la première originaire de l'Allemagne de l'Est, un ancien État communiste. Il n'est donc pas étonnant que le républicain John McCain, le blanc protestant anglo-saxon, descendant d'amiraux, ait passé la campagne à affirmer avec acharnement qu'il représentait le vrai changement parce qu'il était un véritable "franc-tireur". Mais en fin de compte, le trublion de la marine a perdu face à un Afro-Américain éloquent qui possédait peut-être le titre le plus convoité de la jeune élite du Nord-Est: président de la Harvard Law Review. Barack Obama est l'ultime "Mr. Outside, Mr. Inside". Il n'a jamais parlé de la façon dont les gens le voyaient. "Ce n'est pas moi qui entre dans l'histoire", disait-il à chaque fois qu'il en avait l'occasion. "C'est vous".

LE DÉCLIN IDÉOLOGIQUE DU CONSERVATISME

La fin du mandat du président George Walker Bush et des ses alliés signifie que le mouvement conservateur devra s'asseoir en cercle, se tenir par la main, allumer de l'encens et déterminer ce en quoi ses membres croient vraiment lorsqu'il s'agit de mettre leurs principes en pratique. L'héritage d'un président qui a considérablement accru la dette nationale, la taille du gouvernement et son emprise sur ce que l'on appelait autrefois l'entreprise privée, risque de hanter son parti pour une génération à venir. Le déclin idéologique du conservatisme, un mouvement désormais criblé de contradictions et de corruption, tel que personnifié par le "big government" de George W. Bush, était évident avec la victoire des démocrates. Bien sûr, les Américains sont encore plus nombreux à s'identifier comme conservateurs que comme libéraux. Il y a une grande Amérique rouge là dehors. Mais c'est le reflet des trois dernières décennies de domination conservatrice, et non une prévision de l'avenir. "Chaque génération est un peuple nouveau", écrivait Alexis de Tocqueville. Les conservateurs ont connu une ascension dans les années 1980 et 1990 parce qu'ils offraient des solutions puissantes aux problèmes des années 1970 (stagflation et troubles sociaux à l'intérieur du pays, et expansionnisme soviétique à l'étranger. Les arguments en faveur de valeurs traditionnelles et d'une réponse ferme à Moscou ont porté leurs fruits). Mais depuis lors, les conservateurs ont ressorti les mêmes réponses à chaque crise successive. Prenez la réponse de John McCain lorsqu'on lui a demandé comment il gérerait l'effondrement de Wall Street. McCain s'est engagé à mettre fin aux dépenses réservées, ce qui n'a absolument rien à voir avec le rétablissement de la confiance et du crédit sur les marchés.

Au cours des deux dernières décennies, les États-Unis ont connu un extraordinaire élan de prospérité, dont une partie a touché une grande partie de la société. Ils ont les plus grandes maisons et les téléviseurs les plus plats du monde. Mais ils n'ont pas été capables de s'attaquer à une série d'autres problèmes d'une importance cruciale, comme des soins de santé abordables, une bonne éducation pour les pauvres et l'efficacité énergétique, pour n'en citer que trois. Dans tous ces domaines, les solutions ne peuvent venir uniquement du secteur privé. Elles devront impliquer une large part d'efforts gouvernementaux. À mesure que les marchés libres, une société ouverte et une population diversifiée gagnaient en force, l'ordre traditionnel défendu par le conservatisme a été renversé de dizaines de façons par les femmes actives, les divorces, l'immigration et les minorités. Les gens ont commencé à travailler, à vivre, à se marier et à fonder des familles de manière variée et les anciennes structures de la société ont semblé vieillies. Les réformes du marché libre de Margaret Thatcher ont lentement bouleversé la société britannique sédentaire, fondée sur les classes sociales, sur laquelle avait reposé la domination politique des conservateurs britanniques. Quelque chose de similaire est à l'oeuvre alors que la jeunesse rouge d'Amérique devient lentement mais sûrement bleue. Et pourtant, cela ne reflète pas non plus un retour au libéralisme de la vieille école. Le monde a évolué depuis les années 1960. Rares sont ceux qui croient que le gouvernement devrait posséder les sommets de l'économie, que les planificateurs centraux devraient allouer les ressources ou que le protectionnisme sauvera des emplois à long terme. En observant la gauche au pouvoir, de la Grande-Bretagne à l'Australie, on constate qu'elle est favorable à des politiques pro-marché et pro-commerce visant à promouvoir la croissance. La différence est qu'elles encouragent également les efforts du gouvernement dans certains domaines où le secteur privé ne suffit pas.

La campagne d'Obama visait à dépasser les guerres de la génération du baby-boom. En cela, Barack Obama est une figure contradictoire. Alors qu'il a fait passer un message centriste lors de la campagne présidentielle, il a eu des votes résolument libéraux et peu intéressants au Sénat. On peut affirmer sans risque de se tromper qu'il n'aurait pas gagné comme il l'a fait s'il était apparu comme un Walter Mondale éloquent ou un Michael Dukakis brillant sur le plan tactique. Il s'est présenté comme un homme politique de centre-gauche plus pratique, pas un libéral de la Grande Société, mais un homme qui, dans la tradition de Bill Clinton, croit en la poursuite d'objectifs progressistes par des moyens centristes et avec un message culturel occasionnellement conservateur. En conséquence, les attaques "socialistes" de John McCain et de sa collistère Sarah Palin ont échoué en partie parce qu'elles poussaient à la crédulité. Les libéraux qui se sont enthousiasmés pour Obama pourraient être désenchantés s'il ne parvient pas à délivrer un message progressiste.

Mais l'exemple de Ronald Reagan offre une possibilité différente et plus probable. Étant donné la popularité d'Obama auprès de sa base, il est peut-être le rare homme politique qui peut s'en tirer en concluant un accord sans être considéré comme un traître. Reagan a augmenté les impôts et personne ne lui en a tenu rigueur, ni ne l'a remarqué. Obama pourrait être un genre d'homme-Téflon du siècle. Une chose est sûre: Obama connaît le jeu de Washington qu'il dédaigne, et il le connaît bien. Il a déjoué pratiquement tous les pronostics pendant la campagne, et il connaît la politique, la psychologie et l'histoire. Il sait que la patience est une vertu américaine rare et qu'il est facile de perdre le sens des réalités. Il a écrit: "lorsque des démocrates se précipitent vers moi lors d'événements et insistent sur le fait que nous vivons la pire des époques politiques, qu'un fascisme rampant nous serre le gorge. Je peux mentionner l'internement des Japonais-Américains sous Franklin Delano Roosevelt, les 'Alien and Sedition Acts' sous John Adams, ou cent ans de lynchage sous plusieurs dizaines d'administrations comme ayant été peut-être pires, et suggérer que nous prenions une profonde respiration".

La mort et la renaissance du libéralisme américain ont toutes deux commencé avec des drapeaux dans Grant Park. Le 28 août 1968, 10000 personnes s'y sont rasssemblées pour protester contre la convention démocrate qui se tenait à quelques rues de là et qui s'apprêtait à désigner le vice-président de Lyndon Johnson, Hubert Humphrey, ratifiant ainsi implicitement la guerre du Vietnam tant détestée. Le maire de Chicago, Richard Daley, avait averti les manifestants de ne pas perturber sa ville et leur avait refusé l'autorisation de se rassembler, mais ils sont venus quand même. Tout l'après-midi, les manifestants ont scandé des slogans et la police a fait le guet, jusqu'à ce que, vers 15h30, quelqu'un monte sur un mât et commence à descendre le drapeau américain. La police est allée arrêter le contrevenant et a été bombardée d'oeufs, de morceaux de béton et de ballons remplis de peinture et d'urine. La police a répondu en chargeant la foule, en matraquant les passants et en criant "Tuez! Tuez!" dans ce qu'un rapport a appelé plus tard une "émeute policière".

Dans tout le pays, les Américains qui regardaient la télévision ont rendu leur verdict: "Bien fait pour les hippies". Les démocrates, qui avaient remporté sept des neuf élections présidentielles précédentes, ont perdu sept des dix suivantes. Quarante ans plus tard, des libéraux heureux ont envahi Grant Park, invités par un autre maire nommé Richard Daley, pour célébrer l'élection de Barack Obama. Cette fois, les drapeaux flottent fièrement au mât maximum et la police est là pour protéger la foule et non pour la menacer. Une fois de plus, les Américains ont regardé à la télévision, et cette fois-ci, ils n'ont pas vu la confrontation. Ils ont pleuré à la place. La distance entre ces deux scènes de Grant Park en dit long sur la chute du libéralisme américain et sur la raison pour laquelle, sous l'ère Obama, il pourrait redevenir le credo dominant de l'Amérique. La coalition qui a porté Obama à la victoire est tout aussi solide que les deux dernières coalitions politiques dominantes des États-Unis: celles qui ont élu Franklin Delano Roosevelt et Ronald Reagan. Et la majorité d'Obama est solide pour une raison primordiale: le libéralisme, que l'Américain moyen associait autrefois aux bouleversements, promet désormais la stabilité.

En Amérique, les majorités politiques vivent ou meurent à l'intersection de deux aspirations publiques: la liberté et l'ordre. Il y a un siècle, au cours de l'ère progressiste, le libéralisme américain moderne est né d'une "recherche d'ordre", selon les termes de l'historien et auteur à succès spécialisé dans l'histoire des affaires américaines, Robert Huddleston Wiebe. Les progressistes pensaient que les monopoles industriels géants de l'Amérique transformaient le capitalisme en jungle, un endroit sauvage et sans loi où seuls les forts et les sauvages survivaient. Lorsque Roosevelt prend ses fonctions pendant la Grande Dépression, l'écosystème tout entier semble être dans une spirale de la mort, les Américains réclamant à grands cris que le gouvernement prenne le contrôle. Franklin D. Roosevelt l'a fait: il a injecté dans l'économie des quantités sans précédent d'argent public, créé de nouvelles protections pour les chômeurs et les personnes âgées et imposé des règles de comportement à l'industrie. Les conservateurs hurlent que la liberté économique est menacée, mais la plupart des Américains ordinaires remercient Dieu que Washington sécurise leurs dépôts bancaires, aide les syndicats à augmenter leurs salaires, leur donne une pension lorsqu'ils prennent leur retraite et injecte de l'argent dans l'économie pour s'assurer qu'elle ne retombe jamais dans la dépression. Ils ne se sentaient pas dépourvus de liberté; ils se sentaient en sécurité.

Pendant trois décennies et demie, du milieu des années 30 aux années 60, le gouvernement a imposé l'ordre sur le marché. La jungle du capitalisme américain est devenue un jardin bien entretenu, un endroit sûr et agréable où les gens ordinaires peuvent se promener. Les Américains ont répondu en votant pour un libéralisme à la Franklin D. Roosevelt, que même la plupart des hommes politiques républicains ont fini par accepter, élection après élection. Au début des années 1960, cependant, le libéralisme est devenu victime de son propre succès. Le boom économique de l'après-Seconde Guerre mondiale a inondé les universités américaines des enfants issus d'une classe moyenne en plein essor, et ce sont ces enfants, qui n'avaient jamais connu la vie sur le fil du rasoir économique, qui ont commencé à remettre en question le statu quo, la société bien rangée et ordonnée que Franklin D. Roosevelt avait bâtie. Pour les Afro-Américains du Sud, ils ont noté que l'ordre signifiait l'apartheid racial. Pour de nombreuses femmes, cela signifiait le confinement à la maison. Pour tous, cela signifiait une conformité étouffante, une société étouffée par les règles sur la façon dont les gens devaient s'habiller, prier, boire et aimer.

En 1962, "Students for a Democratic Society" s'est fait le porte-parole de ce qui allait devenir la nouvelle génération du baby-boom, "élevée dans un confort au moins modeste", qui voulait moins d'ordre et plus de liberté. Et c'est ce mouvement de libération raciale, sexuelle et culturelle qui s'est infiltré dans le mouvement contre le Vietnam et s'est rassemblé en août 1968 à Grant Park. Le libéralisme traditionnel y est mort parce que les Américains, qui l'avaient autrefois associé à l'ordre, en sont venus à l'associer plutôt au désordre. Pour une grande partie de la classe ouvrière blanche, la liberté raciale est devenue synonyme d'émeutes et de criminalité; la liberté sexuelle est devenue synonyme de divorce; et la liberté culturelle est devenue synonyme d'irrespect pour la famille, l'église et le drapeau. Richard Nixon et plus tard Ronald Reagan ont gagné la présidence en promettant un nouvel ordre: non pas économique mais culturel, non pas la domestication du marché mais la domestication de la rue. Sur le plan idéologique, les foules qui se sont rassemblées pour écouter Barack Obama le soir de l'élection étaient les descendants linéaires de ces lanceurs d'oeufs quatre décennies auparavant. Eux aussi croient à l'égalité raciale, aux droits des homosexuels, au féminisme, aux libertés civiles et au droit des gens à suivre leur propre étoile. Mais 40 ans plus tard, ces idées ne semblent plus désordonnées. La criminalité est en baisse et les émeutes inexistantes; le féminisme est si répandu que même Sarah Palin adopte le terme; le maire de Chicago, Richard Daley, fils de l'homme qui a dit à la police de frapper les manifestants, défile dans les parades pour les droits des homosexuels.

Culturellement, le libéralisme n'est plus aussi effrayant. Les jeunes Américains, qui ont voté massivement pour Barack Obama, embrassent largement l'héritage des années 60, et pourtant ils constituent l'une des générations les plus obéissantes et les moins rebelles de mémoire d'homme. La guerre culturelle prend fin parce que la liberté culturelle et l'ordre culturel, les deux forces qui se sont affrontées à Chicago en 1968, se sont avérées conciliables après tout. Le désordre qui panique aujourd'hui les Américains n'est pas culturel mais économique. Si le libéralisme s'est effondré dans les années 60 parce que sa quête de liberté culturelle s'est associée au désordre culturel, le conservatisme s'est effondré aujourd'hui parce que sa quête de liberté économique s'est associée au désordre économique. Lorsque Ronald Reagan a pris le pouvoir en 1981, il a juré de restaurer la liberté économique qu'un demi-siècle d'intrusion gouvernementale à la Franklin D. Roosevelt avait étouffée. Selon lui, le capitalisme américain était devenu si profondément domestiqué qu'il avait perdu sa capacité de croissance dynamique. Pendant un certain temps, une majorité d'Américains étaient d'accord. Les impôts et les réglementations ont été réduits et encore réduits, et pour la plupart, le gâteau économique a augmenté. Dans les années 1980 et 1990, le jardin du capitalisme américain est devenu un endroit assez énergique. Mais il est aussi devenu un endroit plus effrayant. Dans l'économie américaine nouvellement déréglementée, de moins en moins de personnes bénéficient de la sécurité de l'emploi, de pensions à prestations fixes ou de soins de santé fiables. Certains se sont enrichis, mais beaucoup ont fait faillite, principalement à cause du coût des soins de santé. Comme l'a noté le politologue Jacob Hacker de l'université de Yale, les Américains d'aujourd'hui connaissent des fluctuations beaucoup plus violentes du revenu des ménages que leurs parents il y a une génération.

À partir des années 1990, les Américains moyens ont commencé à se rendre compte que le programme économique conservateur était un peu comme le programme culturel libéral des années 1960: moins libérateur qu'effrayant. Lorsque les républicains de Newton Leroy Gingrich, à l'origine de la "révolution républicaine" dans la chambre qui a mis fin à quarante années de majorité démocrate, ont tenté de sabrer dans l'assurance maladie, le public s'est retourné contre eux en masse. Une décennie plus tard, lorsque George Walker Bush a tenté de privatiser partiellement la sécurité sociale, les Américains se sont à nouveau rebellés. En 2005, une enquête du Pew Research Center a identifié un nouveau groupe d'électeurs qu'il a appelé les "conservateurs pro-gouvernementaux". Ils étaient culturellement conservateurs et belliqueux en matière de politique étrangère, et ils ont soutenu Bush à une écrasante majorité en 2004. Mais à une large majorité, ils approuvaient la réglementation et les dépenses gouvernementales. Ils ne voulaient pas libérer le marché libre. Ils voulaient le contenir. Ces électeurs ont constitué une bombe à retardement dans la coalition républicaine, qui a explosé le 4 novembre 2008. Les promesses de John McCain de réduire les impôts, de diminuer les dépenses et d'éliminer le gouvernement les ont laissés froids. Parmi les près de la moitié des électeurs qui ont déclaré être "très inquiets" que la crise économique nuise à leur famille, Obama a battu McCain de 26 points.

L'opinion publique sur l'économie aujourd'hui ressemble beaucoup à l'opinion publique sur la culture il y a 40 ans: Les Américains veulent que le gouvernement impose la loi et l'ordre, qu'il empêche l'augmentation de leurs primes d'assurance-maladie et la délocalisation de leurs emplois, et ils ne se soucient guère de savoir à qui Washington doit casser la tête pour y parvenir. C'est à la fois le grand défi d'Obama et sa grande opportunité. S'il peut faire ce que Franklin D. Roosevelt a fait en rendant le capitalisme américain stable et moins sauvage, il établira une majorité démocrate qui dominera la politique américaine pendant une génération. Et malgré les problèmes redoutables dont il hérite, il a une excellente chance. D'une part, prendre des mesures agressives pour stimuler l'économie, réglementer l'industrie financière et renforcer l'État-providence américain ne divisera pas sa coalition politique, mais l'autre camp. En ce qui concerne l'économie nationale, les démocrates, de haut en bas de l'échelle des classes, sont pour la plupart d'accord. Même parmi les économistes du parti démocrate, la division qui existait pendant les années Clinton entre les faucons du déficit comme Robert Edward Rubin et les dépensiers comme Robert Bernard Reich s'est largement évaporée, car tout le monde s'est rallié à un rôle plus important du gouvernement. Aujourd'hui, ce sont les républicains qui, bien que plus unis sur les questions culturelles, sont très divisés entre les hommes d'affaires haut de gamme qui veulent que le gouvernement s'en aille et les conservateurs pro-gouvernementaux qui veulent l'aide de Washington. Si Obama agit avec force pour rétablir l'ordre économique, le Wall Street Journal criera au socialisme rampant, comme à l'époque de Franklin Delano Roosevelt, mais de nombreux républicains modestes applaudiront. Ce sont ces démocrates de Ronald Reagan de la classe ouvrière qui pourraient devenir les républicains d'Obama de demain (un élément clé de la nouvelle majorité libérale) s'il apaise leurs craintes économiques.

Barack Obama n'est pas obligé de redresser l'économie du jour au lendemain. Après tout, Roosevelt n'avait pas mis fin à la Dépression en 1936. Obama a simplement besoin d'une amélioration modeste de l'économie d'ici à ce qu'il commence à se présenter aux élections et d'une image de quelqu'un qui se concentre sans relâche sur la résolution des problèmes économiques des États-Unis d'Amérique. En répartissant son temps au cours des premiers mois de sa présidence, il devrait se souvenir de ce que les électeurs ont dit aux enquêteurs, à la sortie des bureaux de vote, qu'ils se préoccupaient le plus: l'économie pour 63% d'entre eux. Aucun autre sujet n'a dépassé les 10%. En politique, la crise est souvent source d'opportunités. Si Obama rétablit un certain ordre économique, en relançant le capitalisme américain et en adoucissant ses contours, et s'il développe le type de relation personnelle avec les Américains ordinaires que Franklin Delano Roosevelt et Ronald Reagan avaient, et s'il a les compétences en communication pour le faire, les libéraux auront probablement le dessus à Washington pendant longtemps. À ce moment-là, les arguments qui ont encadré le débat économique ces derniers temps, en faveur d'importantes réductions d'impôts pour les revenus supérieurs ou de la privatisation partielle de la sécurité sociale et de Medicare, perdront de leur pertinence. Dans une ère d'hégémonie libérale, ils sembleront aussi archaïques que la défense du système de protection sociale l'était lorsque les conservateurs étaient au pouvoir.

Il y a des lignes de faille dans la coalition Obama, c'est certain. Dans un système bipartisan, il est impossible de construire une majorité sans réunir des gens qui ne sont pas d'accord sur les grandes choses. Mais la majorité d'Obama est au moins aussi cohésive que celle de Ronald Reagan ou de Franklin Delano Roosevelt. Les questions culturelles qui ont longtemps divisé les démocrates (mariage homosexuel, contrôle des armes à feu, avortement) perdent de leur importance à mesure que la génération post-soixante-huitarde atteint l'âge adulte. La politique étrangère ne divise plus les démocrates aussi amèrement qu'avant, car, dans le sillage de l'Irak, les Blancs de la classe ouvrière, jadis hostiles à la guerre, sont devenus plus sceptiques à l'égard de la force militaire. En 2004, 22% des électeurs ont déclaré aux sondeurs à la sortie des bureaux de vote que les "valeurs morales" étaient leur principale priorité, et 19% ont répondu le terrorisme. Cette année 2008, le terrorisme a obtenu 9%, et aucune question sociale n'a figuré sur la liste. La plus grande mine potentielle de la coalition Obama n'est pas la guerre culturelle ou la politique étrangère, c'est le nationalisme. Sur toute une série de questions, du réchauffement climatique à l'immigration en passant par le commerce et la torture, les libéraux formés au collège veulent intégrer plus profondément l'économie, la société et les valeurs de l'Amérique à celles du reste du monde. Ils veulent faciliter le franchissement légal des frontières américaines par des personnes et les marchandises, et veulent des règles mondiales qui régissent le degré de pollution de l'atmosphère et la manière dont l'Amérique mène la guerre contre le terrorisme. Ils estiment que la cession d'une partie de la souveraineté est essentielle pour rendre l'Amérique prospère, décente et sûre. En revanche, lorsqu'il s'agit de libre-échange, d'immigration et de multilatéralisme, les démocrates modestes sont plus sceptiques. À l'avenir, la vielle lutte entre la liberté et l'ordre pourrait se jouer à l'échelle mondiale, les internationalistes libéraux tentant d'établir de nouvelles règles pour une planète plus interconnectée et les nationalistes de la classe ouvrière protestant contre le fait que les bureaucrates étrangers menacent la liberté de l'Amérique. Mais c'est l'avenir. Si Barack Obama commence à rétablir l'ordre dans l'économie, les démocrates en récolteront les fruits pendant longtemps. Il y a 40 ans, le libéralisme semblait être le problème d'une nation qui perdait le contrôle. Aujourd'hui, une nouvelle version de ce libéralisme pourrait être la solution. C'est un jour très différent à Grant Park.

L'élection d'Obama n'a pas seulement tourné une page de la politique américaine, mais a également jeté le livre entier, afin que l'Amérique puisse repartir à zéro. Que ce soit à dessein ou par défaut, le passé perd de son pouvoir: pour le moment, on a l'impression que les Américains ont laissé derrière eux les batailles des baby-boomers de ces 40 dernières années, les guerres culturelles qui les ont fait prisonniers et les ont coupés de ce qu'ils avaient en commun, la guerre tribale entre les riches et les pauvres, le Nord et le Sud, les Noirs et les Blancs, et l'illusion, si quelqu'un l'entretenait encore après les huit dernières années, que ce qui se passe à Washington n'a pas d'incidence sur ce qui se passe partout ailleurs. L'un des plus jeunes présidents de l'histoire des États-Unis apportera de nouvelles nuances à la toile des dirigeants blancs qui ont précédé sa carrière politique sans précédent. Barack Obama a prouvé qu'il était une icône biraciale capable de mobiliser les Américains noirs et blancs. Peut-être que sa parenté mixte lui a donné le bagage multiculturel nécessaire pour être culturellement billingue, créant ainsi le dialogue qui peut combler le fossé.

La démographie américaine s'est métamorphosée en une population de couleur sombre, ce qui modifie la façon dont le pays planifie son avenir. Le dialogue culturel et la langue changent. Les partis politiques, les églises et les entreprises doivent repenser la manière dont ils vont aller de l'avant et en tenant compte des besoins de chacun. Il ne fait aucun doute que l'administration Obama va remodeler le club des "good-ole boys", modifier le terrain politique et pourrait très bien faire naître un nouvel espoir pour les personnes privées de leurs droits. Barack Obama ne sera pas seulement le président des Afro-Américains qui l'admirent et ne sera pas redevable aux Blancs qui l'ont aidé. Il ne peut ni acquiescer aux libéraux qui le soutiennent ni vilipender les conservateurs qui ne le font pas. Il doit rester un centriste philosophique qui rassemble les meilleurs et les plus brillants des deux côtés de l'allée. Il doit transcender tout cela et s'élever à la perspective globale de sa vocation et, à travers elle, servir son Dieu, son pays et la coalition arc-en-ciel de ses concitoyens américains.

LES ÉPREUVES DE LA TRANSITION

Le flambeau passe le jour de l'élection; le pouvoir suit en janvier. Mais entre les deux, il y a une transaction personnelle, comme celle qui a eu lieu à la Maison-Blanche. Ce n'est pas le simple ego qui a tendance à gâcher ce moment. Les deux partis avaient l'oeil sur les livres d'histoire, le président sortant ayant retouché l'épilogue, et l'arrivant ayant préparé le prologue. Au regard de l'histoire, George Walker Bush et Barack Hussein Obama ont été remarquablement courtois lors de leur sommet dans le bureau ovale. Ils ne s'étaient jamais engagés dans un combat au corps à corps. Malgré l'aversion pour Bush qui anime de nombreux membres de son parti, Obama s'est moins attaqué à l'homme qu'à son bilan. Bush, qui se trouvait apparemment dans un lieu tenu secret tout au long de la campagne 2008, a rarement eu un mot négatif à dire sur Obama, si ce n'est qu'il le considérait en privé comme un gauchiste naïf. Il a qualifié la victoire d'Obama de "triomphe de l'histoire américaine, un témoignage du travail acharné, de l'optimisme et de la foi dans la promesse durable de notre nation". L'équipe d'Obama a rapidement fait l'éloge de l'administration Bush pour son engagement en faveur de la continuité à un moment où les ennemis s'accroupissent et les marchés tremblent. Cette civilité a distingué Bush et Obama de nombreux rivaux passés devenus des frères de fraternité partageant la poignée de main secrète. Bush prenait ces rituels au sérieux, et il avait étiqueté Obama il y a longtemps, pendant le "rush" de la Maison-Blanche. Lorsque des sénateurs débutants sont venus prendre un petit-déjeuner en 2005, écrit Obama en 2006, Bush l'a sollicité pour lui donner des conseils. "Vous avez un avenir brillant. Très brillant", avait dit le président. "Mais je suis dans cette ville depuis un certain temps, et laissez-moi vous dire que cela peut être difficile. Lorsque votre étoile monte rapidement, les gens s'en prennent à vous de toutes parts", a-t-il prévenu. "Alors faites attention à vous".

Le président sortant James Buchanan a conseillé à Abraham Lincoln que l'eau du puits de droite était meilleure que celle du puits de gauche, et il a partagé les secrets du garde-manger. Lors de la visite de John F. Kennedy le jour de l'investiture, Dwight Eisenhower a fait une démonstration du bouton de panique, convoquant instantanément un hélicoptère d'évacuation sur la pelouse de la Maison-Blanche. Par malheur, Lyndon Johnson a fait visiter à Richard Nixon les magnétophones cachés. L'histoire de l'interrègne est riche en méfaits et en malices, notamment lors de la dernière passation de pouvoir qui a eu lieu en pleine tempête fiscale. En 1932, le fait que les deux hommes ne s'apprécient pas et ne se font pas confiance n'a rien arrangé: Herbert Hoover qualifiait Franklin D. Roosevelt de "caméléon à carreaux", tandis que Roosevelt préférait l'image de Hoover comme un "gros chapon timide". Le jour de l'investiture n'étant pas avant mars 1933, il était urgent d'agir, mais les efforts de Hoover pour tendre la main à Roosevelt au nom de la coopération bipartisane furent rejetés par les critiques comme une tentative d'annuler l'élection et d'entraver le New Deal. Hoover traite Roosevelt de "fou" pour s'être retranché sur l'économie et avoir refusé tout compromis, ce qui garantit que Roosevelt prêtera serment dans une atmosphère de crise. Après l'élection de 1952, Harry Truman écrit dans son journal que Eisenhower se montre timide en matière de coopération: "Ike et ses conseillers ont peur d'une ruse. Il n'y a pas de ruse...

tout ce que je veux, c'est faire une rotation ordonnée".

Lorsque ce fut le tour d'Eisenhower, il était déterminé à mieux gérer les choses et, à leur surprise mutuelle, Kennedy et lui s'impressionnèrent mutuellement lors de leur rencontre à la Maison-Blanche. Le jeune président s'est ensuite retrouvé à compter sur Eisenhower pour des conseils privés et, après le fiasco de la baie des Cochons, pour une couverture publique. Et c'est là un autre rituel important. Les anciens présidents ont tendance à se montrer à la hauteur lorsque l'appel provient du bureau ovale, même si l'interlocuteur est un adversaire. Il s'agit d'un acte de patriotisme et peut-être de pitié de la part d'hommes qui, sachant ce qu'implique le poste, sont particulièrement bien placés pour aider. Obama prendrait ses fonctions avec au moins cet avantage: il aurait quatre prédécesseurs aux compétences très différentes à qui il pourrait faire appel. Il est loin d'être certain de savoir qui serait le plus utile, car l'histoire de ces ex-présidents est pleine de rebondissements. Il y a Jimmy Carter, l'humanitaire acclamé qui a parfois semblé prendre plaisir à tourmenter ses successeurs; Bill Clinton, qui a montré qu'il pouvait être un allié puissant ou un énorme casse-tête; et deux hommes nommés Bush, qui, si l'on se fie à leur propre histoire, pourraient offrir au 44e président des conseils très différents, s'ils en avaient l'occasion.

L'une des ironies de la politique et de l'histoire veut que, lorsque le candidat du changement réfléchit à ce qu'il ferait s'il était effectivement élu président, il se tourne vers l'homme qui, huit ans auparavant, avait remis les clés de la Maison-Blanche à George W. Bush. L'ancien secrétaire général de la Maison-Blanche de Bill Clinton, John David Podesta, n'avait rencontré Barack Obama que quelques fois avant que le candidat démocrate ne le convoque à Chicago en août 2008 pour lui demander de commencer à planifier une transition. Podesta a soutenu Hillary Clinton lors des primaires démocrates et n'avait pas grand-chose en commun avec Obama, si ce n'est le fait qu'ils sont tous deux de Chicago. Pourtant, il était difficile d'imaginer un démocrate à Washington capable d'égaler les capacités d'organisation de Podesta ou sa connaissance des rouages du gouvernement. Obama réfléchissait déjà aux 76 jours cruciaux entre l'élection et l'investiture. "Il a compris que pour réussir, il doit être prêt", a déclaré Podesta, qui était co-président de l'équipe de transition. "Et il doit être prêt rapidement".

Même dans les périodes les plus calmes, le transfert du pouvoir présidentiel est une manoeuvre délicate, surtout lorsqu'il s'agit d'un transfert de pouvoir d'un parti à un autre. Mais depuis que Franklin D. Roosevelt a pris ses fonctions en pleine Dépression économique, aucun nouveau président n'a été confronté à un ensemble de défis aussi redoutables que ceux qui attendent Obama. C'est pourquoi Obama a été plus rapide dans la mise en place de son gouvernement que tous ses prédécesseurs récents, notamment Bill Clinton, qui n'avait pas annoncé une seule nomination importante avant la mi-décembre 1992. Comme l'a dit le président élu dans sa première allocution radiophonique, "nous n'avons pas un instant à perdre". Non seulement Obama a nommé un chef de cabinet à la Maison-Blanche deux jours après l'élection, mais il a également commencé à remplir 11 000 mètres carrés de bureaux dans le centre de Washington pour une opération de transition qui, à terme, devrait compter 450 personnes et disposer d'un budget de 12 millions de dollars, dont plus de la moitié doit être financée par des fonds privés. L'objectif d'Obama, a déclaré sa vieille amie Valerie Jarrett, autre co-présidente de l'opération de transition, "est de pouvoir être organisé, efficace, discipliné et transparent pour le peuple américain". Plus discipliné que transparent: Le jeu de société quadriennal de Washington bat son plein, des dizaines de noms circulant comme prétendants à des postes de haut niveau dans l'administration Obama.

En tant que chef de cabinet de la Maison-Blanche pendant les dernières années de l'administration Clinton, John David Podesta s'est habitué aux nuits courtes et aux montagnes russes émotionnelles. Pourtant, il a trouvé un peu étrange de se rendre à l'aéroport dans l'obscurité de l'aube du 5 novembre 2008, quelques heures seulement après l'élection d'un président démocrate. Obama allait-il vraiment présider une importante séance de stratégie le lendemain matin de sa victoire dans la campagne la plus longue et la plus éprouvante jamais enregistrée? Pourquoi pas un jour de congé? Bien avant le jour du scrutin, Barack Obama a décidé qu'une transition ordinaire ne suffirait pas. Compte tenu de l'économie chancelante et des deux guerres, il savait que le vainqueur de l'élection présidentielle, quel qu'il soit, serait confronté à des défis immédiats et de taille. Il voulait être prêt. "Ce dont j'étais absolument convaincu, c'est que, que ce soit moi ou McCain, le président élu allait devoir agir rapidement", se souvient Obama. Au milieu de l'été, il a chargé Podesta de diriger une préparation exceptionnellement élaborée en vue d'une éventuelle présidence Obama. John McCain l'a accusé d'excès de confiance et de vanité, de mesurer les rideaux du bureau ovale. Pour Obama, il s'agissait simplement d'une question de prudence. Podesta planifiait depuis longtemps le retour d'un démocrate à la Maison-Blanche, et son groupe de réflexion, le "Center for American Progress", préparait déjà des briefings détaillés sur les conditions dans les différents départements du gouvernement. Lorsque le système financier est tombé en chute libre en septembre 2008, l'équipe de Podesta a fait pression sur le FBI pour qu'il fasse des heures supplémentaires sur les contrôles de sécurité des candidats potentiels de l'administration Obama.

Alors qu'il embarquait à bord d'un vol pour Chicago à 6 heures du matin, John David Podesta avait sur lui une liste de plus de 100 candidats qui avaient passé avec succès les enquêtes d'antécédents et qui étaient prêts à être confirmés dès le premier jour. Au lieu de prendre un jour de congé, le nouveau président élu a célébré sa victoire par une réunion de cinq heures. Barack Hussein Obama s'est demandé s'il devait occuper le devant de la scène ou attendre dans les coulisses pendant les derniers mois turbulents de l'administration Bush. Ses assistants étaient tous sur la même longueur d'onde. Certains lui ont conseillé de vaguer tranquillement à ses occupations à Chicago et d'insister sur le fait que les États-Unis n'ont qu'un seul président à la fois. Selon eux, pour qu'Obama réussisse, le pays doit considérer son investiture comme une rupture nette, un nouveau lever de soleil. D'autres ont lancé l'idée d'entamer immédiatement les cent premiers jours, en demandant peut-être à George W. Bush de nommer les candidats choisis par Obama à des postes clés afin qu'ils puissent se mettre au travail dès la fin novembre 2008.

La transition a réellement donné un premier aperçu de la façon dont l'équipe Obama se comportera au pouvoir, et un test de l'ampleur des changements qu'elle apportera à Washington. Alors que la cascade de crises s'amplifie, l'effondrement de General Motors étant la dernière en date, le président élu n'aura pas le temps de s'installer avant de prendre de grandes décisions. En réalité, les mesures prises par Barack Obama pendant la transition pourraient contribuer à définir le type de président qu'il sera. Les nominations qu'il a effectuées, la manière dont il a conçu son gouvernement, la rapidité avec laquelle il a tout mis en place, chacun de ces éléments déterminera s'il trébuche ou s'il s'élance dès le départ et s'il présente un programme de gouvernement clair ou incohérent. Selon toutes les indications, cette passation de pouvoir entre les partis s'annonçait comme l'une des plus amicales de ces dernières années, grâce aux efforts extraordinaires du président George Walker Bush. La planification de la passation de pouvoir était en cours bien avant que le président élu Obama et sa femme ne rendent visite aux Bush à la Maison-Blanche le 10 novembre 2008, pour une visite de l'endroit qu'eux, leurs filles et la belle-mère du nouveau président allaient appeler leur maison.

Depuis septembre 2008, John Podesta travaillait discrètement avec Joshua Brewster Bolton, chef de cabinet de Bush à la Maison-Blanche, et avec Blake Lanier Gottesman, adjoint de Bolton, pour faire en sorte que la transition se fasse le plus facilement possible. Bolton et Gottesman ont donné des conseils sur les postes à pourvoir le plus rapidement et ont mis leur personnel à la disposition des conseillers de Barack Obama. Plus de 100 habilitations de sécurité provisoires avaient déjà été accordées à des collaborateurs d'Obama. "Si une crise survient le 21 janvier 2009, ce sont eux qui devront y faire face", a déclaré Bolton dans une interview accordée à C-SPAN. "Nous devons nous assurer qu'ils sont aussi bien préparés que possible". La phase la plus laborieuse était sur le point de commencer, lorsque des équipes d'assistants de Barack Obama se sont rendues dans plus de 100 ministères et organismes fédéraux pour commencer à examiner leurs activités. Pendant ce temps, la nouvelle administration recherchait plus de 300 secrétaires, adjoints et secrétaires adjoints de cabinet, ainsi que plus de 2500 personnes qui, nommées à des postes politiques, n'avaient pas besoin d'être confirmées par le Sénat. Par conséquent, dans les cinq premiers jours qui ont suivi la mise en place du site "Change.gov" par l'équipe d'Obama, 144000 candidatures ont afflué. Car, de nombreuses personnes souhaitaient faire partie de la nouvelle administration qui apporterait des changements spécifiques dans le pays.

Barack Obama semble déterminé à éviter les erreurs commises lors de la transition chaotique de Bill Clinton en 1992, qui a contribué à préparer le terrain pour ce qui s'est avéré être une première année de mandat difficile. Alors que Clinton a consacré l'essentiel de ses premiers efforts à la sélection d'un cabinet diversifié qui, selon lui, ressemblerait à l'Amérique, et qu'il a fallu trois tentatives pour trouver une femme procureur général, Obama s'est d'abord concentré sur la mise en place de son opération à la Maison-Blanche, un peu comme l'avait fait Ronald Reagan en 1980. Les nominations ministérielles devaient commencer à la fin du mois de novembre 2008, ce qui était encore tôt selon les normes historiques récentes. Mais John Podesta a déclaré que Barack Obama avait l'intention de faire de la Maison-Blanche le centre de la formulation des politiques et de la prise de décision. Le signal le plus fort de la manière dont cette Maison-Blanche fonctionnerait a été le choix par Obama de Rahm Israel Emanuel, membre du Congrès de l'Illinois, pour être son chef de cabinet. Emanuel est un partisan de la victoire à tout prix, mais pas un idéologue; lors de son précédent passage à la Maison-Blanche en tant que conseiller politique de Bill Clinton de 1993 à 1998, il a joué un rôle clé dans l'adoption de l'Accord du libre-échange nord-américain, d'un projet de loi sur la criminalité et d'une réforme de l'aide sociale, qui n'étaient pas populaires auprès de la base libérale du parti démocrate. En plus, il supervise la poignée de mains entre Yitzhak Rabin et Yasser Arafat lors de la signature des accords d'Oslo en 1993. La nomination de quelqu'un qui a été un opérateur avisé aux deux extrémités des Pennsylvania Avenue montre également que, malgré tous ses discours sur le changement, Obama n'a pas l'intention de commettre l'erreur des présidents précédents qui sont présentés comme des outsiders et ont fait appel à des conseillers de haut niveau qui ne comprenaient pas les habitudes de Washington.

Mais d'aucuns craignent que le style musclé de Rahm Emanuel (il est célèbre pour ses injures et a déjà envoyé un poisson mort à un ennemi) n'étouffe les dissensions et les débats dans une Maison-Blanche que, selon Valerie Jarret, Obama voulait faire fonctionner selon une "approche d'équipe de rivaux, avec des différences d'opinion". Comparant Emanuel à l'impitoyable chef de cabinet de Richard Nixon, Paul Light, expert gouvernemental de l'Université de New York, a prédit: "Il va faire passer Harry Robbins "Bob" Haldeman pour un petit gâteau". Bien qu'ils soient originaires du même État, le nouveau président et son chef de cabinet formaient un couple inhabituel. Deux ans avant l'élection de Barack Obama, Rahm Emanuel l'a fait remarquer en plaisantant lors d'un discours prononcé au dîner annuel du Gridiron Club de Washington: "Le sénateur Obama et moi ne partageons pas seulement un même État. Nous partageons également des noms exotiques qui nous ont été donnés par nos pères, Barack, qui en swahili signifie 'béni', et Rahm, qui, traduit approximativement de l'hébreu, signifie 'va te faire voir'". En tant que chef de cabinet, Emanuel devrait jouer le rôle d'agent de la circulation, d'arbitre et de gardien, en décidant quelles décisions doivent être prises par le président et lesquelles ne doivent pas l'être, et en évitant que le bureau ovale ne devienne la cible d'une course effrénée. Le fait que Barack Obama et Rahm Emanuel aient amené à la Maison-Blanche une équipe d'une intensité inhabituelle ne fait qu'ajouter aux difficultés de gestion qui les attendent. Elle comprenait des agents musclés tels que Lawrence Summers et le Conseiller à la sécurité nationale Jim Jones, un général des Marines à la retraite. En outre, l'administration disposera de nouveaux centres de pouvoir qui exerceront leur propre attraction. Barack Obama a créé à la Maison-Blanche un bureau chargé de la réforme de la santé, qui sera supervisé par le futur secrétaire à la santé et aux services sociaux, Thomas Andrew Daschle, et un autre chargé de la politique en matière d'énergie et de changement climatique, dirigé par l'ancienne directrice de l'Agence de protection de l'environnement, Carol Martha Browner.

Pendant la période de transition, Barack Obama ne voulait pas donner l'impression d'endosser la responsabilité de problèmes avant d'avoir le pouvoir réel de les résoudre. La banque de capital politique de Bush s'est effondrée et Obama n'était pas prêt à s'approprier les actifs toxiques. D'autre part, il ne voulait pas répéter la transition dysfonctionnelle du pouvoir entre Herbert Hoover et Roosevelt aux heures sombres de la Grande Dépression. Le silence de Franklin D. Roosevelt entre son élection et son investiture a peut-être aggravé la crise. À 17 heures le 5 novembre 2008, lorsque Podesta a quitté cette réunion, moins de 24 heures après la fermeture des bureaux de vote, Obama était déjà très en avance sur le processus normal de transition, ayant sélectionné les finalistes pour un grand nombre de postes clés au sein de son équipe et de son cabinet. Mais il n'avait pas encore décidé du degré de publicité à donner à ce processus. En deux jours, cependant, les événements lui ont forcé la main. Le vendredi 7 novembre 2008, Obama a convoqué une réunion de ses conseillers économiques à Chicago, et le ton de leurs commentaires a fait froid dans le dos. Le marché boursier est en chute libre, le crédit reste serré et les nouveaux chiffres du chômage sont choquants. "La situation s'est détériorée de façon spectaculaire dans les jours qui ont suivi l'élection", a déclaré Timothy Franz Geithner, le ministre des finances choisi par Barack Obama.

Lors des précédentes réunions du groupe, on pouvait toujours compter sur quelqu'un pour trouver des points positifs potentiels dans les prévisions sombres, tandis que Paul Adolph Volcker, l'ancien président de la Réserve fédérale âgé de 81 ans, clôturait invariablement chaque réunion par un soliloque lugubre. Ce jour-là, cependant, il n'y avait pas de scénario positif à dégonfler pour Volcker. Tout le monde dans la salle était sombre. Obama a ouvert la réunion en réfléchissant à son dilemme: agir maintenant ou attendre jusqu'en janvier? À la fin de la séance, il avait conclu que, quoi qu'il en soit, il devait accélérer tous les calendriers de nomination, non seulement au sein du Cabinet mais aussi de l'équipe de la Maison-Blanche, en structurant les plans économiques de manière à ce qu'ils puissent commencer à les soumettre au Congrès et commencer à travailler, avant même qu'il ne prête serment; sur certaines de leurs priorités clés concernant l'économie, sur la mise en place d'une équipe de sécurité nationale qui puisse prendre le relais dans une transition en temps de guerre. Il n'y a pas eu de temps pour les "traditionnelles vacances post-électorales". Les vacances devront attendre jusqu'à Noël.

La transition est un mot si doux. Nous passons, par exemple, de la jeunesse à l'âge adulte. Pour Obama, cependant, le concept était chargé de danger. "Il était très concentré sur les dangers fondamentaux de l'écart entre l'élection et l'investiture, à un moment où l'économie se détériorait clairement et où les marchés étaient très fragiles", a expliqué Geithner. À certains égards, Obama s'est senti obligé de commencer sa présidence immédiatement. Les marchés avaient besoin d'évaluer son équipe économique et de savoir ce qu'il comptait faire.

Les dirigeants du Congrès, qui envisageaient un plan de relance économique colossal, avaient besoin de savoir où il allait. Les chefs militaires, les principaux alliés et les ennemis opportunistes étaient tous désireux de savoir jusqu'à quel point le président anti-guerre d'Irak avait l'intention d'être pacifiste. Obama a conclu qu'attendre créerait un dangereux vide de leadership à court terme et aggraverait les problèmes du pays en janvier. Et rien de ce qui s'est passé depuis cette décision du 7 novembre 2008 (la crise de Citigroup, le drame des constructeurs automobiles ou l'assaut de Bombay) n'a rendu la passation de pouvoir moins périlleuse. Il ne pouvait pas prévoir, lorsqu'il s'est lancé dans la course à la présidence, qu'il serait confronté à de telles circonstances. La distance entre la naissance de sa campagne et ces premiers jours de sa présidence naissante pouvait se compter en mois mais se mesurer en années-lumière.

En 2007, lorsque Barack Obama a annoncé sa candidature par un matin glacial à Springfield, dans l'Illinois, l'Irak était un désastre et le Dow Jones dépassait encore les 14000 points. Ce moment était donc un test non seulement de sa rapidité mais aussi de sa flexibilité. Barack Obama s'est en effet montré souple, persuadant Robert Michael Gates, le secrétaire à la défense de George Walker Bush, de rester à son poste et demandant à Hillary Diane Rodham Clinton, qui a constamment critiqué les vues d'Obama en matière de politique étrangère pendant leur bataille des primaires, de devenir sa secrétaire d'État. La priorité numéro un était toutefois l'équipe économique. Sa tâche consistait à trouver un mélange de personnes suffisamment familières pour signaler la stabilité, mais suffisamment nouvelles pour promettre le changement, et à concevoir une stratégie de relance suffisamment spectaculaire pour inciter les marchés à ravaler leur panique. Dans les derniers jours de novembre, Barack Hussein Obama a tenu ses promesses. Ayant promis de gouverner par le milieu, il a mis en place une équipe de conseillers économiques d'un violet éclatant, ni rouge ni bleu. Timothy Franz Geithner, qui avait occupé divers postes sous Bush et Bill Clinton, devient secrétaire au Trésor. En tant que président de la Réserve fédérale de New York, il était bien connu de Wall Street mais relativement inconnu de Main Street, exactement le mélange d'expérience et de nouveauté qu'Obama recherchait. Son directeur du Bureau de la gestion et du budget, Peter Richard Orszag, avait des fans dans tout le spectre politique, et son oracle interne, Paul Volcker, était un démocrate qui avait combattu l'inflation aux côtés de Ronald Reagan. Lawrence Henry Summers, nommé pour diriger l'équipe économique depuis la Maison-Blanche, a été le patron du Trésor pendant un an et demi sous Bill Clinton. Il a rejoint l'aile ouest en janvier 2009 pour prendre la tête du Conseil économique national (NEC), le centre de coordination de toute la politique économique au sein de l'administration. En dévoilant ces choix et d'autres lors d'une série de conférences de presse quotidiennes, Barack Obama a assuré le public qu'il voulait agir rapidement, si rapidement que des trains d'argent pourraient être prêts à être expédiés à travers tout le pays d'un simple trait de plume le jour de son investiture. Cependant, l'idée d'une nouvelle vague de dépenses a horrifié les conservateurs américains survivants, mais la plupart des économistes l'ont soutenue, certains avec enthousiasme, d'autres avec résignation.

À certains égards, la plus surprenante de ses nominations, Hillary Clinton, la nouvelle secrétaire d'État, était apparue comme un exemple du style Obama. Le 13 janvier 2009, l'ancienne première dame a témoigné devant la commission des affaires étrangères du Sénat, désormais présidée par un autre candidat raté à la présidence, John Forbes Kerry. Démocrates et républicains se sont bousculés pour la féliciter. Lors de son audition de confirmation, Hillary Clinton semblait parfaitement préparée sur tous les sujets imaginables, ordonnée, non dramatique et pourtant prête à proposer des changements radicaux dans la structure du département d'État. Elle semblait avoir l'intention d'éloigner le département de ses orthodoxies bureaucratiques abrutissantes et de l'amener à résoudre des problèmes spécifiques. Pourtant, Hillary Clinton n'a jamais dirigé une grande organisation (le département d'État compte 57000 employés) et elle a mal géré une organisation de taille moyenne (sa campagne présidentielle). Mais elle travaille dur, maîtrise ses dossiers d'information et a peu de divergences politiques sérieuses avec Obama. Les spéculations selon lesquelles l'approbation de Clinton pourrait être retardée parce que des non-Américains douteux avaient fait des dons à la fondation de son mari ne se sont pas concrétisées. "Une tâche" sur son dossier, a déclaré Robert Phillips "Bob" Corker, républicain du Tennessee.

La question est maintenant de savoir quel type de relation Hillary Clinton aura avec Barack Obama. De la réponse dépendra son héritage et la capacité d'Obama à mener une politique étrangère efficace. Les proches d'Hillary Clinton affirment qu'elle a renoncé à toute ambition pour un poste plus élevé, préférant faire de son mandat de diplomate en chef des États-Unis l'apogée de sa carrière. En conséquence, elle a posé des conditions à son acceptation du poste: elle devait avoir un accès direct au président des États-Unis d'Amérique, Barack Obama, quand elle le souhaitait, et elle devait pouvoir recruter son propre personnel. Barack Obama, lui, souhaite que le département d'État soit renforcé afin de jouer un rôle plus actif dans l'application du "soft power". Elle sera un défenseur infatigable de son agence, ne serait-ce que pour parfaire son héritage. Aaron David Miller, chercheur au Centre international Woodrow Wilson de Washington et ancien négociateur au Moyen-Orient, estime que Hillary n'a guère intérêt à provoquer des frictions entre elle et Obama. En cas de divergence visible entre les deux, elle perdrait rapidement toute pertinence aux yeux des dirigeants étrangers. Cela n'empêchera peut-être pas les tensions de se développer, surtout si Obama prend des décisions qui déplaisent à Hillary Clinton. Elle sera moins contrainte de rester loyale que les autres secrétaires d'État, notamment parce qu'elle peut être sûre qu'Obama aura beaucoup de mal à la renvoyer.

La décision de Barack Obama de garder Robert Gates, le secrétaire à la defense de George Walker Bush, était aussi audacieuse que sensée. La gauche anti-guerre est consternée. Mais Obama sait que son temps sera englouti par la crise financière. Il a besoin de quelqu'un qui n'a besoin d'aucune préparation pour gérer deux guerres et une armée soumise à de terribles tensions. Robert Gates supervisera le retrait progressif des troupes d'Irak et le renforcement des troupes en Afghanistan. Certains jours, si le budget le permet, il augmentera les forces armées américaines. Obama pense qu'il peut faire confiance à Gates parce que c'est un professionnel et non un politicien. Lorsqu'on lui a demandé en 2006 si l'Amérique gagnait en Irak, il a répondu: "Non, monsieur". Si les choses semblent aller mieux aujourd'hui, c'est en partie grâce à lui. Malgré la crise financière, Barack Obama est déterminé à étendre l'assurance maladie à presque tout le monde. Son tsar de la santé, Tom Daschle, est un expert en la matière. Dans un livre récent, il préconise une implication beaucoup plus importante du gouvernement dans les soins de santé. Il sait à quel point cela sera politiquement difficile. En tant que sénateur, il a été aux premières loges lorsque le projet de soins de santé trop ambitieux des Clinton a été rejeté dans les années 1990. Mais en tant que premier démocrate du Sénat entre 1994 et 2004, il a du poids au Capitole. Il est entouré d'experts compétents, et il a l'oreille d'Obama. L'opinion publique lui est favorable, du moins pour l'instant. Mais chaque recoin du système de soins de santé américain, d'une complexité insensée, compte des défenseurs bien ancrés, et toutes les tentatives précédentes de fournir des soins de santé universels ont échoué.

Jusqu'à présent, seuls des contretemps mineurs ont affecté la transition. Le plus gros concerne William Blaine Richardson, le choix d'Obama pour le poste de secrétaire au commerce. Bill Richardson, qui est gouverneur du Nouveau-Mexique, a dû retirer sa candidature après qu'il soit apparu qu'une enquête sur le trafic d'influence présumé de son administration était sérieuse. Obama a eu l'air désemparé parce qu'il n'avait pas examiné correctement la candidature de Richardson, mais cette histoire a été rapidement oubliée, tout comme la candidature de Richardson à la présidence en 2008. La controverse entoure également le choix d'Obama pour le poste de procureur général à la tête du département de la justice. Eric Himpton Holder a été critiqué pour son rôle dans la grâce accordée par Bill Clinton à l'homme d'affaires Marc Rich, né Marcell David Reich, réfugié en Suisse et jugé aux États-Unis depuis 1983 pour plus de 50 chefs d'accusation, dont la fraude fiscale et dans l'octroi de la clémence à certains terroristes portoricains. Mais la plupart des sénateurs pensent qu'il serait une amélioration par rapport à Alberto R. Gonzales, procureur général des États-Unis dans l'administration George Walker Bush. Sa nomination, étant plusieurs fois retardée, sera confirmée par le Sénat.

La tentative présumée du gouverneur de l'Illinois, Milorad "Rod" Blagojevich, de vendre le siège laissé vacant du sénateur Obama s'est également avérée embarrassante, mais les personnes raisonnables peuvent difficilement blâmer Obama pour cela. Blagojevich a été destitué le 29 janvier 2009 par le Sénat de l'Illinois. Certains membres du nouveau cabinet s'attirent des critiques pour leurs convictions. Les législateurs des États producteurs de charbon ont frémi en entendant le lauréat du prix Nobel de physique Steven Chu, nouveau secrétaire d'État à l'énergie, déclarer que le charbon, qui dégage du carbone, est son "pire cauchemar". Carol Martha Browner, la nouvelle tsar du climat, ravit les verts mais inquiète ceux qui préféreraient que les réglementations environnementales ne coûtent pas trop cher. Le Washington Times, un journal conservateur, met en avant ses liens avec l'Internationale socialiste, qui peut sembler effrayante mais qui est un groupe de coordination respectable comprenant le parti travailliste britannique. Le reste de l'équipe ne soulève guère de critiques. Janet Ann Napolitano, le gouverneur de l'Arizona, est un choix solide pour le poste de secrétaire à la Sécurité intérieure. En tant que chef de l'exécutif d'un État dont la frontière avec le Mexique est longue et poreuse, elle a le sens des frontières bien surveillées. Et Arne Duncan, un réformateur scolaire prudent de Chicago, est un choix non controversé pour le poste de secrétaire à l'Éducation.

Le gouvernement de Barack Obama comprend un nombre inhabituellement élevé d'ex-sénateurs: Hillary Clinton, Tom Daschle, Kenneth Lee Salazar, le secrétaire à l'Intérieur, le vice-président Joe Biden et, bien sûr, le président lui-même. Il est bien pourvu en matière de cerveaux: Steven Chu a reçu un prix Nobel de physique en 1997 et Lawrence Summers a été président de l'université Harvard entre 2001 et 2006. Et il compte plusieurs personnes de grande taille qui partagent l'amour d'Obama pour le basket-ball. En revanche, il compte peu de Sudistes ou de Républicains. Le seul républicain digne d'intérêt est le secrétaire aux Transports, Raymond H. LaHood. En offrant le poste ministériel le plus prisé à sa rivale, Hillary Clinton, et en conservant Robert Gates, le secrétaire à la défense, Obama a montré sa détermination à ne pas s'entourer de copains. Il a constitué une équipe qui a impressionné presque tout le monde par son calibre et son centrisme. Il a déjà fait preuve de fermeté, en éliminant les gaffeurs et en étant prêt à admettre ses erreurs. Il a averti à plusieurs reprises les Américains qu'il devra faire des choses désagréables.

Le président sortant a fait un travail admirable pour faciliter la transition. Le personnel de George Bush a fait tout ce qu'il pouvait pour informer et aider les nouvelles personnes, par exemple en donnant rapidement à 1000 membres de l'équipe Obama l'autorisation de consulter des informations sensibles. Conscients que les terroristes aiment frapper lorsque leurs ennemis ne sont pas préparés, les collaborateurs entrants et sortants et les membres du cabinet se sont réunis à la Maison-Blanche pour répéter leur réponse à une attaque terroriste hypothermique. La coopération des collaborateurs de Bush contraste avec le comportement puéril des assistants de Bill Clinton en 2001, qui ont vandalisé les bureaux de la Maison-Blanche alors qu'ils se préparaient à partir. Un regain de respect de l'Amérique pour la Constitution et la Loi serait le bienvenu dans le pays comme à l'étranger. George W. Bush a méprisé les règles de gouvernance établies par ses ancêtres. Il a mis des citoyens sur écoute sans autorisation, autorisé secrètement l'usage de la torture et démis des procureurs pour des motifs politiques. Barack Obama semble déterminé à ne pas suivre son exemple. Il a nommé un outsider libéral, Leon Edward Panetta, à la tête de la CIA et un universitaire de renom, Gregory Bestor Graig à la tête de son bureau de conseil juridique. L'Amérique, disait l'un de ses fondateurs, doit être "un gouvernement de lois et non d'hommes". Sous Bush et Dick Cheney, c'était souvent le contraire.

Au-delà du personnel, la période de transition était susceptible de donner des indications sur les capacités exécutives d'Obama et sur son programme. Suivant le modèle établi par Franklin D. Roosevelt pendant sa transition, Obama avait signalé qu'il n'avait pas l'intention de s'impliquer profondément dans les querelles entre Bush et le Congrès au sujet d'un plan de relance économique. Il n'avait pas non plus l'intention de rentrer de Chicago à Washington pour voter sur un tel plan s'il venait à être présenté au Sénat, où il siège encore techniquement. Mais compte tenu de l'urgence des défis à relever, se prémunir contre une nouvelle attaque terroriste et faire face à une crise économique, Obama savait qu'il n'avait pas le temps. Sa priorité absolue sera de stabiliser le système financier, a-t-il déclaré dans une interview accordée à CNN peu avant l'élection, puis d'investir dans les énergies renouvelables, les soins de santé universels, les réductions d'impôts pour la classe moyenne et la réforme de l'éducation. Et puis il y a les autres choses dont il a parlé à divers moments de la campagne: fermeture de Guantanamo, retrait d'Irak, renégociation des accords commerciaux, réforme de l'immigration. La rapidité avec laquelle ces objectifs, désormais secondaires, vont suivre est une question majeure et une source de débat parmi les conseillers d'Obama. Publiquement, ils ont insisté sur le fait qu'il pouvait tout faire, et il a beaucoup été question de mettre ces questions sur des voies parallèles.

Mais il était difficile de voir comment il pouvait se permettre des projets aussi coûteux, parallèlement à un plan fédéral de sauvetage du système financier de 700 milliards de dollars (qu'Obama a ensuite voulu étendre à l'industrie automobile qui s'effondre) et à un nouveau plan de relance économique. Un moyen relativement facile pour lui de marquer des points sur le tableau du changement, une fois en fonction, était de publier une série de décrets (par exemple, en inversant les politiques de Bush sur la recherche sur les cellules souches, le forage en mer et l'interdiction d'utiliser l'argent de l'aide étrangère pour des conseils en matière d'avortement). Le Congrès, avec ses majorités démocrates plus fortes dans les deux chambres, est susceptible d'adopter rapidement des mesures législatives qui étaient auparavant mortes sous le veto de Bush, à commencer par un financement accru du programme d'assurance maladie pour les enfants qui est géré par les États. Les législateurs pourraient également commencer à adopter au coup par coup certaines parties des plans économiques et énergétiques de Barack Obama. La question est de savoir si cela va renforcer l'élan d'Obama pour un changement plus important ou simplement gâcher sa lune de miel. Ici aussi, l'histoire de Bill Clinton est révélatrice. Au cours de sa première année, il a consacré tellement d'énergie et de capitaux à son programme de réduction du déficit et à l'ALENA que, de l'avis de certains de ses collaborateurs, il ne lui restait plus grand-chose pour la santé au cours de sa deuxième année. Le plus grand défi de tous pour le président Obama sera celui que lui a lancé le candidat Obama. Un sondage Diageo/Hotline réalisé après son élection a montré que deux tiers des personnes interrogées sont désormais convaincues que le "vrai changement" arrive à Washington. Combien de temps sont-ils prêts à l'attendre? L'espoir peut alimenter une campagne, mais les présidents se mesurent aux résultats.

L'OCCASION DE FAIRE LE CHANGEMENT

La guerre des longues primaires était enfin terminée, les querelles folles de la campagne présidentielle avaient enfin disparu. Ce qui restait, c'était le fort instinct de survie qui a permis aux États-Unis de se reconstruire après la guerre de Sécession, de résister à la dépression et d'être tenacement unis après les atrocités du 11 septembre. Si l'Amérique veut réussir à partir de maintenant, le noir, le blanc et le brun doivent se fondre dans une représentation brillante du rouge, du blanc et du bleu. Une chose est sûre: Barack Obama avait raison lorsqu'il a dit "Ensemble, nous pouvons". La crise actuelle offre à Obama l'occasion de refondre le clivage traditionnel de la politique américaine. Plutôt que l'habituel clivage gauche-droite sur la taille et le rôle du gouvernement, il doit s'attaquer au plus grand problème que la plupart des Américains ont avec Washington: ils considèrent leur gouvernement comme prédateur et corrompu. Ils regardent le code des impôts et s'inquiètent moins du fait qu'il répartit les richesses que du fait qu'il institutionnalise la corruption par des échappatoires et des accords spéciaux. Une véritable réforme implique de s'attaquer aux politiques prédatrices et à la corruption, de gauche comme de droite. Au début des années 30, les réalités économiques et politiques laissaient également penser que les États-Unis étaient prêts à entrer dans une nouvelle ère. Mais cette ère nouvelle a eu lieu, et a pris la forme particulière qu'elle a prise, uniquement grâce à l'habileté et à l'ambition de Franklin Delano Roosevelt. S'il veut vraiment façonner l'avenir, Obama devra faire preuve d'un leadership similaire.

Son penseur préféré, Ralph Waldo Emerson, écrivait en 1841 que le parti du conservatisme et celui de l'innovation se disputent la possession du monde depuis qu'il a été créé. L'innovation est l'énergie saillante, le conservatisme la pause du dernier moment. Ainsi, pour créer une nouvelle majorité de gouvernement, Obama doit maintenant incarner l'idée d'innovation. L'histoire moderne nous met en garde contre les nouveaux présidents qui dépassent les bornes et enhardissent les législateurs qui manient le pouvoir avec insouciance. Dans sa lutte infructueuse pour conserver son siège au Sénat de Caroline du Nord en 2008, Elizabeth Hanford Dole, secrétaire aux Transports de Ronald Reagan et secrétaire au Travail de George H.W. Bush, a diffusé une publicité prédisant que "ces libéraux veulent un contrôle total du gouvernement, en temps de crise. Toutes les branches du gouvernement. Pas de freins et contrepoids. Aucune indépendance". Si des démocrates comme son adversaire gagnent, a-t-elle averti, "ils obtiennent un chèque en blanc". La grogne a commencé avant même que les votes n'aient lieu: Franck Barney, président de la commission des services financiers de la Chambre des représentants, a parlé de réduire les dépenses militaires de 25% et de taxer "un grand nombre de personnes très riches"; Amnesty international a fixé une date limite pour la fermeture de Guantánamo; l'ACLU (Union Américaine pour les Libertés Civiles), une importante association à but non lucratif basée à New York, veut une révision complète des listes de surveillance dans les 100 jours. De quel côté Barack Obama sera-t-il? Les vieux libéraux de Ted Kennedy qu'il a réinspirés, les démocrates "Blue Dog" qu'il a courtisés, les nouveaux arrivants des districts violets, voire rouges, dont la durée de vie dépend d'un programme centriste? Il a parlé de la nécessité de régler la question des droits, mais si vous essayer de l'épingler sur l'audace du comment, il s'évanouit dans une mousse de contingence. Il a promis de mettre fin à la guerre en Irak de manière responsable, mais la tension entre la fin et la responsabilité se resserre maintenant. Il a voté pour le renflouement de Wall Street à hauteur de 700 milliards de dollars, mais il y aura certainement beaucoup plus de demandes sur ce pot qu'il n'y a d'argent disponible.

Le président Obama a toujours pris soin de ne pas s'engager dans trop de détails. Mais il a fait beaucoup de promesses de son côté. Hillary Clinton ne se fait aucune illusion sur ce qui l'attend. "Je me souviens très bien que, juste après l'élection de Bill Clinton, nous avons découvert que le déficit budgétaire était deux fois plus important que ce qui avait été annoncé. En examinant cette administration, je pense que nous allons trouver beaucoup de serpents sous les pierres lorsque nous commencerons à les ramasser", a-t-elle déclaré à la journaliste Karen Tumulty. Barack Obama avait déjà mis en place des équipes travaillant en étroite collaboration avec le département du Trésor et le Pentagone dans l'éventualité d'une victoire. Elles avaient soumis d'innombrables noms au FBI pour s'assurer qu'ils obtiendraient des habilitations de sécurité le plus rapidement possible. Cependant, McCain s'est moqué de la présomption d'Obama de "mesurer les rideaux", mais les préparatifs d'Obama en vue d'une transition reflétaient le fait que le reste du monde n'allait pas attendre le 20 janvier 2009 pour savoir ce qu'il pensait. À un moment comme celui-ci, il n'y a probablement rien de tel que d'être trop préparé. Son voeu de rassembler les gens n'aura aucun sens s'il se contente de faire ce qui est déjà facile. Il doit trouver de vrais républicains à placer à de vrais postes ministériels, pas seulement aux Transports. Il doit utiliser son pouvoir de manière à rendre les deux parties également malheureuses, pour dépoussiérer les mots lourds que les Américains ont besoin d'entendre, et pas seulement les mots édifiants, comme l'austérité, le sacrifice, le devoir envers les enfants. La dette nationale a dépassé les 10000 milliards de dollars en septembre 2008. Dans les mois qui ont suivi, on y a ajouté 500 milliards de dollars, le plongeon le plus rapide et le plus profond dans l'encre rouge depuis plus de 50 ans.

Obama mettra-t-il fin à la politique de deux poids deux mesures entre le fonctionnement de Washington et celui du reste du monde, aux échappatoires qu'il défend, au bon sens qu'il défie? "Cette victoire seule n'est pas le changement que nous recherchons", a-t-il lancé à l'Amérique le 3 novembre 2008. "Elle n'est que l'occasion pour nous d'opérer ce changement. Et cela ne peut pas arriver si nous revenons en arrière. Cela ne peut se faire sans vous". Dans la plupart des pays, nous avons les dirigeants que nous méritons. Et si nous les élevons puis agissons avec malveillance, afin de freiner ou d'entraver leurs plans et ambitions, si nous refusons de les suivre à moins qu'ils ne nous emmènent à Disneyland, alors aucun président, aussi éloquent soit-il, aussi historique que soit son mandat ou aussi perçant que soit son sens de ce qui doit être fait, ne pourra nous emmener là où nous refusons d'aller. Tout cela ne s'est pas terminé le jour de l'élection, a répété Obama en évoquant la possibilité pour les gens ordinaires d'accomplir des choses extraordinaires. Ainsi, les Américains n'étaient qu'à la fin du commencement. L'économie était en panne, tout comme la réputation de l'Amérique dans le monde. Il y avait un déficit record et une dette de 10000 milliards de dollars. La planète se réchauffait dangereusement. Le gouvernement est devenu d'une nullité embarrassante. Il y avait une crise de l'énergie, une crise de l'immigration et une crise de l'assurance maladie, et Washington ne semblait pas pouvoir faire quoi que ce soit à ce sujet. Obama lui-même reconnaît les difficultés: "deux guerres, une planète en péril, la pire crise financière depuis un siècle". Avec le sérieux qui le caractérise, il a minimisé les attentes, tentant une approche trop inédite dans la politique américaine en étant fondamentalement honnête sur ce qui les attend. "La route sera longue", a-t-il déclaré. "Notre ascension sera raide. Nous n'y arriverons peut-être pas en un an ou même en un mandat, mais l'Amérique, je n'ai jamais eu autant d'espoir que ce soir que nous y arriverons". Mais il est rapidement revenu sur terre. "Il y aura des revers et des faux départs", a-t-il dit, promettant que "je serai toujours honnête avec vous sur les défis auxquels nous sommes confrontés".

Barack Obama a hérité de la pire crise économique depuis la Grande Dépression, une récession mondiale d'une gravité jamais vue depuis peut-être 80 ans: Le secteur financier est en ruine; le budget est en train de se vider de son encre rouge; les ménages criblés de dettes ont réduit leurs dépenses, fragilisant ainsi l'économie; le chômage monte en flèche; de nouvelles guerres au Moyen-Orient et d'anciennes en Afrique; le pays est engagé dans deux guerres (les missions sont loin d'être accomplies en Irak et en Afghanistan); une Russie irritable et une Chine en plein essor; et les besoins sociaux et environnementaux non satisfaits sont considérables. Les fardeaux, assurément, étaient trop lourds à porter pour un seul homme. Il est devenu à la mode de se demander pourquoi une personne saine d'esprit voudrait hériter de ce gâchis, mais hériter du gâchis est presque une condition préalable à la grandeur présidentielle. Ces défis internationaux doivent attirer l'attention du président en même temps que des préoccupations nationales bruyantes telles que la montée en flèche du chômage, le besoin désespéré d'un meilleur système de santé, l'explosion des déficits et les villes en déclin. En tant que président historique, en tant que démocrate avec un Congrès démocrate et en tant que candidat du changement, Obama est entré à la Maison-Blanche avec un entrepôt rempli de capital politique. Alors comment doit-il le dépenser? À l'instar des plans de bataille, les déclarations politiques en neuf points publiées sur les sites Web des campagnes électorales survivent rarement au contact de la réalité. Obama ne sera pas en mesure d'achever toutes ses listes de choses à faire au cours de ses 100 premiers jours, et peut-être même pas au cours de son premier mandat. Pour bien gouverner, Obama aura besoin de tous ces esprits qu'il évoquait autrefois, Roosevelt, Kennedy, Lincoln, et il aura besoin d'un public compréhensif. Il y a deux ans, à la veille de sa campagne présidentielle, Obama a dit ceci au sujet du peuple américain: "J'imagine qu'ils attendent une politique ayant la maturité nécessaire pour équilibrer idéalisme et réalisme, pour faire la distinction entre ce qui peut et ne peut pas faire l'objet de compromis, pour admettre la possibilité que l'autre camp puisse parfois avoir raison". Il a maintenant la chance de contribuer à faire de cette politique une réalité.

Mais la crise financière a fourni une occasion unique d'improvisation. Si Bush a pu obtenir un renflouement de 700 milliards de dollars de Wall Street, il est difficile d'imaginer quelque chose qui ne soit pas à la portée d'Obama. Il s'est engagé à aider la classe moyenne, à promouvoir l'indépendance énergétique, à étendre la couverture médicale et à remettre de l'ordre à Washington. Alors que les États-Unis d'Amérique se dirigent vers une falaise, il aura une certaine marge de manœuvre quant à la manière de s'y prendre. Cela dit, ce n'est pas le moment de faire du "small ball", de s'attaquer à des problèmes secondaires ou de récompenser des électeurs démocrates loyaux. C'est le moment d'affronter certains intérêts puissants, de démanteler certaines traditions bien ancrées à Washington et de fixer de nouvelles priorités audacieuses. C'est également le moment d'ignorer les chantres de l'austérité, y compris les modérateurs du débat, qui ont harcelé Obama pour qu'il réduise sa vision à un moment où les investissements publics sont désespérément nécessaires pour sortir l'économie du fossé. Oui, plus de dépenses signifie encore plus de dettes. Mais une dépression signifierait aussi plus de dettes. La pire crise économique depuis plusieurs générations exige une nouvelle classe de créativité. Et personne mieux qu'Obama ne sait comment jouer sur ce thème. Comme il l'a dit lors de sa visite à Paris à l'été 2008, "L'Occident est généralement à son meilleur quand c'est une méritocratie et que les gens s'élèvent de tous les horizons. C'est une chose dont l'Amérique a toujours été très fière. C'est l'essence même de ce que nous appelons le rêve américain".

Barack Obama a compris que le plan de relance pouvait être un moyen de lancer son vaste programme national. Quels que soient ses autres défis, la nouvelle équipe économique disposait déjà d'un énorme avantage: les économistes de droite comme de gauche s'accordaient désormais sur la nécessité d'une mesure de relance massive, et ce dans les plus brefs délais. L'éminence grise des conseillers économiques républicains, Martin Stuart Feldstein, considéré comme un des pères de l'économie de la santé, a fait sourciller en octobre 2008 en déclarant que le plan de relance pourrait atteindre 300 milliards de dollars. Cela semblait déjà bien timide. Jan Hatzius, économiste en chef de Goldman Sachs, a déclaré à ses clients qu'il s'attendait à ce que le plan de relance d'Obama atteigne 400 à 500 milliards de dollars par an afin de compenser la baisse des dépenses personnelles. Par conséquent, ses promesses de campagne ambitieuses, comme la réforme des soins de santé, la réduction des impôts pour les revenus faibles et modérés, et l'orientation des États-Unis vers une nouvelle économie de l'énergie, semblaient condamnées par le déficit budgétaire béant de quelque 200 milliards de dollars par mois.

Mais si l'on qualifie ces projets de "mesures de relance", un navire se dirigeant vers le récif du désastre économique pourrait soudain naviguer à travers le Congrès en arborant le drapeau de la reprise économique. Même les économistes républicains parlent de centaines de milliards de dollars de nouvelles dépenses. Le rêve des réformateurs du système de santé (les dossiers médicaux électroniques) est maintenant considéré comme une mesure de relance économique, car Obama va injecter de l'argent dans les hôpitaux pour le personnel de bureau et l'achat d'ordinateurs. Bien que Barack Obama ne puisse pas insérer un plan complet et soigneusement élaboré de couverture universelle des soins de santé dans un plan de relance économique élaboré à la hâte, les assistants de la transition affirment qu'il consacrera immédiatement des milliards au secteur des soins de santé. Une partie de ces fonds sera consacrée à une mise à niveau technologique massive d'un secteur qui, à bien des égards, est encore basé sur le papier. Il est plus urgent d'acheminer l'argent directement de Washington vers les États afin que les législateurs locaux ne se précipitent pas pour réduire les dépenses liées à Medicaid, alors que les recettes fiscales des États se tarissent en raison de la récession. "En l'absence d'un allègement, les budgets de Medicaid seront réduits", a déclaré un conseiller démocrate de haut rang au courant des projets.

Sa réduction d'impôts est une mesure de relance parce qu'elle met l'argent des dépenses dans la poche des travailleurs américains. La classe moyenne bénéficiera rapidement d'une réduction d'impôts, affirment plusieurs démocrates au fait des projets. Il pourrait également y avoir un allègement de l'impôt sur les salaires afin de permettre à tous de disposer d'un peu plus d'argent. Barack Obama pourrait même reporter son projet d'annuler les réductions d'impôts accordées par le gouvernement Bush aux Américains les plus riches et retarder toute augmentation d'impôts pour les contribuables les plus aisés jusqu'en 2011, date à laquelle ces réductions expireront en vertu de la législation en vigueur. Sa promesse de réparer les infrastructures du pays est un plan de relance pour les ouvriers du batiment, tandis que sa stratègie énergétique est un plan de relance pour les personnes qui moderniseront les bâtiments publics, moderniseront les écoles publiques et amélioreront le réseau électrique. Barack Obama a promis de créer 2,5 millions de nouveaux emplois et prévoit de le faire, du moins en partie, à l'ancienne: en reconstruisant les réseaux d'égouts, les ponts, les écoles et d'autres parties en difficulté de l'infrastructure nationale. Après l'effondrement du pont I-35W à Minneapolis en 2007, qui a fait 13 morts, le "National Transportation Safety Board" a identifié quelque 740 ponts d'âge et de conception similaires aux États-Unis. Ils feront l'objet de réparations ciblées. Mais Barack Obama estime que le pays pourrait également investir judicieusement dans une nouvelle génération d'emplois verts, dans des domaines tels que les énergies alternatives et les biocarburants avancés. Il a promis depuis longtemps de rendre l'économie plus efficace sur le plan énergétique, mais ses projets dans ce domaine ont toujours été quelque peu obscurs. Ce qui est devenu clair maintenant, c'est que ses plans d'investissement dans l'énergie seront fusionnés avec son besoin de stimuler l'économie. Cela signifie qu'il faudra moderniser le réseau électrique national pour éviter les coupures de courant et renforcer les points faibles. Les responsables démocrates ont déclaré qu'une autre initiative clé sera une campagne nationale d'installation de compteurs dits intelligents qui surveillent les flux d'énergie afin de limiter le gaspillage. Certains acteurs de la haute technologie dans ce domaine ont affirmé que ces dispositifs pourraient alléger les pressions sur le réseau et faire économiser des millions aux consommateurs.

Bien sûr, il était facile de dresser la liste des points à traiter. Par contre, il était beaucoup plus difficile de dépenser des sommes considérables, peut-être 1000 milliards de dollars sur deux ans, de manière suffisamment efficace, efficiente et rapide pour relancer l'économie, et surtout que Les trois lutins de Washington (gaspillage, fraude et abus) regardaient avec des yeux affamés. Obama avait fait de Peter Orszag un gardien des cordons de la bourse en le nommant directeur du Bureau de la gestion et du budget, car il n'avait pas l'intention de laisser passer sa chance. "Je ne pense pas que les Américains souhaitent que leur prochain président fasse preuve d'hubris", a déclaré Barack Obama, rappelant que John McCain avait obtenu près de 47% des voix lors de l'élection présidentielle. Toutefois, "je pense que nous avons reçu un mandat fort pour le changement. Et je sais que les gens ont dit: Que signifie ce mot de changement? Vous savez qu'il est en quelque sorte mal défini. En fait, nous l'avons défini de manière assez précise pendant la campagne, et j'essaie de le définir davantage pour les gens pendant cette transition", a-t-il déclaré. "Cela signifie un gouvernement qui n'est pas guidé par l'idéologie. Cela signifie un gouvernement qui est compétent, cela signifie un gouvernement, plus important encore, qui se concentre jour après jour sur les besoins et les luttes, les espoirs et les rêves des gens ordinaires".

Barack Obama doit s'attaquer à deux guerres, à une récession calamiteuse et à l'imprévu. Pourtant, à une majorité de trois contre un, les Américains sont plus optimistes avec lui aux commandes, selon un sondage de "l'Associated Press". Les vrais croyants l'expriment de façon plus imagée. Lors du bal de la Hawaii State Society le soir de l'investiture, le consensus était que si Obama peut faire du bodysurf à Sandy Beach, Oahu, où les fractures sont fréquentes, et il le peut, il devrait être capable de gérer la présidence. Le nouveau président doit donc prouver qu'il n'est pas une "célébrité" ou une "rock star", comme on l'a prétendu la campagne électorale de McCain, mais un leader capable d'apporter des changements significatifs et durables, un leader bien plus que simplement "éloquent". Lorsqu'ils se présentent aux élections, les hommes politiques disent beaucoup de choses qui, en réalité, ont des significations différentes, ont des intentions beaucoup moins claires et finissent par accomplir très peu de choses. C'est la nature même de leur métier et les meilleurs d'entre eux l'exercent avec aplomb. Mais cet homme est devenu président sur un message "d'espoir" et de "changement" et sur la promesse qu'il serait différent. Et nous devons évaluer sa présidence en fonction de sa capacité à tenir ces promesses. À la lumière des espoirs et des attentes placés en lui par des millions de personnes en Amérique et dans le monde entier, il est important d'examiner de près ces promesses et la mesure dans laquelle elles sont sur le point d'être tenues. Bénéficiant jusqu'à présent d'un énorme capital de sympathie, il doit désormais être évalué à l'aune des résultats, et non des promesses.

Au début de la campagne, Obama avait admis: "je sers d'écran vierge sur lequel des personnes d'horizons politiques très différents projettent leurs propres opinions. En tant que tel, je ne manquerai pas de décevoir certains d'entre eux, si ce n'est tous". C'était une confession remarquable pour un homme politique, mais un leader se mesure à son efficacité, et non à sa seule franchise. On a dit de lui qu'il était une fenêtre sur la psyché américaine. on pourrait aussi dire qu'il est un miroir, ce que vous voyez dépend de qui vous êtes et de votre position. Mais ces métaphores suggèrent toutes qu'il est une sorte d'instrument passif, alors qu'en fait sa qualité insaisissable est une partie active de sa personnalité. Bien sûr, il arrive presque toujours que ceux en qui nous plaçons notre espoir soient rarement pleinement conscients de la profondeur, ou même de la nature, de cet espoir. Et il est d'ailleurs ridicule de s'attendre à ce qu'ils le soient, puisque ces espoirs émanent souvent de points de vue très personnels et largement subjectifs, et qu'ils évoluent eux-mêmes, comme les sables du temps.

Ce que font les meilleurs leaders, cependant, c'est rassembler nos nombreuses réalités et les passer au crible pour en extraire des thèmes communs et un plan d'action qui profite à tous, et pas seulement à certains ou à un grand nombre. Pour y parvenir, les leaders n'ont même pas besoin de s'exprimer clairement. Non, un grand leader doit, avec une grande intelligence émotionnelle, recueillir nos désirs, nos aspirations et nos craintes et passer au crible ces expressions incohérentes et souvent incompatibles, pour nous restituer, concentrés et purifiés, des idéaux que nous pouvons tous reconnaître, honorer, respecter, pour lesquels nous sommes reconnaissants et, en fin de compte, par lesquels nous nous sentons réconfortés. Si Obama est président des États-Unis et du "monde libre", c'est en grande partie parce qu'il y est parvenu. Mais ce n'est que le début. Un leader doit ensuite, avec intelligence et un grand discernement, élaborer et faire appliquer des politiques concrètes qui consolideront et soutiendront ces idéaux. C'est la tâche qui attend le président Obama. Ce n'est pas facile, mais le leadership l'est rarement. Et d'ailleurs, c'est lui qui s'est présenté pour le poste de président des États-Unis d'Amérique. Les électeurs ont fait leur part du travail. Il doit maintenant faire la sienne.

On peut espérer qu'Obama pourra rétablir le respect international que les États-Unis ont perdu et convaincre progressivement le monde qui observe et attend qu'un changement pour l'Amérique est bon pour le monde entier. Il est évident que les alliés de l'Amérique ont obtenu le candidat qu'ils préféraient à une écrasante majorité, mais cela ne signifie pas nécessairement que les relations des États-Unis avec le monde entier vont se réchauffer instantanément. En fait, l'histoire est parsemée de présidents rock-star dont les premières années ont été de terribles déceptions pour les alliés des États-Unis. John F. Kennedy se considérait comme un "citoyen du monde" et pensait pouvoir affirmer rapidement "la position des États-Unis d'Amérique", a déclaré David M. Kennedy, historien à Stanford. Pourtant, il lui a fallu à peine trois mois pour commettre sa première erreur majeure: la désastreuse invasion de Cuba par la baie des Cochons. De nombreux alliés européens sont horrifiés par la témérité de Kennedy et sont à nouveau consternés lorsque Kennedy, ignorant un avertissement direct du président français Charles de Gaule, se laisse entraîner dans un débat avec Nikita Khrouchtchev sur l'avenir de Berlin lors d'un sommet à Vienne, déclenchant une impasse qui aboutira au mur de Berlin. Bill Clinton est un exemple exactement inverse: c'est son indécision précoce qui a frustré les Européens au point de les rendre furieux. Pendant la campagne, il a attaqué le président sortant George Herbert Walker Bush pour n'avoir pas exercé un "véritable leadership" en Yougoslavie; après avoir remporté l'élection présidentielle, Bill Clinton est resté les bras croisés alors que les combats faisaient rage, ce qui a conduit le président français Jacques Chirac à annoncer que le poste de leader du monde libre était "vacant". Par la suite, des tergiversations similaires conduiront à la retraite ignominieuse des États-Unis de la Somalie et retarderont toute réponse au génocide au Rwanda. Nombreux sont ceux qui, après le désastre qui a entouré l'aventure irakienne de George Walker Bush, soutiendraient que pour reconstruire ses relations extérieures, les États-Unis d'Amérique doivent devenir un géant plus modeste, plus manifestement contraint par le droit international et plus engagé à oeuvrer de manière impartiale pour la paix au Moyen-Orient et ailleurs. D'une certaine manière, c'est sûrement juste. Moins d'arrogance manichéenne de George Walker Bush serait la bienvenue.

Barack Obama a promis de faire preuve de plus de retenue que George Walker Bush, mais il y a des raisons structurelles de s'attendre à des problèmes. L'équipe de Barack Obama, composée de démocrates qui n'ont pas vu d'action de politique étrangère depuis des années, devra se remettre à niveau à un moment où de nouvelles crises, du Soudan à la Corée du Nord, sont en ébullition, explique Walter Russell Mead, du "Council on Foreign Relations". Et les premières années de toute nouvelle administration mettent les idéaux en conflit avec la réalité. Il suffit de voir le recul total de George Walker Bush par rapport à l'unilatéralisme effronté de son premier mandat. Plusieurs zones de conflit avec les alliés des États-Unis se profilent. Les opinions publiques européennes, plus que leurs gouvernements, souhaitent un retrait immédiat des troupes américaines en Irak, ce qu'Obama ne fera pas. Il demandera également une aide supplémentaire en Afghanistan, ce qui est extrêmement impopulaire parmi les Allemands. La Grande-Bretagne et le Canada veulent qu'Obama soulage leurs troupes en Afghanistan, dans le sud violent. Seule la France semble susceptible de répondre à l'appel d'Obama. En ce qui concerne le changement climatique, l'attention était déjà portée sur un grand sommet des Nations unies prévu en décembre 2009 à Copenhague. Mais il est peu probable que Barack Obama parvienne à arracher une législation majeure au Congrès d'ici là en raison de la récession, a déclaré Norman Ornstein de l'American Enterprise Institute. Les négociateurs américains ne sauront donc pas ce qui est vendable chez eux, et ils pourraient revenir avec un accord qui plaira à Obama mais déplaira à Washington. Le commerce est un autre point sensible pour les alliés des États-Unis, en partie à cause de la menace de Barack Obama de réviser l'accord ALENA avec le Canada et le Mexique. Et s'il veut intégrer des normes de travail et environnementales dans les accords commerciaux avec la Chine et l'Inde, "cela créera très rapidement des problèmes avec ces pays", a déclaré Mead. Barack Obama s'oppose également aux accords de libre-échange souhaités par d'autres proches alliés, comme la Colombie et la Corée du Sud. Certes, les amis des États-Unis seront reconnaissants du changement de ton qu'Obama est susceptible d'apporter. Ils seront ravis s'il ferme Guantanamo Bay comme il l'a promis pendant la campagne.

Obama pourrait tenir sa promesse de campagne de fermer Guantanamo en publiant simplement un décret. Mais cela poserait la question de savoir ce qu'il faut faire des 225 terroristes présumés qui y sont détenus, et qui n'auraient soudain plus de domicile. S'ils étaient amenés aux États-Unis pour y être jugés, ils bénéficieraient des garanties constitutionnelles d'une procédure régulière, ce qui inclut le droit de confronter leur accusateur et d'examiner toutes les preuves à leur encontre. Cela risque de ne pas plaire aux grands chasseurs de terroristes, qui s'appuient sur des informateurs et des preuves confidentielles. En effet, certains éléments de preuve semblent avoir été recueillis au cours d'interrogatoires musclés qui peuvent désormais être considérés comme illégaux et donc irrecevables devant un tribunal, et il pourrait être impossible de monter des dossiers criminels contre certains détenus. Il y a donc un risque que des terroristes avoués échappent à la détention américaine pour un détail technique. Et même si Guantanamo est fermé, il reste encore la question des militants capturés lors des guerres en Afghanistan, en Irak et ailleurs, et qu'Obama dit avoir l'intention de poursuivre de manière plus complète. L'administration Bush avait déjà discrètement libéré quelque 500 des 700 prisonniers qui y étaient détenus. Barack Obama pourrait choisir d'en libérer des dizaines d'autres et insister pour que les quelques cas restants, très médiatisés, soient entendus par des tribunaux fédéraux ou militaires aux États-Unis. Des dizaines d'affaires relatives à Guantanamo étaient déjà en cours devant les tribunaux fédéraux à la suite d'un arrêt décisif de la Cour Suprême en juin, et l'administration Bush était aux prises avec deux décisions distinctes de juges fédéraux ordonnant la libération de 22 détenus. Et même si Obama déçoit ses alliés dès le début, il aura tout le temps de réparer les choses plus tard dans son mandat. Une raison d'espérer: Kennedy et Clinton sont devenus immensément populaires dans le monde entier.

Obama et ses conseillers sont sans doute sincères lorsqu'ils disent vouloir restaurer la réputation de décence et de compétence des États-Unis d'Amérique. Mais d'un point de vue constitutionnel et dans tous les autres domaines qui comptent vraiment, les responsabilités premières d'Obama sont envers les Américains, et non envers les gens à l'étranger. C'est à l'électorat américain qu'il doit rendre des comptes, et c'est l'opinion publique américaine, et non celle de Copenhague ou de Kinshasa, qui déterminera si son administration est considérée comme un succès. On peut espérer que tout cela insufflera bientôt un certain réalisme dans les espoirs non américains d'une présidence Obama et incitera les décideurs politiques à se concentrer sur leurs nombreuses tâches plutôt que d'imaginer un monde rêvé dans lequel les intérêts nationaux concurrents ont en quelque sorte disparu. Les Européens, en particulier, doivent dépasser la foule de 200000 personnes qui l'a acclamé à Berlin à l'été 2008, et avoir un regard clair sur le monde dans lequel ils vivent, et sur la meilleure façon d'y agir. Pour la grandeur et le bien d'Europe, ce ne sera pas facile. Les Européens aiment penser à l'Amérique, en partie par nostalgie, en partie par envie, en partie par dédain. Près de six ans après ces désaccords passionnés sur l'invasion de l'Irak, les relations américano-européennes sont au beau fixe, avec une poignée d'atlantistes à la tête des gouvernements britannique, français et allemand, ainsi qu'à la tête de la Commission européenne à Bruxelles.

Il s'agit maintenant de déterminer ce que l'ensemble des riches démocraties du monde peuvent faire de leur pouvoir considérable. La plupart des problèmes les plus graves du monde exigent toujours le leadership de l'Amérique, et une Amérique qui se retire pour panser ses blessures intérieures ne servira pas au monde. Personne n'imagine sérieusement que la paix puisse venir au Moyen-Orient sans l'Amérique. Ni la Russie, ni la Chine, ni l'Union européenne n'ont envie de prendre la tête des efforts visant à lutter contre la prolifération nucléaire de l'Iran ou de la Corée du Nord. Parfois, comme pour le Kosovo dans les années 1990, l'Amérique doit agir même lorsque l'ONU (Organisation des Nations Unies) hésite. Par dessus tout, l'Amérique doit prendre la tête des efforts visant à lutter contre la récession mondiale, grâce à sa position dominante au sein du FMI (Fonds Monétaire International), à son rôle essentiel pour résister aux sirènes du protectionnisme et à l'effet stimulant des vastes dépenses publiques prévues par Obama. Pourtant, un président qui comprendra, comme George Walker Bush ne l'a pas fait, que l'Amérique n'est pas l'hyperpuissance incontestée des années 1990, un président, qui valorisera le "soft power" plus que le "hard power", constituera un changement pour le mieux. Une Amérique dirigée par un tel homme écoutera plus attentivement et travaillera plus étroitement avec ses alliés et ses rivaux, s'efforcera davantage de respecter les lois auxquelles elle a souscrit et pourrait prendre de nouveaux engagements, par exemple pour lutter contre le changement climatique.

Mais, l'économie domestique occupera la majeure partie du temps d'Obama. Et là, le renouveau américain doit prendre deux formes opposées. D'une certaine manière, l'heure est à un gouvernement plus actif: à une réglementation plus stricte des banques et des quasi-banques, à des dépenses publiques à court terme beaucoup plus importantes pour contrecarrer la contraction de l'économie dans d'autres secteurs, et à la mise en place d'un système de santé de base pour tous. Mais Obama a également besoin d'un plan pour réduire d'autres aspects du gouvernement à long terme. Sans réforme des droits coûteux, le gouvernement fédéral risque la faillite. Réduire les prestations sociales tout en rachetant des centaines de milliards de dollars de prêts douteux à Wall Street est une politique difficile, pour ne pas dire la moindre. Mais au moins, Obama a reconnu qu'il devra le faire. Un système de santé plus équitable et une réforme budgétaire feraient, à eux seuls, de la présidence d'Obama une présidence remarquable. Et au moins, il dispose des voix au Congrès pour y parvenir.

Les défis auxquels Barack Obama est confronté sont trop importants pour être relevés sans le soutien des républicains. Jusqu'à présent, il a fait bonne figure en matière de bipartisme, que ce soit de manière modeste, en dînant avec des chroniqueurs conservateurs ou plus importante, en prévoyant d'importantes réductions d'impôts dans ses propositions de relance. Il a également fait preuve de souplesse dans ses relations avec le Congrès. Par exemple, lorsque les législateurs ont fait remarquer qu'un plan visant à offrir des subventions aux entreprises qui créent des emplois pouvait donner lieu à des abus, car des entreprises rusées pouvaient licencier 100 personnes, en embaucher dix et demander une subvention pour avoir créé des emplois, il a carrément abandonné l'idée. Barack Obama est en position de force, car la capacité d'un président à faire passer des lois au Congrès dépend en grande partie de sa popularité personnelle. Il est beaucoup plus populaire que le Congrès ou son propre parti. Et il dispose de trois stratégies pour le rester: Premièrement, il doit évidemment bien gouverner; deuxièmement, il doit utiliser son éloquence pour persuader les Américains que ce qu'il fait est juste; troisièmement, il doit continuer à courtiser et à collecter des fonds auprès du réseau en ligne de partisans qui l'ont aidé à être élu. Cependant, les campagnes permanentes ne fonctionnent pas toujours. Les militants qui ont aimé Obama lorsqu'il promettait un "changement" vaguement défini peuvent l'aimer moins lorsqu'il doit faire des choix difficiles. Et le pouvoir de la chaire d'intimidation est souvent surestimé. Barack Obama sera jugé sur ses résultats, tout comme George Walker Bush l'a été.

Cela apparaît clairement lorsqu'Obama propose une liste de contrôle que les électeurs pourront utiliser pour juger de ses performances deux ans après l'investiture. C'est tout un programme: "Avons-nous aidé cette économie à se remettre de ce qui est la pire crise financière depuis la Grande Dépression? Avons-nous institué des réglementations financières et des règles de conduite qui garantissent que ce type de crise ne se reproduira pas? Avons-nous créé des emplois qui paient bien et permettent aux familles de subvenir à leurs besoins? Avons-nous fait des progrès significatifs pour réduire le coût des soins de santé et étendre la couverture? Avons-nous commencé ce qui sera probablement un projet d'une décennie pour faire passer l'Amérique à une nouvelle économie énergétique? Avons-nous commencé ce qui pourrait être un projet encore plus long de revitalisation de nos systèmes scolaires publics? Avons-nous fermé Guantanamo de manière responsable, mis un terme clair à la torture et rétabli un équilibre entre les exigences de notre sécurité et notre Constitution? Avons-nous reconstruit efficacement nos alliances dans le monde? Avons-nous retiré les troupes américaines d'Irak et avons-nous renforcé notre approche en Afghanistan, non seulement sur le plan militaire mais aussi sur le plan diplomatique et en termes de développement? Et avons-nous été en mesure de revigorer les institutions internationales pour faire face aux menaces transnationales, comme le changement climatique, que nous ne pouvons pas résoudre seuls?" Et il a conclu: "En dehors des mesures politiques spécifiques, dans deux ans, je veux que le peuple américain puisse dire que le gouvernement n'est pas parfait et il y a des choses qu'Obama fait qui m'énervent. Mais vous savez quoi? J'ai l'impression que le gouvernement travaille pour moi. J'ai l'impression qu'il est responsable. J'ai l'impression qu'il est transparent. J'ai l'impression d'être bien informé sur les mesures prises par le gouvernement. J'ai l'impression que c'est un président et une administration qui admettent leurs erreurs et s'adaptent aux nouvelles informations". Les quatre ou huit prochaines années peuvent être une déception, un renouveau triomphant ou quelque chose entre les deux. Mais l'essence de la force d'Obama et de sa promesse est qu'une forte majorité d'Américains pense qu'il accomplira la plupart de ses objectifs. Pour avoir eu la confiance nécessaire pour esquisser ce genre d'avenir en ces heures sombres et pour avoir fait preuve de la compétence qui donne aux Américains l'espoir qu'il y parviendra, Barack Obama est déjà considéré comme un héros.

L'INVESTITURE DU 44 ÈME PRÉSIDENT

Les nombreux biographes et conservateurs qui publient des documents sur Abraham Lincoln ont dû se féliciter d'un timing extraordinaire. Non seulement février 2009 marquait le 200ᵉ anniversaire de la naissance du Grand Emancipateur dans une cabane en rondins, mais Barack Obama allait aussi porter ostensiblement la bannière de son aïeul de l'Illinois à la Maison-Blanche le 20 janvier 2009. Obama a demandé à prêter serment sur la même Bible que celle utilisée par Lincoln lors de sa prestation de serment en 1861. D'autres parallèles sont si persistants qu'ils en deviennent presque lassants. Obama et Lincoln étaient tous deux des politiciens-avocats de Springfield qui ont surclassé des adversaires new-yorkais fortement favorisés lors des primaires du parti, à savoir William Seward, alors sénateur de New York et Hillary Clinton, sénatrice de New York. Tous deux ont dû leur ascension à un talent oratoire magistral; tous deux ont apporté à la présidence une mince expérience du gouvernement.

Depuis le 5 novembre 2008, Washington se préparait à une invasion des fans d'Obama zélés, impatients de voir leur homme prêter serment. Les tickets de métro de Washington DC, arborant autrefois une photo câline des pandas du zoo, ont été remplacés par une photo souriante de Barack Obama. À quelques jours de l'investiture, il n'y avait pas moyen d'échapper à l'ambiance festive. Les bébés portaient des tenues "Time for a change". Les commerçants vendaient des assiettes à l'effigie de Barack Obama et des sacs à main en l'honneur de sa femme. Le président élu lui-même avait publié des affiches exhortant ses fans à "Être le changement". Les membres du Congrés, qui n'avaient que quelques centaines de billets à distribuer, ont été submergés par des milliers de demandes chacun.

La ville avait furieusement concocté des mesures de contrôle des foules et prévenu les habitants qu'il serait presque impossible de se rendre au centre-ville le jour de l'investiture. Conduire serait un effort inutile, car le centre-ville serait rempli de bus de tourisme dans les quelques rues qui seraient ouvertes. Par contre, beaucoup de rues ne le seront pas, et pas plus que les ponts qui traversent le fleuve Poctomac reliant le "District of Columbia" à sa banlieue en Virginie. Dans le but d'éviter les foules et de gagner un peu d'argent au passage, les habitants de Washington ont planifié des vacances pour la semaine de l'investiture et mis leurs appartements et maisons en location. Le gouvernement de la ville a temporairement suspendu le contrôle des loyers pour faciliter le processus, incitant les résidents à demander 10000 dollars ou plus pour l'utilisation de leur maison. Mais l'offre a largement dépassé la demande; seuls 5% des propriétés répertoriées sur inauguralhomes.com ont été louées jusqu'à présent, selon son fondateur, et les biens immobiliers de premier ordre ne se vendent qu'à environ 500 dollars la nuitée. Les propriétaires potentiels ont baissé leurs prix et ont vendu leurs logements sur "Craigslist". En attendant, ceux qui ne peuvent pas faire le pèlerinage peuvent assister à ce qui s'en rapproche le plus. MSNBC, une chaîne d'information câblée, et Screenvision, une société de publicité, diffusent l'investiture dans 27 cinémas du pays. Et il y a toujours la télévision.

Par un après-midi hivernal mais ensoleillé à Washington, quelques minutes avant de prêter serment, Barack Obama est devenu le 44e président des États-Unis d'Amérique. Selon la Constitution américaine, le président élu devient président à midi pile le jour de l'investiture, même s'il n'a pas prêté serment. En tant que point culminant d'une campagne électorale qui avait porté sur le changement et l'avenir, il était étrange mais approprié que ce jour soit en grande partie consacré à l'histoire. La veille, des célébrations avaient eu lieu dans tout le pays pour marquer un jour férié à la mémoire du révérend Martin Luther King Jr; c'était le jour où le défunt leader des droits civiques aurait eu 80 ans (le jour férié américain pour marquer sa naissance est le 19 janvier, mais sa date de naissance réelle est le 15 janvier 1929). Le fait que ces deux événements tombent des jours consécutifs est un symbole poignant. Il était facile d'imaginer la présence du révérend Martin Luther King à cet événement qu'il a contribué à créer et de se souvenir, parallèlement à ses efforts et à ses sacrifices, de ceux d'innombrables hommes, femmes et enfants anonymes qui ont subi des arrestations, des passages à tabac et d'autres traitements inhumains dans le cadre de leur lutte pour être considérés comme des êtres humains. Soulignant ce lien, le révérend Raphael Warnock, pasteur de l'église baptiste Ebenezer du révérend Martin Luther King à Atlanta, avait observé: "L'investiture a fait prendre conscience aux Américains de l'oeuvre d'un prophète qu'ils avaient tenu à distance de son vivant".

Chaque investiture a ses particularités. George Washington, dans son premier discours d'investiture, a déclaré qu'il n'était pas à la hauteur de la tâche mais qu'il ferait de son mieux, ajoutant qu'il n'était pas nécessaire de lui verser un salaire. William Henry Harrison a prononcé le plus long discours de tous les présidents américains, obligeant son public à endurer une heure et 45 minutes d'ennui sous la neige. contractant une pneumonie peu après son discours d'investiture, il meurt un mois plus tard. Abraham Lincoln prête serment devant le juge en chef qui a rédigé la pire décision de la Cour suprême de tous les temps, qui confirme l'esclavage et considère les Noirs comme éternellement inférieurs. L'investiture de Barack Obama a été marquée par une jubilation mondiale et des attentes stratosphériques. Et, conformément au sens aigu de l'histoire du président Obama, il a prêté serment en utilisant la même Bible qu'Abraham Lincoln avait utilisée lors de son investiture en 1861. Conservée depuis lors à la Bibliothèque du Congrès, la Bible n'avait jamais été utilisée jusqu'à ce que Barack Obama la demande pour son investiture. Dans le même ordre d'idées, l'investiture elle-même a été précédée d'un voyage qui évoquait l'histoire: La reconstitution du voyage en train d'Abraham Lincoln vers les festivités de son investiture en 1861. Barack Obama est arrivé à Washington le matin de l'investiture après un voyage en train de trois jours qui l'a conduit de Philadelphie, où la Constitution américaine a été rédigée et qui a été la deuxième ville à devenir la capitale des États-Unis d'Amérique, au Delaware qui a été le premier État de l'Union à ratifier la Constitution, puis à Washington sur une scène devant un public mondial comme on n'en avait pas vu depuis longtemps.

L'investiture elle-même a été un événement remarquablement émouvant, d'autant plus qu'elle paraissait invraisemblable. Un Afro-Américain, homme politique depuis moins de dix ans, fils et beau-fils d'hommes qui n'étaient pas citoyens américains, ni même résidents de longue date de ce pays, a été présenté comme le prochain président de la nation américaine la plus puissante du monde. Oui, un homme nommé Barack Hussein Obama est désormais le président des États-Unis d'Amérique. Il est arrivé comme l'outsider ultime dans une nation d'outsiders et il a mis le pays sens dessus dessous. En faisant son entrée dans le National Mall, le président Obama était quelque peu différent de ce qu'il avait semblé être auparavant. Non seulement par la gravité que lui confère le pouvoir, mais aussi par son visage impassible, voire sévère, alors qu'il entrait pour s'asseoir, qui donnait l'impression qu'il ressentait pour la première fois l'énorme poids de l'histoire et de la responsabilité qui pesait sur lui. L'investiture a également été légèrement gâchée par une prestation de serment bâclée. Obama l'a corrigée, bien qu'il n'ait pas eu besoin de le faire, à la Maison-Blanche le lendemain dans le "Map Room" devant quelques journalistes. C'était selon la Maison-Blanche, par extrême prudence juridique et pour ne pas prendre le risque que la prestation initiale soit un jour attaquée. Il faut savoir que le premier acte d'Obama en tant que président a été de corriger le juge en chef John Glover Roberts, qui a réussi à gâcher le serment de 35 mots, en intervertissant le mot "fidèlement", comme dans "exécuter fidèlement la fonction de président... ". Roberts a alors fait une deuxième faute en prononçant "President to the United States" au lieu de "President of the United States", Obama a haussé un sourcil et Roberts est passé à autre chose. Un début cahoteux et une sorte de métaphore: l'une des fonctions du nouveau président sera de corriger les erreurs du mandat de George W. Bush.

Le Mall a probablement accueilli plus de personnes que lors de n'importe quel événement précédent à Washington, soit près de deux millions, selon une estimation. Des milliards de personnes ont probablement regardé son discours à la télévision dans le monde entier, plus que lors de n'importe quelle investiture d'un président précédent, car Barack Obama a charmé les gens dans le monde entier. Ses partisans se sont levés avant l'aube et ont attendu des heures par un temps glacial pour apercevoir le nouveau président. Ils ont pleuré, applaudi et chanté "This Land is Your Land" et "Hit the Road, George". Ils applaudissent furieusement, bien que le son soit étouffé par des gants épais. Ils l'ont fait dans un esprit qui leur manquait depuis un certain temps: celui de l'optimisme. Ce n'était pas seulement parce qu'une présidence mise à mal par les événements du 11 septembre 2001 prenait fin. Cette inauguration particulière a également témoigné de l'impressionnant pouvoir d'auto-renouvellement de l'Amérique. Parce qu'il est jeune, beau et intelligent, et aussi parce que, fils d'un "Kansan" et d'un Kenyan, il réconcilie à lui seul l'une des divisions les plus haineuses du monde. Barack Obama porte vraiment en lui les espoirs de la planète. Les journalistes ont eu du mal à trouver des synonymes pour le mot "historique". L'adulation s'est déversée sur la femme d'Obama, Michelle. Les grands noms de la mode se sont rués sur le Washington Post pour commenter sa tenue.

Le discours d'investiture est la meilleure occasion pour un nouveau président de présenter sa vision du gouvernement. Le message du discours de Barack Hussein Obama le 20 janvier était sombre. Le ton du discours n'était ni provocateur, ni colérique, ni festif d'ailleurs. Il était résolu, empreint de sobriété et reflétait un réalisme réfléchi à l'échelle nationale et internationale. "L'Amérique est en crise", a-t-il déclaré. "La nation est en guerre. L'économie est gravement affaiblie. Les soins de santé sont trop coûteux, les écoles américaines font échouer un trop grand nombre d'élèves, et chaque jour apporte de nouvelles preuves que la façon dont nous utilisons l'énergie renforce nos adversaires et menace notre planète". Comme si cela ne suffisait pas, il y a "une perte de confiance dans tout le pays, une crainte tenace que le déclin de l'Amérique soit inévitable et que la prochaine génération doive revoir ses ambitions à la baisse". Sans insulter directement George W. Bush, assis derrière lui, Obama a fait de nombreuses allusions aux fautes de son prédécesseur. L'état lamentable de l'économie, a-t-il dit, est "une conséquence de la cupidité et de l'irresponsabilité de certains". En d'autres termes, les hommes d'affaires de Wall Street ont mis le pays en danger et George W. Bush n'a pas réussi à les arrêter. Les idéaux américains, tels que l'État de droit, "éclairent toujours le monde et nous ne les abandonnerons pas pour des raisons de commodité". Barack Obama a clairement indiqué que son libéralisme intérieur serait mis en oeuvre de manière conservatrice. "Là où les programmes gouvernementaux peuvent aider, nous avons l'intention d'aller de l'avant", a-t-il déclaré. "S'ils sont inutiles ou dépassés, les programmes prendront fin. Et ceux d'entre nous qui gèrent les deniers publics seront tenus de rendre des comptes, de dépenser avec sagesse, de réformer leurs habitudes et de mener leurs affaires à la lumière du jour". À l'étranger, a-t-il averti, "ceux qui cherchent à atteindre leurs objectifs en semant la terreur et en massacrant des innocents... Vous ne pouvez pas nous survivre, et nous vous vaincrons".

Contrairement à certains anciens présidents américains, Obama, lui, a osé dire. "Notre pouvoir seul ne peut pas nous protéger, et il ne nous donne pas non plus le droit de faire ce que nous voulons. Et, bien sûr, nous redonnerons à la science la place qui lui revient". Empruntant à moitié un thème à Shakespeare, il a parlé de "cet hiver de nos difficultés". Mais alors que l'hiver de Shakespeare a été rapidement transformé en "été glorieux" par un nouveau roi, Barack Obama a prévenu que l'avenir immédiat des Américains serait difficile. Il s'agira de braver des courants glacés et d'endurer des tempêtes déchaînées, fortifiés uniquement "par l'espoir et la vertu". Il a promis des mesures "audacieuses et rapides" pour relancer l'économie: construction de routes et de ponts, de réseaux électriques et de lignes numériques. "Nous utiliserons les merveilles de la technologie pour améliorer la qualité des soins de santé et en réduire le coût. Nous exploiterons le soleil, les vents et le sol pour alimenter nos voitures et faire fonctionner nos usines". Rien de tout cela, a-t-il dit, ne se fera rapidement ou facilement. Le chemin à parcourir n'est pas pour les timorés, ni "pour ceux qui préfèrent les loisirs au travail". Citant saint Paul, il a déclaré que "le temps est venu de mettre de côté les choses puériles". Certains observateurs ont pensé que cela pouvait faire référence à l'habitude des Américains de vivre au-dessus de leurs moyens et d'exiger que leur gouvernement fasse de même. Il a juré de ne pas remettre à plus tard les décisions désagréables. Il a déclaré qu'il mettrait fin aux programmes gouvernementaux lorsqu'ils échoueraient. Mais il a repoussé la décision désagréable de savoir quels programmes spécifiques il avait à l'esprit.

Notez la simplicité des mots. C'est un Obama différent de celui qui, imbu de sa personne l'hiver 2007, remplissait ses discours d'oraisons gazeuses telles que "Nous sommes ceux que nous attendions". La transformation personnelle a été progressive, subtile et les mots se sont simplifiés à mesure que l'économie s'effondrait et que le poids de la fonction commençait à peser sur lui. Barack Obama s'est présenté sur un programme qui consistait à avoir le beurre et l'argent du beurre. Ceux qui ont assisté à ses meetings en sont ressortis convaincus qu'il leur offrait une baisse des impôts, de meilleurs soins de santé et une énergie moins chère et plus propre, le tout payé par quelqu'un d'autre. Ce n'est pas exactement ce qu'il a promis, mais c'est ce que les gens ont entendu. Son discours, rédigé dans des termes très précis, contenait peu de phrases à retenir dans les livres d'histoire, mais il a exposé une philosophie cohérente et inébranlable du gouvernement. Près de 30 ans après que Ronald Reagan a annoncé le début de son ère conservatrice en déclarant que "Le gouvernement est le problème", Barack Obama, en regardant la plus grande foule jamais rassemblée à Washington, a annoncé l'arrivée d'un nouveau libéralisme prudent: "La question que nous posons aujourd'hui n'est pas de savoir si notre gouvernement est trop petit ou trop grand, mais s'il fonctionne, s'il aide les familles à trouver un emploi à un salaire décent, s'il leur permet de s'offrir une retraite digne".

Les conservateurs partent du principe que ces tâches (emploi, soins de santé et retraite) sont du ressort du marché. Les États-Unis ont eu trente ans pour célébrer les merveilles de la libre entreprise, mais Barack Obama a clairement indiqué que les marchés ne sont pas un bien absolu: "Cette crise nous a rappelé que si l'on n'est pas vigilant, le marché peut échapper à tout contrôle. La nation ne peut prospérer longtemps si elle ne favorise que les plus prospères". Le président a annoncé une autre rupture nette avec l'administration Bush, en matière de politique étrangère. Il a multiplié les allusions à la politique étrangère en dénonçant le "faux choix entre notre sécurité et nos idéaux", une référence au traitement sévère des prisonniers par George W. Bush, et son message au monde: "Nous sommes prêts à diriger une fois de plus". Son discours d'investiture était un avertissement voilé de ne pas prendre pour argent comptant le battage médiatique de sa campagne. Peu de gens y ont prêté attention. A moins de limoger Joe Biden et de nommer Dick Cheney, temporairement en fauteuil roulant, vice-président, Obama aurait pu dire presque n'importe quoi et faire s'évanouir d'extase son public. Pour beaucoup, l'émotion du moment ne résidait pas dans ce qu'il disait, mais dans ce qu'il était.

Aucun autre pays à majorité blanche n'a élu un dirigeant noir. Environ deux tiers des Afro-Américains pensent désormais que le rêve de Martin Luther King jr a été réalisé, une proportion qui a doublé en moins d'un an, selon un sondage CNN. Dans son discours, Obama n'a pas mentionné sa couleur de peau. Il n'avait pas besoin de le faire. Le monde entier pouvait voir son visage. Il n'y a fait allusion qu'en passant: "Un homme dont le père, il y a moins de 60 ans, n'aurait peut-être pas été servi dans un restaurant local, se tient aujourd'hui devant vous pour prêter le serment le plus sacré". Les deux prédicateurs qui ont pris la parole lors de l'investiture l'ont exprimé avec plus de force. Richard Duane Warren, un jeune mégapasteur conservateur blanc, choisi pour diriger une prière lors de la cérémonie d'investiture du 44e président des États-Unis, a déclaré: "le Dr King et une grande nuée de témoins crient dans le ciel". Joseph Echols Lowery, 87 ans, le pasteur qui a travaillé bras dessus bras dessous avec le révérend Martin Luther King jr, a donné une bénédiction plus folklorique. "Seigneur", a-t-il dit, "nous vous demandons de nous aider à travailler pour ce jour, lorsque les noirs ne seront plus obligés de monter à l'arrière, lorsque les bruns pourront rester dans les parages, lorsque les Jaunes seront doux, lorsque les Rouges pourront aller de l'avant et lorsque les Blancs embrasseront ce qui est juste". La foule rit tendrement. L'ambiance à Washington est d'une jovialité inébranlable. Les républicains grincheux quittent la ville, restent à l'intérieur ou décident d'accorder au nouveau Président le bénéfice du doute. Les démocrates, largement majoritaires dans la capitale et renforcés par d'innombrables bus de pèlerins politiques partageant les mêmes idées, l'ont applaudi à tout rompre. La plupart d'entre eux n'ont pas pu voir leur héros en chair et en os, se contentant de le regarder sur les écrans géants ou ils se sont débrouillés avec des comptes rendus oraux. Certains se sont perchés sur des toillettes portables pour avoir une meilleure vue. Presque personne n'a bousculé, presque personne ne s'est impatienté. Certains huent le président sortant, mais leur colère est atténuée par le fait qu'ils n'auront plus à le supporter.

Après la cérémonie, dans un geste de respect, Obama a escorté l'homme qu'il a remplacé. George W. Bush s'est envolé en hélicoptère. La foule ne sait pas dans quel hélicoptère il se trouve, alors elle salue et crie "Bye-bye, George" à chaque hélicoptère qui passe au-dessus d'elle. Non loin du Mall, quelqu'un a érigé un gros Bush gonflable avec un nez de Pinocchio. Les fêtards lui ont lancé des chaussures. George W. Bush a cédé le pouvoir sans drame. Alors que Bill Clinton a gracié 140 personnes dans les derniers jours de son mandat, dont un financier douteux, Marc Rich, dont l'ex-femme, Denise Einsenberg Rich, avait fait des dons aux démocrates, Bush n'a accordé aucune grâce de dernière minute. Son seul acte de clémence tardif, annoncé le 19 Janvier, a consisté à commuer les peines de prison de deux anciens agents de la police des frontières condamnés pour avoir abattu un trafiquant de drogue à la frontière mexicaine.

Que les Américains suivent ou non l'appel d'Obama à une "nouvelle ère de responsabilité", lui-même a soudainement assumé des responsabilités sans précédent. Avant même la fin des fêtes d'investiture, il s'est lancé dans son nouveau travail. L'une de ses premières actions a été de mettre en suspens toutes les réglementations, édictées par George W. Bush, qui n'étaient pas encore entrées en vigueur. Le 20 janvier 2009, Obama a demandé la suspension des poursuites judiciaires contre les détenus de Guantanamo Bay, dans l'attente d'un réexamen du système de jugement des terroristes présumés dans cette prison. Par contre, les juges des différents cas ne sont pas obligés d'accéder à sa demande, mais le feront probablement. Parmi les autres décrets attendus prochainement figurent la levée de la restriction imposée par le président George W. Bush au financement fédéral de la recherche sur les cellules souches, la révocation de l'interdiction de l'aide aux groupes étrangers de planification familiale qui proposent des avortements, et le renforcement de l'interdiction de la torture. Le 21 janvier 2009, Barack Obama a vu ses conseillers économiques. Les dirigeants du Congrès espéraient lui faire parvenir dans les jours suivants un plan de relance à signer, d'un montant probablement supérieur à 800 milliards de dollars. Entre-temps, le nouveau président a annoncé un gel des salaires des hauts fonctionnaires de la Maison-Blanche et des règles plus strictes en matière de lobbying. Le même jour, il a téléphoné aux dirigeants d'Israël, d'Egypte, de Jordanie et de l'Autorité palestinienne. Il a promis de travailler avec eux pour prolonger le cessez-le-feu israëlo-palestinien, reconstruire Gaza et bloquer la contrebande d'armes vers le Hamas. Il est probable qu'il nommera bientôt un envoyé spécial pour la paix au Moyen-Orient.

CONCLUSION

La campagne électorale de Barack Obama s'est distinguée par le fait qu'elle a donné aux gens du monde entier le sentiment qu'ils avaient un intérêt personnel dans sa réussite. Il a incité toute une génération à aller en ligne et à exprimer son soutien, souvent de la manière la plus frappante et la plus créative qui soit. Pendant la campagne électorale, les partisans ont pressé toutes sortes de babioles dans les paumes de Barack Obama alors qu'il parcourait la foule et serrait des mains. C'était l'une des caractéristiques récurrentes de ses journées sur la piste électorale. Certains électeurs s'inquiétaient de ses chances, de sa santé ou de sa sécurité ; d'autres voulaient simplement lui donner quelque chose. Il en a gardé quelques-uns dans ses poches chaque jour, en souvenir des espoirs que les gens avaient placés en lui. Les Américains n'ont pas seulement élu un président le 4 novembre 2008, ils ont créé une icône. Il a fini par dominer si complètement la sphère publique qu'il est incroyable de penser que la moitié des Américains n'avaient jamais entendu parler de lui deux ans avant son élection à la présidence. Que même son directeur de campagne, David Plouffe, n'était pas sûr, au départ, que Barack Obama avait ce qu'il fallait pour remporter l'élection. Il a fait irruption sur la scène américaine comme un coup de tonnerre, a bouleversé la politique, a brisé des décennies de sagesse conventionnelle et a vaincu des siècles de hiérarchie sociale. Obama a véritablement fait franchir aux États-Unis une ligne symbolique capitale, a insufflé à la démocratie une nouvelle intensité de participation et a montré au monde que le mythe le plus cher aux États-Unis d'Amérique, celui des opportunités illimitées, n'a pas fini de faire couler de l'encre.

Mais l'homme qui a attiré 100000 personnes lors d'un discours à Saint-Louis, dans le Missouri, et qui a récolté trois quarts de milliard de dollars, devra faire face à la première année la plus difficile depuis celle de Franklin Delano Roosevelt. Il a hérité, en tant que 44e président des États-Unis, de la caisse de problèmes écrasants, certains anciens, d'autres nouveaux, tous affreux. La crise a pour effet de reléguer les grands événements dans le passé. Alors qu'Obama s'est attelé, avec une rapidité sans précédent, à la mise en place d'une administration capable de renforcer la confiance d'un monde ébranlé, son éclat et son dynamisme ont été relégués au second plan. Dans les derniers jours de son extraordinaire campagne électorale et à l'aube de sa présidence, ce qui semble le plus marquant chez Obama est le contraire du tape-à-l'oeil, l'antithèse de la rhétorique: il fait bouger les choses. C'est un homme d'affaires. Nous avons déjà entendu d'excellents orateurs et lu des récits personnels convaincants. Nous avons observé des candidats qui, d'une manière ou d'une autre, s'accrochent au bon sujet au bon moment. Obama était tout cela lorsqu'il a commencé sa campagne: un orateur talentueux qui s'était opposé à la guerre en Irak et avait vécu une biographie moins pertinente, mais Obama n'a cessé de s'élever. Il possède une capacité rare à lire les impératifs et les possibilités de chaque nouveau moment et à s'organiser, lui et les autres, pour anticiper le changement et le transformer en opportunité.

La véritable histoire de la campagne électorale extraordinaire de Barack Obama a été la progression constante d'accomplissements apparemment impossibles: battre la machine Clinton, organiser des électeurs auparavant marginaux, exploiter les nouvelles technologies de l'engagement démocratique, pulvériser les records de collecte de fonds, transformer en bleu des États auparavant rouges, puis se réveiller le lendemain de sa victoire pour réinventer le processus de transition présidentielle face à un vide de leadership potentiellement dangereux. Dans certaines versions, le voyage d'Obama vers la Maison-Blanche a commencé par son discours peu remarqué mais soigneusement nuancé contre la guerre en Irak en 2002. Dans d'autres versions, il a commencé avec son discours électrisant à la convention démocrate en 2004. C'est vrai que ces moments étaient porteurs de potentiel, mais il fallait quelque chose de plus: un certain appétit parmi l'électorat. Le pays devait avoir faim du menu qu'il proposait et, en ce sens, le véritable début de son parcours se trouvait dans les quartiers noyés de la Nouvelle-Orléans, à la fin de l'été 2005, dans une atmosphère étouffante et désespérée. L'ouragan Katrina a fait tomber le dernier voile de l'horrible spectre de l'incompétence des dirigeants dans la politique américaine. Lorsque les habitants de la Nouvelle-Orléans ont eu besoin de leadership, l'administration républicaine de Washington s'est avérée inutile. Le gouverneur démocrate et le major étaient pitoyables. Enfin, le gouvernement américain était uni, mais sous une effroyable bannière d'incurie. La faillite morale des doreurs d'image(spin doctors) a été mise à nu: personne n'est resté assez crédule pour croire que ces doreurs d'image faisait du bon travail. Après Katrina, la demande s'est effondrée pour les qualités mêmes dont Obama était dépourvu en tant que candidat: vantardises vides, accusations, coups de poignard dans le dos et années d'expérience au sein d'un gouvernement incapable de livrer des bouteilles d'eau aux citoyens bloqués d'une grande ville américaine. Epargnez-nous les bravades de type "mort ou vif", les fanfaronnades de type "Portes de l'enfer", le mélodrame de l'appel téléphonique de 3 heures du matin. Une porte s'est ouverte pour un candidat qui s'est contenté de se tenir debout et d'agir. Compétence simple, bien qu'il n'y ait rien de simple, pas dans le monde complexe, interdépendant, imbriqué et intensément dangereux d'aujourd'hui.

Barack Obama avait prospéré dans sa campagne présidentielle grâce à la constance de son tempérament et à la qualité judicieuse de ses décisions. Ce sont ses qualités les plus connues. Son thème officiel était le changement, mais un type de changement spécifique: celui qui est visible et mesurable. Les électeurs ont été invités à y croire parce que Barack Obama a continué à livrer la marchandise. Certes, il a commis des erreurs et a renoncé à certaines idées tout en revenant sur d'autres, comme sa promesse de s'en tenir au système actuel de financement des campagnes électorales, par exemple. Dans l'ensemble, bien qu'il ait été un homme d'action, Obama a montré aux gens qu'un homme noir pouvait gagner les votes des blancs. Dans l'Iowa, il l'a prouvé. Il a montré qu'une campagne à grande échelle pouvait gagner dans les bastions du GOP; l'Indiana, la Virginie et la Caroline du Nord ont suivi. Il a déclaré qu'une nouvelle approche de la politique allait renverser la vieille balance Clinton-Bush, et il l'a fait. Il a marqué le coup à trois points devant les caméras. Il a fait en sorte qu'un discours, prononcé dans un stade de football, soit intime. Certains pourraient dire que ce ne sont pas exactement des réalisations churchilliennes. Mais au pays des infortunés, l'homme compétent est roi.

En fin de compte, la liste d'adresses électroniques de sa campagne comptait quelque 13 millions de personnes, dont plus de 3,5 millions ont réellement participé au jeu électoral: argent, heures de bénévolat ou les deux. L'adversaire la plus redoutable de Barack Obama, Hillary Clinton, a tenté de convaincre les électeurs qu'il n'était que paroles et pas un homme d'action, qu'il n'était qu'un récipient vide de vapeurs enivrantes. Pourtant, c'est lui dont la campagne électorale s'est déroulée comme une horloge, alors que la sienne était un désordre fratricide. Et le 4 novembre 2008, le parti le plus fort des États-Unis n'était plus le parti républicain ou le parti démocrate, mais le parti d'Obama. "Une campagne présidentielle est comme une IRM (imagerie par résonance magnétique) de l'âme", a déclaré David Axelrod, le stratège en chef d'Obama. "Et l'une des grandes révélations de ce processus, certainement la plus excitante pour moi, a été d'apprendre à quel point Barack Obama est un grand manager. Nous n'avions aucun moyen de le savoir quand nous avons commencé. Quand il a décidé de se présenter, nous n'avions pas du tout d'infrastructure politique. Nous n'étions qu'une poignée, et nous nous apprêtions à défier la plus grande opération politique du parti démocrate".

N'oubliez pas qu'Obama, comme l'a dit Rudy Giuliani lors de la convention républicaine de septembre 2008, n'avait "jamais dirigé quoi que ce soit, rien, nada", et certainement pas une organisation tentaculaire répartie d'un océan à l'autre. Mais il avait une philosophie du leadership, qu'il a expliquée comme suit: "Je ne pense pas qu'il y ait un quelconque tour de magie. Je pense que j'ai un bon flair pour le talent, et j'engage donc de très bonnes personnes. Et j'ai un ego assez sain, donc je n'ai pas peur d'engager les personnes les plus intelligentes, même si elles sont plus intelligentes que moi. Et j'ai une faible tolérance pour les bêtises, les querelles intestines et les jeux ambigus, et j'envoie ce message très clairement. Ainsi, au fil du temps, je pense que les gens commencent à se faire confiance et à se concentrer sur la mission, par opposition à l'ambition personnelle ou aux griefs. Si vous avez des personnes très intelligentes qui sont toutes concentrées sur la même mission, alors vous pouvez généralement faire avancer les choses". Ces derniers mots sont un signe révélateur du pragmatisme d'Obama.

Une question persistante au cours de la campagne électorale, qui est devenue le coeur du message de John McCain dans les dernières semaines, était de savoir si Obama était une sorte de radical, un socialiste ami des terroristes qui se faisait passer pour un sage. Cependant, à mesure qu'il construisait son administration, il apparaissait comme un leader qui voulait simplement "faire avancer les choses". Obama était un patron à l'esprit d'entreprise, préférant les documents d'information bien rédigés et se présentant aux réunions bien préparé. Il attendait de ses collaborateurs qu'ils le remettent en question lorsqu'ils pensaient qu'il avait tort et qu'ils étayent leurs idées par des faits. Il n'était pas du genre à crier, mais s'il pensait que vous l'aviez déçu, vous le saurez. "Crier sur les gens n'est généralement pas très efficace", a-t-il expliqué. "Ce qui a toujours été efficace avec moi quand j'étais enfant, et Michelle et moi le trouvons efficace avec nos enfants, c'est de faire en sorte que les gens se sentent vraiment coupables", a-t-il ajouté. Du genre "mon garçon, tu me déçois. Je m'attendais à tellement plus". Et je pense que les gens veulent généralement faire ce qui est juste, et si vous leur expliquez clairement ce qui est juste, et s'ils voient que vous faites ce qui est juste, alors cela vous donne un certain poids".

Encore une fois, prenez une seconde pour relire et réfléchir aux dernières déclarations d'Obama: "Les gens veulent généralement faire ce qui est juste". Ce type de confiance fait défaut depuis de nombreuses années dans la politique américaine, où l'attitude dominante est que tout désaccord est un signe de mauvaise foi et que tout adversaire est supposé être malveillant. L'attitude de

Barack Obama a été ridiculisée comme étant de la naïveté politique pendant la campagne électorale, mais la confiance s'est avérée essentielle à sa victoire. Sa campagne a confié à des millions de volontaires une autorité sans précédent pour télécharger des informations sur les électeurs potentiels, pour se charger eux-mêmes de passer des appels téléphoniques et de démarcher leurs propres quartiers et immeubles, et pour tenir la campagne au courant de leurs progrès. Une campagne présidentielle typique est une campagne descendante, qui protège intensément ses données et ses stratégies. L'approche d'Obama semblait vouloir favoriser la malice, voire le chaos. "Il y a eu beaucoup de ricanements parmi les professionnels de la politique", a déclaré David Plouffe. "Ils ne pouvaient pas croire que nous donnions à des personnes que nous ne connaissions pas l'accès à nos données et que nous leur fassions confiance pour les traiter honnêtement. Mais c'était extrêmement important parce que les gens se sentaient d'autant plus responsables: ce sont mes trois blocs, et tout le monde compte sur moi". Oui, Obama pouvait parler comme personne, mais la parole n'a pas gagné l'élection. Selon les sondages quotidiens, le déclic s'est produit précisément au moment où l'ouragan financier a frappé, lorsque les magiciens de Wall Street se sont révélés incompétents et que ni le président George W. Bush, ni les dirigeants du Congrès, ni le patron du Trésor, ni le sénateur John McCain n'ont pu proposer un plan de sauvetage. Lorsque cet échec collectif a provoqué un krach boursier au début du mois d'octobre 2008, les Américains se sont demandé s'il y avait quelqu'un dans le pays pour jouer à ce jeu. Étonnamment, comme cela aurait semblé le cas quelques mois auparavant, ils ont tous regardé un homme nommé Barack Hussein Obama.

Son défi sera double: saisir les avantages potentiels d'une nouvelle ère d'activisme gouvernemental, tout en protégeant la santé fiscale à long terme du pays. Il y a trente ans, on disait aux Américains que le gouvernement faisait partie du problème, et non de la solution. À cette époque, c'était un pari sur la magie du marché, mais cette magie s'est avérée illusoire en 2008. Tous les grands secteurs de l'économie (soins de santé, énergie, transports, alimentation et finances) étaient profondément perturbés. Aujourd'hui, les Américains sont prêts à inviter à nouveau le gouvernement à les aider à résoudre leurs problèmes, si le prix est correct et si les stratégies sont convaincantes. En dépensant davantage par l'intermédiaire du gouvernement et en traitant celui-ci comme un partenaire plutôt que comme un ennemi du secteur privé, les États-Unis peuvent potentiellement économiser des sommes considérables à long terme grâce à un système de soins de santé plus efficace, un climat plus sûr, une économie plus compétitive et un pays plus sécurisé. Il y a plus de 75 ans, un nouveau président, Franklin Delano Roosevelt, a prêté serment au milieu d'une catastrophe économique et a averti la nation que "la seule chose que nous devons craindre est la peur elle-même". Aujourd'hui, des générations d'Américains font l'expérience d'un dur apprentissage de la véritable signification de ce diagnostic résonnant. La peur est de la kryptonite pour l'économie, qui ne peut fonctionner efficacement sans une confiance large et bien fondée dans le fait que des investissements judicieux prendront de la valeur, que les bilans signifient ce qu'ils disent, que les contrats seront honorés et les factures payées.

Les événements de l'automne 2008 ont entraîné la plus forte baisse de confiance des consommateurs jamais enregistrée, et une vague de peur similaire a fait s'effondrer les marchés du crédit. Barack Obama a pris note des défauts structurels très réels de l'économie, mais il était également conscient du rôle que joue la peur. "Personne ne fait plus confiance aux livres des autres. Et les gens décident de garder leurs liquidités pendant un certain temps", a-t-il expliqué. "Et cela aggrave la crise. Tout cela entraîne une contraction des prêts et des dépenses de consommation, ce qui a ensuite un impact réel sur Main Street. Et donc, ce qui n'était au départ qu'un phénomène psychologique est maintenant bien réel". À l'instar de ses banques et de ses constructeurs automobiles, l'Amérique, dont la confiance est ébranlée, avait grand besoin d'un renflouement. Et le propre de la compétence, c'est qu'elle nourrit une nouvelle confiance. "Yes, we can" est à la fois une affirmation d'optimisme et la revendication essentielle des personnes compétentes. Lorsque le slogan s'appuie sur un bilan de réalisations, lorsque le "Yes we can" de demain est étayé par le "Yes we did" d'hier, la confiance et la compétence commencent à se nourrir l'une de l'autre. Ce cycle vertueux de possibilités n'est pas la totalité du leadership, mais c'est une partie importante et peut-être l'élément le plus nécessaire aux nombreux problèmes d'aujourd'hui.

Après l'élection, le sondeur démocrate chevronné Peter Hart a organisé un dernier groupe de discussion pour demander aux électeurs de Virginie pourquoi un État, qui avait donné une victoire de 8 points à George Walker Bush en 2004, a choisi Obama par 6 points cette fois-ci. Leurs réponses se sont concentrées sur le lien crucial entre compétence et confiance. Ils ont dit à Hart qu'ils étaient attirés par l'assurance et la personnalité apaisante d'Obama. Ils ont estimé qu'il était "honnête", un " franc-tireur ", en d'autres termes, une personne qui fait ce qu'elle dit qu'elle va faire. Leur confiance en Obama n'était pas aveugle; ils n'avaient pas été emportés par ses grands discours. Ils ont vu un homme capable de faire avancer les choses, à un moment où tant de leurs dirigeants, de Pennsylvania Avenue à Wall Street, en sont incapables. Barack

Obama a donné de l'espoir aux modérés, même parmi les républicains de base qui n'ont finalement pas voté pour lui, il a suscité l'admiration. En observant ces commentaires à travers les résultats de ses sondages nationaux, Hart a discerné une vague de bons sentiments qu'il n'avait pas vue depuis une génération: "un sentiment d'espoir réel", a-t-il déclaré, "et le genre de large soutien bipartisan qui n'avait pas été observé depuis l'élection de Ronald Reagan en 1980". Par contre, le gouverneur de l'Illinois, Rod Blagojevich, a rappelé au pays que certains aspects de la politique ne changeront jamais. Le gouvernement est une entreprise humaine, après tout, et Barack Obama, comme tout le monde, est lié par ses limites et sujet à la fragilité humaine. Néanmoins, s'il a montré quelque chose en 2008, Obama a clairement prouvé qu'il sait écrire de nouveaux manuels de jeu et faire les choses de manière nouvelle, ce qui est une qualité convaincante en ce moment. Son arrivée sur la scène politique ressemble à un pas dans le siècle prochain, son génome est mondial, son esprit est novateur, son monde est en réseau et son esprit est démocratique. Peut-être faut-il un nouveau visage pour voir les promesses d'un avenir qui semble aujourd'hui sombre.

Que réserve l'Amérique d'Obama? "Je n'ai pas de boule de cristal", a-t-il déclaré. Mais la mesure de son succès en ces temps menaçants se trouve dans le nombre et la variété des personnes qui considèrent la question avec empressement, parallèlement à leur crainte. Quoi qu'il en soit, le peuple devra être mobilisé pour faire face aux nouvelles réalités économiques redoutables. Barack Obama devra également annoncer les mauvaises nouvelles, transformer les crises en "moments propices à l'apprentissage". Il devra opérer un changement majeur dans la vie politique américaine: amener les gens et les médias à réfléchir à des solutions à long terme plutôt qu'à des remèdes à court terme. Obama a donné des signes forts qu'il sera capable d'y parvenir, ayant gardé son sang-froid pendant toute une saison de folie politique. Sa campagne a été remarquable et rondement menée. Plus remarquable encore, Obama a fait de la race, cette éternelle et béante blessure américaine, un sujet de réflexion secondaire. Il y est parvenu en introduisant dans la politique américaine une qualité que nous n'avions pas vue depuis longtemps: la maturité. Il est sans aucun doute aussi égoïste que tous les autres candidats à la fonction suprême, peut-être même plus, compte tenu de sa race, de son nom et de son manque d'expérience, mais il n'a pas fait preuve d'un égocentrisme puéril, contrairement aux récents présidents issus de la génération du baby-boom, ni de pétulance, à l'inverse de son adversaire John McCain. Il ne semble pas être dans le besoin. Il a l'air d'un adulte, dans une nation qui a cruellement besoin d'une supervision adulte.

Par le ton et le style de son accession au pouvoir, Obama a montré au monde un nouveau visage de l'Amérique, glorieusement inattendu et vibrant. Le pur plaisir de l'investiture, le nombre record d'étreintes et de baisers interraciaux, augure d'une nouvelle énergie culturelle hétérodoxe, une nation de cabots. Déjà, l'éthique Obama se glisse dans le sang culturel de la nation, non seulement l'interracialité mais aussi l'incroyable normalité de la famille: le fait que Michelle Obama ait offert un cadeau d'adieu à Laura Bush, le fait que Sasha et Malia feront leur propre lit à la Maison Blanche, le fait que le Président porte fièrement une casquette de baseball des Chicago White Sox lorsqu'il va au gymnase. Plus important encore, Obama promet un répit à la colère incessante des récentes guerres politiques américaines, le début d'une ère de civilité, voire de courtoisie. "Ce que les cyniques ne peuvent pas comprendre", a-t-il déclaré dans son discours, "c'est que le sol s'est dérobé sous leurs pieds et que les arguments politiques éculés, qui nous ont consumés pendant si longtemps, ne sont plus valables".

Le grand sociologue Max Weber a décrit le pouvoir du charisme comme "une certaine qualité de la personnalité d'un individu, en vertu de laquelle il est distingué des hommes ordinaires et traité comme doté de pouvoirs ou de qualités surnaturels, surhumains, ou du moins spécifiquement exceptionnels". Certains des partisans de Barack Obama ont parfois donné l'impression de voir "the One" en ces termes. Sa naissance, son parcours et son éloquence lui confèrent, selon eux, des qualités quasi magiques. Il ne fait aucun doute qu'Obama est intensément charismatique et que cela lui procure un capital politique inhabituel. Mais les présidents ne peuvent pas simplement rester des symboles charismatiques. Ils sont obligés de s'attaquer aux problèmes qui se posent, et leur influence croît ou décroît en fonction de la façon dont ils gèrent ces défis. Aussi impressionnants qu'ils aient été en tant qu'êtres humains, ce n'est pas en étant mais en agissant que George Washington, Abraham Lincoln et Franklin Delano Roosevelt ont bâti leur énorme réputation. Quoi qu'Obama ait pu penser lorsqu'il a entamé ce voyage, à un moment où la guerre en Irak était au coeur des préoccupations de nombreux électeurs, quelles que soient ses promesses de campagne, sa présidence sera jugée à l'aune de sa gestion de la crise économique qui enveloppe désormais les États-Unis et le monde entier. Pour que l'on se souvienne de lui comme d'un grand président, il ne doit rien faire de moins que de sauver le capitalisme en restaurant la confiance, la certitude et les réformes aux États-Unis d'Amérique. Mais s'il parvient à le faire, les gens pourraient bien commencer à se demander si Barack Hussein Obama n'a pas des pouvoirs surnaturels après tout.

L'HISTOIRE CONTINUE -RÉÉLECTION-

Vingt-sept ans après avoir conduit de New York à Chicago pour trouver un emploi, douze ans après avoir été si invisible qu'il a regardé la convention nationale démocrate de 2000 à Los Angeles sur l'écran géant du parking du Staples Center, et quatre ans après être devenu le premier président afro-américain jamais élu, Barack Obama se tenait dans la suite présidentielle au dernier étage du Fairmont Millennium Park Hotel alors que les médias annonçaient sa réélection à la présidence des États-Unis d'Amérique. Il a recueilli 51,1% des suffrages et 332 grands électeurs contre 47,2% et 206 grands électeurs pour son rival républicain Willard Mitt Romney. Il avait beaucoup réfléchi à ce que signifiait une victoire sans la qualité de foudre de cette première campagne électorale nationale de 2008. Lorsqu'il est sorti pour s'entretenir avec ses trois principaux conseillers, David Axelrod, le stratège politique, David Plouffe, son chef de campagne et Jim Messina, son directeur de campagne, il leur a expliqué ce que signifiait cette victoire, car elle était très différente la deuxième fois. "Celle-ci est plus satisfaisante que celle de 2008, car il ne s'agissait pas seulement de ce que j'allais faire en tant que président, mais de ce que j'ai fait", a-t-il déclaré.

L'effet Obama n'était plus éphémère. Il pouvait être mesuré en termes de guerres arrêtées ou commencées; industries sauvées, restructurées ou re-réglementées; de réductions d'impôts prolongées; de niveaux d'endettement gonflés; de terrorites tués; de système d'assurance maladie réimaginé et de militaires homosexuels pouvant porter l'uniforme avec leur partenaire. Cela se voyait dans les nouveaux visages qui attendaient des heures pour voter. L'Amérique a décidé que l'histoire ne considérerait pas la présidence de Barack Obama comme un coup de chance. Depuis le moment où Obama est arrivé sur la scène politique nationale en 2004, l'idée même de leadership a été attaquée. La plupart des veilles institutions qui ont un jour ancré le rêve américain ont été vidées de la confiance du public. Les banques, les grandes entreprises, les médias d'information et le Congrès ont tous enregistré des taux de sondage au plus bas ou presque durant son premier mandat. Barack Obama lui-même a été la cible d'un vitriol peu commun, la calomnie, mais il a réussi, d'une manière ou d'une autre, à garder la confiance du public. Dans une époque où l'autorité est perdue, Obama a réussi à maintenir la sienne. La plupart de ceux qui avaient voté pour Obama en 2008 étaient encore fiers de ce vote et ne voyaient pas le président comme un partisan ou un idéologue. Ils pensaient que le président était honnête, qu'il menait une vie personnelle admirable et qu'il essayait de faire ce qu'il fallait. Il y a deux ans, en 2010, les républicains aimaient dire que la seule chose difficile qu'Obama ait faite de bien était de battre Hillary Clinton aux primaires. En 2012, le GOP et son candidat à la présidence, Willard Mitt Romney, espéraient le présenter comme un homme qui n'était pas à la hauteur de la fonction présidentielle. Mais nous connaissons maintenant la différence entre le souhait et la réalité, le battage médiatique et l'homme dans le bureau.

Barack Hussein Obama, qui a jadis soulevé les foules dans un stade de football avec pour toile de fond des piliers grecs, est maintenant à nouveau mortel. Ayant remporté 4 millions de voix et deux États de moins qu'en 2008, il est un peu plus petit. Mais sa marge de victoire de 5 millions de voix sur 129 millions de bulletins exprimés a choqué les experts des deux partis, républicains et démocrates, et elle aurait probablement été plus élevée si une grande partie des électeurs de New York et du New Jersey n'était pas restée chez elle après l'ouragan Sandy. Il a remporté la plupart des champs de bataille électoraux les plus difficiles, s'adjugeant la Virginie par 4 points, le Colorado par 5 points et les États les plus blancs, l'Iowa et le New Hamphire, par 6 points. Il a uni les politiques noueuses du coeur de l'Ohio, a fait sauter le verrou républicain des Cubains de Floride et a remporté la ville natale du candidat républicain à la vice-présidence Paul Davis Ryan, Janesville dans le Wisconsin. Il est le premier président démocrate depuis Franklin Delano Roosevelt à remporter plus des 50% des voix lors d'élections consécutives et le premier président depuis 1940 à être réélu avec un taux de chômage supérieur à 7,5%. Il a prêté serment le lundi 21 janvier 2013 sur deux bibles, l'une appartenant à Abraham Lincoln et l'autre au révérend Docteur Martin Luther King Jr, en tant que premier démocrate en plus de 75 ans à obtenir deux fois la majorité du vote populaire. Seuls cinq autres présidents l'ont fait dans toute l'histoire des États-Unis.

Dans les années 1950 et 1960, le Révérend Martin Luther King Jr, leader pacifique de la lutte pour la reconnaissance des droits civiques des Afro-Américains aux États-Unis, avait un rêve d'égalité politique, économique et sociale. Barack Hussein Obama est l'incarnation même du rêve de King. Il est évidemment plus qu'une figure politique; il est une figure culturelle. Il est le premier président à accepter le mariage homosexuel et à offrir des permis de travail à de nombreux jeunes immigrants sans papiers. On a beaucoup parlé de la coalition des ascendants (jeunes, minorités, hispaniques, femmes ayant fait des études supérieurs), et en remportant sa réélection, Obama a montré que ces groupes en pleine expansion sont non seulement l'avenir mais aussi le présent. Environ 40% des milléniaux (la plus grande cohorte générationnelle de l'histoire des États-Unis, plus importante encore que celle des baby-boomers) ne sont pas blancs. Si sa victoire en 2008 était extraordinaire, alors 2012 a confirmé que le changement démographique est là pour rester. Sa présidence marque la fin du réalignement Reagan qui a défini la politique américaine pendant 30 ans. Il s'agit d'un changement culturel et démographique historique, et Obama est à la fois le symbole et, à certains égards, l'architecte de cette nouvelle Amérique.

"La vérité, a déclaré le président dans le bureau ovale, c'est que nous sommes devenus progressivement un pays plus diversifié et plus tolérant, qui accepte les différences des gens et respecte ceux qui ne sont pas comme vous. C'est une chose dont nous sommes fiers. C'est l'une des forces de l'Amérique". Les États-Unis sont arrivés à un tournant de leur histoire. Il n'est plus possible pour un parti politique rural, régional et racialement monochrome de gagner la présidence. Libéré par la victoire, le président Obama, qui est revenu à la grande rhétorique qui a marqué son accession au pouvoir, a reconnu ce séisme démographique dès la première phrase de son passionnant discours d'acceptation: "La tâche de parfaire notre union va de l'avant". Cette phrase faisait écho à deux événements essentiels de l'histoire du pays: le mandat de la Constitution de "former une union plus parfaite" et la croisade d'Abraham Lincoln pour préserver cette union. Elle a marqué la fin d'une ère de 50 ans dans l'histoire américaine, une époque où la guerre civile a été relancée par le mouvement des droits civiques et où une succession de républicains de la Sun Belt a ravivé l'individualisme radical présent dans le caractère de la nation américaine depuis le début.

Il y a longtemps, Barack Obama a décidé qu'il ne devait pas se comparer à Abraham Lincoln. Mais, il n'en a pas moins entamé son second mandat avec un meilleur sens de ce qui est possible dans son travail et de ce qui ne l'est pas, ce qui a également posé problème à Lincoln. À la mid-novembre 2012, les assistants de la Maison-Blanche ont organisé une projection post-électorale du nouveau film "Lincoln" de Steven Spielberg, invitant le réalisateur et une grande partie de la distribution, notamment les acteurs Daniel Day-Lewis, qui joue le 16e président, et Sally Field, qui joue son épouse. Pour David Axelrod, qui a assisté à la projection et qui s'est battu aux côtés du président Obama à travers les déceptions et les triomphes des premières années, l'histoire fait écho à la bataille meurtrière et parfois chaotique pour la réforme du système de santé, ce qu'il a mentionné au président. Obama a qualifié "d'incroyablement puissante" l'expérience consistant à assister aux marchandages, à la corruption et aux compromis qui ont permis l'adoption du 13e amendement, qui interdisait l'esclavage. "Une partie de ce que Lincoln nous enseigne, c'est que pour poursuivre les plus grands idéaux et une cause profondément morale, il faut aussi s'engager et se salir les mains. Et il y a des compensations, et il y a des compromis à faire", a déclaré Barack Obama à propos de son président préféré.

"Tout ce que nous faisons sera quelque peu imparfait". Il a ajouté: "Vous comprenez qu'en tant que président des États-Unis, la quantité de pouvoir dont vous disposez est surestimée d'une certaine manière. Mais ce que vous avez la capacité de faire, c'est de définir une direction". Il a gagné le droit de définir cette direction et a appris par expérience comment faire avancer le pays.

Après quatre des années les plus difficiles de l'histoire de la nation américaine, sa chance de quitter le pouvoir comme un grand président qui a su faire face aux crises et construire une nouvelle coalition majoritaire reste à portée de main. Barack Hussein Obama entre désormais dans l'histoire comme une figure transformatrice. Il n'a plus à se soucier de politique électorale, mais il reste à voir si sa présidence sera une réussite. Mais Obama ne voit pas son héritage en termes d'empreinte idéologique, comme l'affirmation de Ronald Reagan selon laquelle "le gouvernement est le problème" ou l'avertissement de Bill Clinton selon lequel "l'ère du grand gouvernement est terminée". Il dit qu'il veut simplement un gouvernement plus intelligent et une série de résultats qu'il pourra revendiquer lorsqu'il quittera ses fonctions en janvier 2017: "Nous avons ramené les États-Unis d'Amérique à une économie qui fonctionne pour tout le monde, nous avons jeté les bases d'une prospérité générale et, sur le plan international, nous avons créé le cadre nécessaire qui permettra au pays de continuer à jouer un rôle de premier plan dans le monde tout au long du XXIe siècle". L'histoire récente et les gros titres de l'actualité laissent penser qu'il ne parviendra pas à atteindre tous ces objectifs. Mais s'il y parvient, ce ne sera pas la première fois que ce leader dépassera les attentes. Bien sûr, l'histoire aura un jour son mot à dire. Ce ne sera pas l'histoire écrite par le Parti républicain, ni par le Parti démocrate, mais seulement la véritable histoire de Barack Hussein Obama.

RÉFÉRENCES

Chaînes de télévision: CNN, NBC, BBC World, TV5MONDE et France2, Rai 1 (télévision italienne), ARD et RTL (chaînes allemandes)

Journaux et magazines: Jeune Afrique, Le Point, News Week, Time, BT (journal danois)

Internet: YouTube, Google, Facebook

Radio: Debout congolais, Pop FM Danmark, The voice Danmark, Radio France International

Appels téléphoniques avec certains politiciens et journalistes d'Afrique, d'Europe et d'Amérique

"Nous sommes ceux que nous attendions. Nous sommes le changement que nous recherchons. La question n'est donc pas de savoir quel genre de campagne ils mèneront, mais quel genre de campagne nous mènerons. Vous voyez, je ne me suis pas lancé dans cette course en pensant que je pouvais éviter ce genre de politique, mais je me présente à la présidence parce que c'est le moment d'y mettre fin".

Barack Hussein Obama

Les Européens et les Américains, et surtout les étudiants occidentaux connaissent très peu, voire pas du tout l'Afrique et ses extraordinaires leaders politiques. À l'Institut de sciences politiques, dans les cours de leadership politique, l'étude porte essentiellement sur les grands leaders politiques qui ont façonné l'histoire du monde, tels que Niccolo Machiavelli, Napoléon Bonaparte, Abraham Lincoln, John Kennedy, Vladimir Lenin, etc. Personne n'est mentionné sur le continent de Nelson Mandela, Patrice Lumumba, Soundiata Keita, Léopold Senghor et Mansa kanga Mousa. Ce dernier, roi des rois du Mali de 1312 à 1337, un empire à l'ouest de l'Afrique, est considéré comme l'homme le plus riche de l'histoire de l'humanité.

"Le Leadership Politique en Afrique" est une série de livres qui mettent en lumière des leaders politiques africains extraordinaires, afin que tous les peuples du monde, en particulier les politiciens, les journalistes et les étudiants, accordent une nouvelle attention à l'Afrique, à son histoire et à ses habitants.

En effet, *Patrice Lumumba "En Avance Sur Son Temps"* est le premier volume de la série. Ce livre est une analyse politique détaillée d'un homme politique extraordinaire, qui est devenu Premier Ministre lorsque la République Démocratique du Congo a accédé à son indépendance en 1960. Bien que sa vie ait été écourtée, Patrice Emery Lumumba était sans aucun doute un leader politique exceptionnel. Les conséquences des événements qui ont conduit à la libération de la République Démocratique du Congo auraient été profondément différentes sans son impact sur les résultats politiques. Il est aujourd'hui décrit comme un héros, un martyr, un prophète et l'Abraham Lincoln de la politique africaine.

www.ingramcontent.com/pod-product-compliance
Lightning Source LLC
Chambersburg PA
CBHW060021100426
42740CB00010B/1556